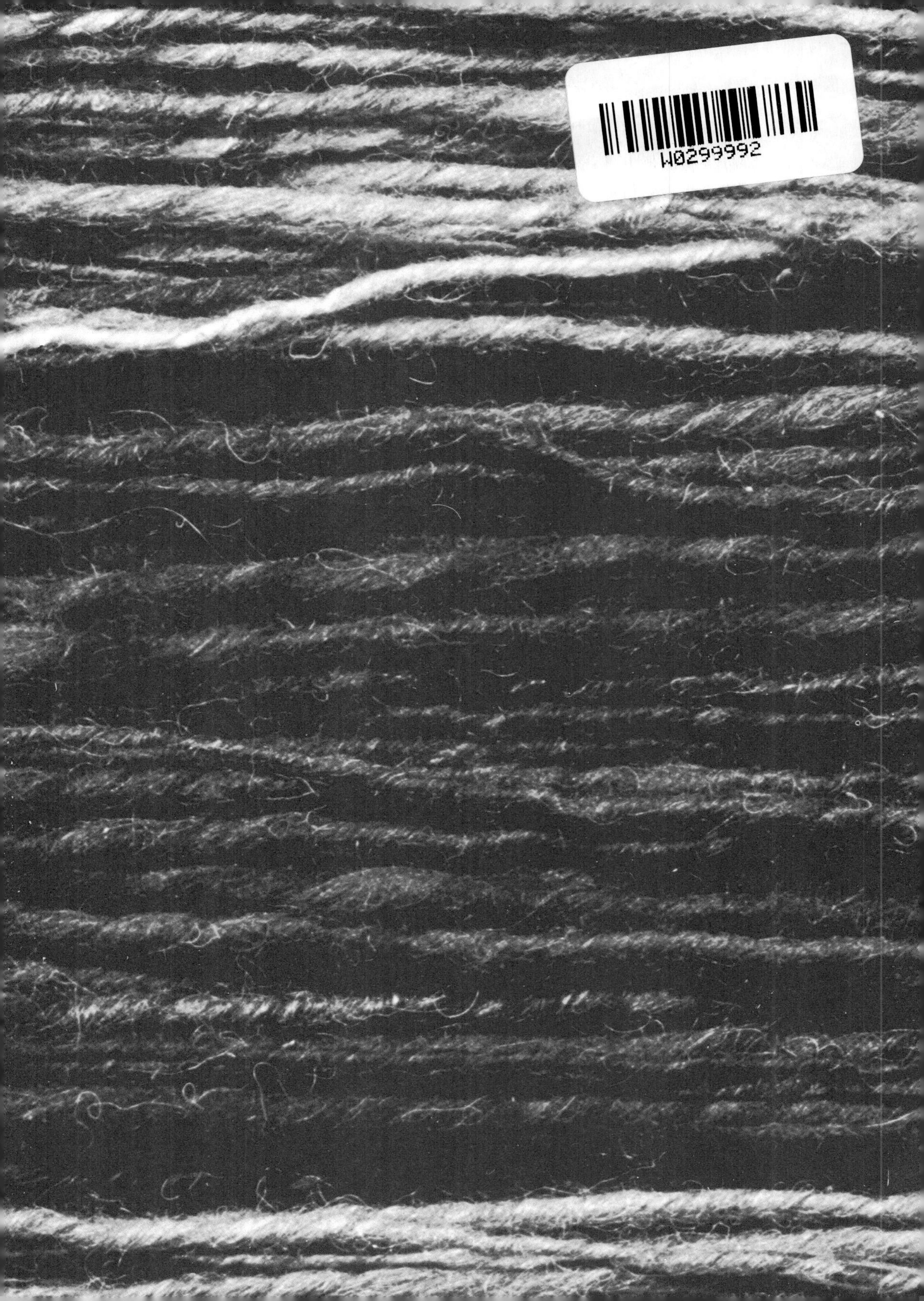

Spinnen und Weben mit Wolle

Paula Simmons

Spinnen und Weben mit Wolle

Otto M[illegible]r Verlag Ravensburg

CIP-Kurztitelaufnahme der Deutschen Bibliothek

Simmons, Paula:
Spinnen und Weben mit Wolle /
Paula Simmons. (Übers. von Jennifer Pyroth). –
Ravensburg: Maier, 1982.
Einheitssacht.: Spinning and waeving with
wool ‹dt.›
ISBN 3-473-42327-0

Die amerikanische Originalausgabe erschien unter dem Titel »Spinning and Weaving with Wool« bei Pacific Search Press.

Übersetzt von Jennifer Pyroth
Zeichnungen: Levi Ross, Noel Rockwell, Ann Meerkerk, Phyllis Lennea Mason, Lew Turner, Michael Baehr
Fotos: Charles R. Pearson, Lew Turner, Ruth Richardson
Satz: Himmer, Augsburg
Gesamtherstellung: Appl, Wemding
Printed in Germany

86 85 84 83 82 5 4 3 2 1

ISBN 3–473–42327–0

Inhalt

7 Vorwort

9 Auswahl und Wäsche der Wolle

17 Kardätschen von Hand

31 Kardätschen mit der Trommelkarde

48 Arbeiten mit dem Spinnrad

68 Spinnradtypen aus aller Welt

94 Spinnradtypen europäischer Lieferanten

114 Spinnen lernen mit der Spindel

121 Spinnen lernen am Spinnrad

140 Spinnen lernen am Großen Schwungrad

148 Spinnen von feinem Garn

153 Spinnen von grobem Garn

157 Überdrehtes Garn

161 Regulieren von Unregelmäßigkeiten

171 Schnelles Spinnen

178 Herstellung eines Spinnrads

187 Webausdrücke

197 Weben mit handgesponnener Wolle: Die Kette

211 Weben mit handgesponnener Wolle: Der Schuß

221 Webobjekte mit handgesponnener Wolle

231 Herstellung eines Standwebstuhls und eines Schärrahmens

244 Stricken mit handgesponnener Wolle

249 Bezugsquellen

Vorwort

Dieses Buch richtet sich an den Handspinner und behandelt alle Probleme, die beim Handspinnen entstehen. Weil das Buch als Nachschlagewerk gedacht ist, werden manche Informationen wiederholt oder mit Verweisen versehen, so daß jedes Kapitel eine möglichst komplette Einheit bildet.
Ich habe versucht, eine einfache, nicht technische Sprache zu verwenden und habe die Pläne zur Geräteherstellung so einfach wie möglich gemacht (viele der Geräte können nur in Handarbeit hergestellt werden). Der Standwebstuhl bildet eine Ausnahme, denn, um wirklich funktionstüchtig zu sein, muß er komplizierter sein als die anderen Geräte. Die im laufenden Text angegebenen Maße wurden von Zoll in Meter umgerechnet. Die Maßangaben in den technischen Zeichnungen wurden auf zwei Stellen hinter dem Komma ausgerechnet, wodurch der Benutzer des Buches Gelegenheit erhält, seine Arbeit genauestens zu überprüfen.
Nun sehe ich den Sinn dieses Buches nicht nur darin, zu zeigen, wie man spinnt, sondern auch zu erklären, wie man besser und schneller spinnt, und wie man viel Garn zum Stricken und/oder zum Weben herstellt. Kurz: Ich möchte zeigen, wie man durch Spinnen Freude am Handwerk und Befriedigung findet.

Paula Simmons

Auswahl und Wäsche der Wolle

Jeder Spinner bevorzugt »seine« Schafrasse, die ihm die beste Wolle liefert. Ob man den Teil eines Vlieses von eigenen Schafen nimmt, auf dem Markt oder im Laden kauft, wichtig sind folgende Eigenschaften bei der Auswahl der Wolle:

1. Wie sauber ist das Vlies? Schmutz, Sand und Fett kann man ohne weiteres durch Waschen entfernen, aber Verunreinigungen durch Unkrautsamen, Kletten, Heu und Gras sind ein größeres Problem. Diese kann man nämlich nicht durch Waschen oder Kardätschen entfernen, und was man nicht herausschüttelt, muß man mit der Hand herauslesen.
2. Wie kräftig ist die Wolle? Nehmen Sie ein kleines Wollbüschel zur Prüfung, ob sie brüchig ist. Dies kann durch Krankheit oder Unterernährung während der Trächtigkeit verursacht worden sein. Ziehen Sie das kleine Büschel mit beiden Händen auseinander und zupfen Sie es mit dem Zeigefinger an. Ein gesunder Stapel gibt einen schwachen, dumpf schwirrenden Laut von sich, bricht nicht ab und zerreißt nicht.
3. Sind die Spitzen verwittert? Zottige Wolle läßt sich schlecht färben, weil sie den Farbstoff ungleichmäßig annimmt. Manche Zotten fallen beim Waschen oder Kardätschen ab, was ähnliche Ergebnisse hervorruft, wie sie bei einem Vlies mit zweifach geschnittenen Stellen oder bei kurzen, gebrochenen Fasern vorkommen.
4. Wie gut war die Schur? Es sollte nicht viele zweifach geschorene Stellen geben (Schnitte mitten im Stapel), die dann entstehen, wenn der Scherer zweimal an der gleichen Stelle schneidet, die Wolle mit der Schere zurückschiebt oder wenn sich seine Striche überschneiden. Diese zweifach geschorene Wolle läßt sich nicht leicht herausschütteln, wenn das Vlies schon durch Rollen und Zuschnüren zusammengedrückt ist.
5. Sind schwere Dungkissen im Vlies eingebunden? Wenn Sie nach Gewicht bezahlen, können diese teuer werden.
6. Ist das Vlies verfilzt? Verknotete oder verfilzte Wolle ist manchmal das Ergebnis von zweijährigem Wachstum ohne Schur oder von außergewöhnlicher Witterung.
7. Riecht das Vlies muffig? Ein Vlies, das vom nassen Tier geschoren und dann feucht gelagert wird, hat verletzte, schwache Fasern.
8. Erscheint das Wollfett verbacken und hart geworden? Wenn man die Schafe zu spät im Frühjahr schert, kann das warme Wetter ein Gerinnen des Wollschweißes verursachen (eine Verbindung von Lanolin und Schweiß in der Rohwolle). Dadurch wird im weißen Vlies ein Vergilben verursacht, das sich durch Waschen nur schwer entfernen läßt. Dunkle Wolle erscheint schuppig nach der Wäsche.

Weil die meisten der genannten Punkte direkt vom Schafzüchter abhängen, haben Spinner mit eigener Schafzucht erhebliche Vorteile. Wenn sie die Tiere richtig pflegen, können sie Krankheiten vermeiden,

Abb. 1 *Schwarzes Schaf, halb geschoren. Die kurze Wolle vom Oberteil des Kopfes und etwas Nackenwolle sind schon rechts abgelegt.*

welche die Wolle schwächen, und Zecken und andere Parasiten entfernen, die ein rauhes, mattes Vlies verursachen. Wer selber schert, hat auch eine Kontrolle über diesen ersten Vorgang. Zweifach geschnittene Stellen können durch sorgfältigeres Scheren auf ein Mindestmaß verringert werden. Man kann Zeit sparen, indem man schon beim Scheren Spitzen und Bauchwolle ablegt und auch die Wolle vom Hals, falls diese von schlechter Qualität ist. Wer nach der Schur das Vlies gut ausschüttelt, entfernt dabei viele zweifach geschorene Stellen sowie Samen, kurze Fußwolle und andere unerwünschte Stoffe, die sich sonst beim Zusammenrollen und Binden in das Vlies einnisten würden.

Schafrassen

Wie bereits erwähnt, ist die Rasse des Schafes ausschlaggebend für die persönliche Wahl eines Vlieses. Die vom Spinner getroffene Auswahl wird von der Feinheit, vom Griff, von der Kräuselung, vom Glanz und von der Länge der Fasern beeinflußt. Die Wahl der Faserlänge ist unterschiedlich je nach Art des zu spinnenden Garns. Um ein feines Garn herzustellen, kann man eine Wolle verwenden, die kürzer ist als eine, die für das Spinnen von mittlerem oder grobem Garn geeignet ist. Der Feinheitsgrad der Wolle ist auch von der Verwendung des Garns und vom persönlichen Geschmack abhängig.

Entfernen der Abfallwolle

Am einfachsten läßt sich ein ganzes Vlies sortieren, indem man es an einem Stück wie einen Teppich ausbreitet, mit der geschorenen Seite nach unten. Um zuerst die Wolle zu entfernen, die am wenigsten erwünscht ist, entfernen Sie ein Band von knapp 8 cm Breite vom Rand des Vlieses. Dieser Streifen enthält viele der schmutzigsten Spitzen, die Wolle der Hinterbeine, die Bauchwolle, Wolle der vorderen Beine und Halswolle. Der Rest vom Vlies ist brauchbare Wolle, wenn er ziemlich sauber ist. In manchen Ländern erwartet man von einem guten Vlies für das Handspinnen, daß Fuß- und Bauchwolle entfernt sind, daß es so sauber und von solch hoher Qualität ist, daß man die Rohwolle ohne Waschen oder Kardätschen leicht verspinnen kann.

Abb. 2 *»Vanilla«, ein Corriedale-Mutterschaf, das auf Spinnwolle gezüchtet wurde.*

Sortieren

Nach dem Entfernen von Fuß- und Bauchwolle können die Vliesteile entweder zusammengemischt oder nach Qualität sortiert werden. Die Vliese von schwarzen Schafen, die selten einen einheitlichen Farbton haben, kann man nach einzelnen Tönen sortieren. Dadurch entsteht eine Vielfalt an Farben, mit denen man arbeiten kann; man kann sie auch zusammenmischen, um eine interessante Melierung zu erreichen.
Normalerweise unterteilt man ein fertiges Vlies in verschiedene *Bereiche:*
Schulterblatt: Gute Wolle, sofern sie nicht durch Pflanzen usw. übermäßig verunreinigt ist.
Seiten: Gute Spinnwolle.
Rücken: Gute Wolle, wenn sie nicht durch Wetter geschädigt ist.
Flanken: Gute, kräftige Wolle. Diese ist länger und oft gröber als die Wolle vom restlichen Vlies, aber meistens sauber.
Abfallwolle:
Nacken: Kürzere Wolle, die eventuell verfilzt und verunreinigt ist.
Füße: Kurze, grobe Wolle.
Bauch: Kurze Wolle, die eventuell verfilzt oder schmutzig ist; ist dies nicht der Fall, so ist die Wolle verwendbar.
Schwanzwurzel: Meist kurze, schmutzige, grobe Wolle.

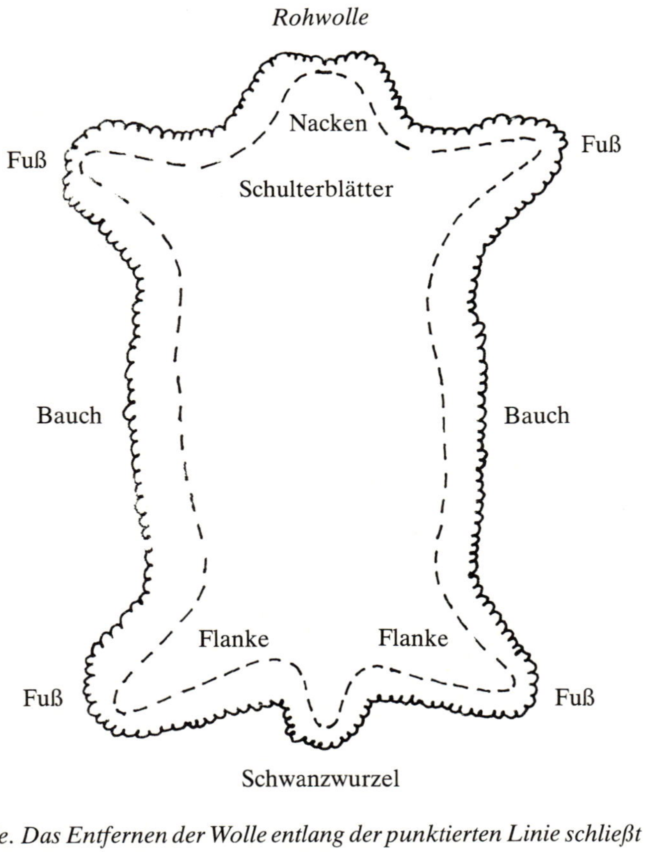

Abb. 3 *Abfallwolle. Das Entfernen der Wolle entlang der punktierten Linie schließt Fuß-, Bauch-, Nacken- und Schwanzwurzelwolle aus (bei einem Streifen von knapp 8 cm).*

Sortieren nach Kräuselung

Wenn Sie mit Vliesen von verschiedenen Schafarten arbeiten, kann es sein, daß Sie diese während aller Arbeitsgänge getrennt halten wollen. Es ist schwierig, mit einem Garn zu stricken, das aus Fasern unterschiedlicher Kräuselung besteht, es sei denn, die Fasern werden mit der Trommelkarde gut vermischt und auch schon vor dem Kardätschen zusammengemischt.

Man kann auch Schwierigkeiten mit der unterschiedlichen Elastizität der Garne bekommen, wenn man in einer Kette zwei Garne von unterschiedlicher Wolle und Kräuselung nimmt oder zusammen in einem Strickteil verwendet. Die Elastizität des Garns wird durch mehrere Faktoren verursacht: Die Anzahl der Drehungen im Garn, die Kräuselung der einzelnen Fasern und die einmalige Elastizität von Wolle. Die Unterschiede in der Kräuselung innerhalb der verschiedenen Schafrassen sind am einfachsten vor Anfang der Verarbeitung zu erkennen.

Schweißwolle

Manche Leute ziehen es vor, Schweißwolle zu verspinnen – d. h. Wolle von einem ungewaschenen Vlies. Abgesehen vom Genuß, ungereinigte Wolle anzufassen, finden sie es einfacher, wenn die Wolle beim Spinnen zusammenhaftet. Man braucht das Vlies vor dem Spinnen nicht zu waschen, und es gibt weniger Abfall, wenn man das fertige Garn wäscht, anstatt ein ganzes Vlies zu waschen.

Dies läßt sich allerdings nur dann praktizieren, wenn man mit einer ziemlich sauberen Wolle anfängt. Um Schweißwolle zu verspinnen, sollte man sich ein Vlies aussuchen, das nach Möglichkeit nicht nur sauber ist, sondern auch zu Frühjahrsbeginn geschoren wurde. Es enthält normalerweise weniger vom geronnenen Wollschweiß, der durch warmes Wetter verursacht wird.

Gewaschene Wolle

In der Regel ist es leichter, die Stärke und Gleichmäßigkeit eines Garns aus sauberer, flaumiger Wolle zu regulieren. Auch ist es auf Dauer möglich, mehr Wolle herzustellen. Ich habe festgestellt, daß die meisten ungewaschenen Vliese eine gewisse Klebrigkeit aufweisen, wodurch es schwierig wird, einen gleichmäßigen Pelz zu kardätschen. Dadurch wird es auch schwieriger, unerwünschte Klumpen im Garn zu vermeiden. Manche Teile des Vlieses sind schmutziger und vom Wetter stärker mitgenommen als andere, wie beispielsweise entlang des ganzen Rückgrats. Diese schmutzigen und verwitterten Stellen lassen sich besonders schlecht verspinnen, wenn sie nicht zuvor gewaschen und geölt werden. Man darf zudem nicht vergessen, daß Wollfett und Wollschweiß nicht gleichmäßig im ganzen Vlies verteilt sind. Das bedeutet, daß man die Wolle beim Spinnen nicht gleichmäßig ausziehen kann.

Die meisten Teile eines durchschnittlichen Vlieses sollte man jedoch mindestens einmal vor dem Kardätschen und Spinnen waschen, sofern das möglich ist. Soll das Vlies aber vor dem Spinnen gefärbt werden, so muß man es zuallererst gründlich waschen, weil es die Farbe nicht annimmt, wenn es irgendwelche Fettreste enthält. Nach dem Färben ölt man diese Wolle, indem man wasserlösliches Öl hinzufügt. Ohne Öl könnte die gefärbte Wolle beim Kardätschen beschädigt oder gar hart werden und sich schwer verspinnen lassen.

Wenn das Garn zuerst gesponnen und dann gefärbt wird, dringt die Farbe dann besser ins Garn ein, wenn das Vlies gut gewaschen war. Schmutz und Lanolin lassen sich nicht ganz entfernen von Stellen, die auch nur geringfügig überdreht sind. Diese überdrehten Stellen kann man auch nicht gleichmäßig färben.

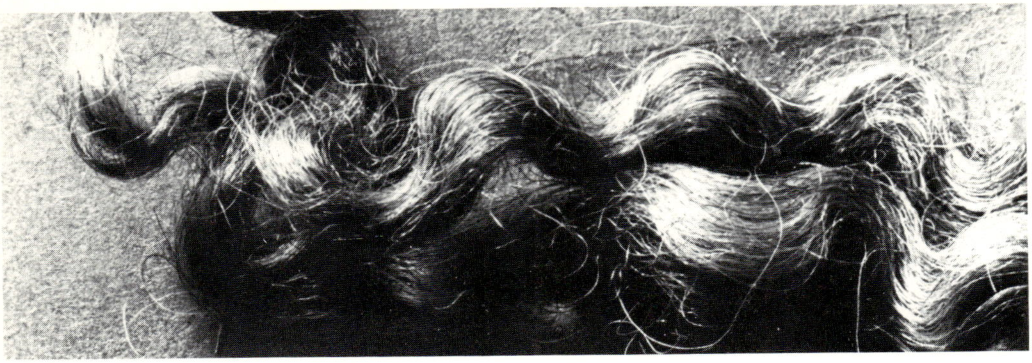

A

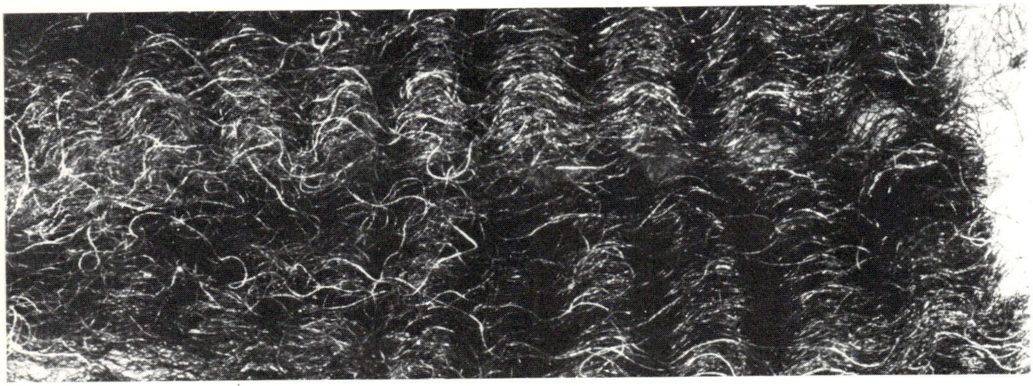

B

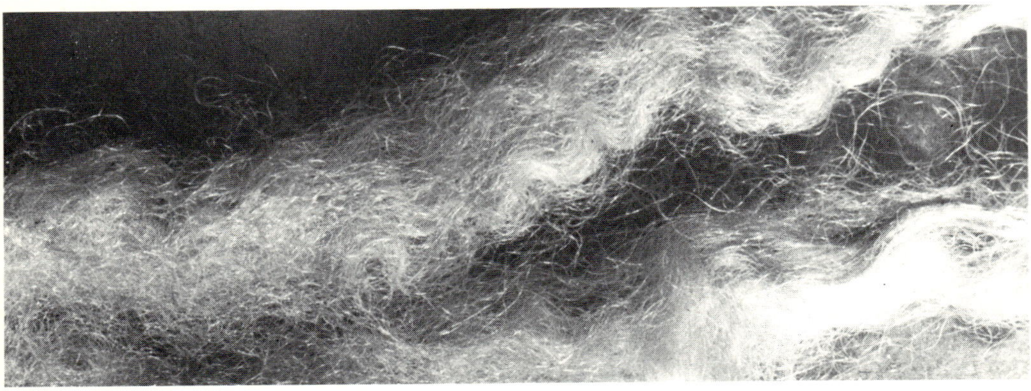

C

Abb. 4 *Beispiele verschiedenartiger Kräuselung in drei Vliesen. Nicht so sehr das Erkennen der Schafrasse, sondern vielmehr das Wissen um die unterschiedliche Kräuselung ist wichtig. Eine lockere, wellige Kräuselung ergibt im Gegensatz zur engen Kräuselung ein Garn mit geringerer Dehnbarkeit.*

Vorbereitung der Wäsche

Jedes Vlies, das viele Unkrautsamen enthält, sollte gegen ein Drahtnetz geschüttelt werden, um dabei möglichst viele Samen zu entfernen. Manche Samen sind so klein, daß man sie kaum sehen kann. (Damit Sie bei dieser langweiligen Arbeit nicht zu ungeduldig werden, können Sie Zeitungspapier unter dem Gestell ausbreiten, um zu hören, wie die Samen immer noch herunterfallen.) Der gleiche Arbeitsgang kann wiederholt werden, nachdem die Wolle gewaschen und getrocknet ist, oder man kann die Wolle auf das Gestell legen und sie mit einer biegsamen Gerte schlagen. Später entfernt das Auseinanderziehen noch übriggebliebenes, unerwünschtes Pflanzenmaterial.

Wäsche der Wolle

Die Wolle sollte vorsichtig mit der Hand gewaschen werden. Die Wahl des Waschmittels ist nicht so wichtig wie die Waschmethode. Viele Spinner ziehen eine bestimmte Marke von Seife, Waschsoda oder Wollwaschmittel vor. Wenn Sie Seife benutzen, sollten Sie diese in heißem Wasser auflösen und dann dem Waschwasser hinzufügen, denn nicht aufgelöste Seifenteilchen lassen sich kaum noch aus der Wolle ausspülen. Wenn Sie die Wolle mit Seife waschen, ist mehr als ein Spülgang nötig.
Seit vielen Jahren benutzen wir ein mildes Reinigungsmittel und sind mit dem Ergebnis zufrieden. Es genügt nur ein Waschgang. Es läßt sich durch nur einen Spülgang entfernen und hinterläßt keine trübe Schicht auf der Wolle. Man kann es überall kaufen. Da das gesponnene Garn zum Einlaufen noch einmal gewaschen wird und unsere Gewebe gleich nach der Abnahme vom Webstuhl gewaschen werden, hat die Wolle noch mindestens einen Waschgang vor sich; deshalb halten wir diesen Arbeitsgang so einfach wie möglich.
Eine Methode, um zwei große Vliese (bis zu 9 kg) zu waschen, besteht darin, einen 90 l Waschbottich bis 10 cm unter den Rand mit handwarmem Wasser zu füllen. Zuerst werden zehn Tassen milden Reinigungsmittels darin aufgelöst, dann wird die Wolle eingetaucht. Sie sollten die Vliese etwas auseinanderziehen, um Samen und Schmutz zu entfernen und um ein Verfilzen der geschorenen Spitzen zu verhindern. Stopfen Sie so viel Wolle ins Waschwasser, wie der Bottich faßt. Ist möglichst viel Wolle im Wasser, dann scheint es, als hätten Sie nur noch Wolle darin, ganz ohne Wasser. Decken Sie den Bottich zu und lassen Sie die Wolle ein paar Stunden einweichen. Nehmen Sie die Wolle wieder heraus, wenn das Wasser noch warm ist. Wenn der Bottich nämlich gut gefüllt ist, kühlt das Wasser nur langsam ab.
Beim Herausnehmen schwenken Sie die Wolle hin und her und drücken sie mit den Händen einige Male aus. Wenn Sie weiße Wolle waschen, sollten Sie nun den möglicherweise verschmutzten Teilen besondere Aufmerksamkeit widmen. Stark verschmutzte Flocken, die nach der Wäsche keine entscheidenden Verbesserungen zeigen, kann man zur Seite legen oder wegwerfen.

Entfernen des Wassers

Eines unserer wertvollsten Geräte ist eine Wäscheschleuder. Wir benutzen sie bei der Wäsche von Vliesen, Garn und gewebtem Tuch, um Wasser und Spülwasser zu entfernen. Man kann aber auch den Schleudergang einer Waschmaschine einsetzen. Füllen Sie die ausgedrückte Wolle in Kopfkissenbezüge (um die Waschmaschine zu schonen), und stellen Sie den Schleudergang ein. Seifenhaltiges Wasser kann auch mit einer Mangel entfernt werden.

Spülen

Wenn die Wolle eingeweicht und das Seifenwasser daraus entfernt ist, wird gespült. Um ein Verfilzen zu vermeiden, das durch einen plötzlichen Temperaturunterschied verursacht wird, sollte das Spülwasser ungefähr die gleiche Temperatur haben wie das abgekühlte Waschwasser. Sie brauchen ihre ganze Wolle nicht in ein 90 l Spülbad zu stopfen; sie läßt sich besser ausspülen, wenn Sie immer nur einen Teil davon nehmen. Drücken Sie jeweils zwei Hände voll Wolle aus, entfernen Sie das Wasser entweder nach der »Kissenbezug-Schleuder-Methode« oder mit einer Mangel. Der Vorteil, das Wasser auszuschleudern, besteht darin, daß die Wolle dann leichter flockig wird. Die Trockenzeit verkürzt sich, wenn die Wollfasern flaumig, getrennt und frei von verfilzten Klumpen sind.

Trocknen

Bei günstigem Wetter benutzen wir Maschendrahtgestelle zum Trocknen im Freien, sonst aber haben wir fest installierte Drahtgestelle im Haus. Diese sind so angebracht, daß man sie unten füllt und dann bis unter die Decke hochzieht, wo sie nicht im Wege sind und die wärmste Zimmerluft erhalten.
Man kann Maschendraht um die waagerechten Stangen eines klappbaren Trockenständers wickeln, um einen Drahtnetzbehälter anzufertigen, auf dem man Wolle an einer passenden, warmen Stelle im Haus trocknen kann. Man kann auch jedes Ende dieser Behälter mit einem Drahtnetz überziehen, damit die Wolle nicht von beiden Seiten herausfällt; gleichzeitig ist eine größere Menge Wolle darin zu trocknen.

Auseinanderziehen

Beim Auseinanderziehen werden die Wollspitzen und die Fasern getrennt, um restliche Samen zu entfernen und eventuell verfilzte Stellen zu entwirren, damit die Wolle beim Kardätschen nicht beschädigt wird. Es kann sein, daß Sie vorzügliche Vliese oder Vliesteile haben, die Sie nach dem Waschen und Trocknen nur ein wenig auseinanderziehen müssen. Diese Teile können Sie dann gesondert aufbewahren. Am wirkungsvollsten ist es, wenn man die Fasern zwischen den Fingern beider Hände mit einer schnellen Zugbewegung auseinanderzieht. Dadurch fliegen die Samen buchstäblich heraus. Das sollten Sie natürlich nicht unsanft machen. Eine grobe Behandlung kann die Fasern beschädigen und ist auch nicht notwendig. Schon beim schonenden Waschen achtet man ja darauf, daß die Fasern nicht verfilzen.
Nun ist es Zeit, damit anzufangen, die verschiedenen Teile eines Vlieses oder die zwei Vliese zusammenzumischen, die Sie für ein ganzes Projekt zusammenkardätschen wollen. Wenn Sie mit Handkarden arbeiten, müssen Sie die Wolle viel besser mischen, als wenn Sie eine Trommelkarde benutzen. Die Wollschichten, die eine Trommelkarde bildet, vermischen die Wolle gleichmäßiger. Um eine noch bessere Mischung zu erreichen, kann man die Vliese auch zweimal kardätschen.

Kardätschen von Hand

Es gibt eine Reihe verschiedener Methoden, wie man von Hand kardätscht. Alle diese Vorgänge gehen sanfter mit Wolle und Karden um, wenn die Wolle schon gut auseinandergezogen worden ist, um verfilzte oder verknotete Stellen zu entwirren. Falls das Vlies schon gewaschen ist, kann man es entweder vor oder nach dem Auseinanderziehen mit wasserlöslichem Öl einsprühen (das Öl wird mit Wasser gemischt, um eine Emulsion zu bilden). Die Emulsion wird verwendet, um sowohl Feuchtigkeit als auch Öl zur Wolle hinzuzufügen. Damit wird eine Schädigung beim Kardätschen verhindert, und die Fasern werden geölt, was eine bessere Kontrolle der Stärke und Struktur des Garns beim Spinnen ermöglicht. Soll das Vlies ziemlich bald nach dem Trocknen versponnen werden, gibt es ein wasserlösliches Öl, das man dem letzten Spülgang hinzufügen kann. Sehr saubere Vliese braucht man vor dem Kardätschen und Verspinnen vielleicht gar nicht zu waschen, und ein ganz hervorragendes Vlies muß man nicht unbedingt kardätschen. Im Idealfall sollte man mehr als ein Paar Karden benutzen, um die Fasern gründlich vorzubereiten. Man kann zuerst grobe und dann feinere Karden verwenden. Wenn zwei Kardenpaare verwendet werden, wird die Wolle als lockerer Pelz von den groben Karden entfernt, aber nicht zusammengerollt. Normalerweise wird sie als Locke (auch Püppchen oder Kardzug genannt) zusammengerollt von den feinen Karden entfernt.
Die folgenden Abbildungen zeigen eine gebräuchliche Methode des Handkardätschens, es gibt jedoch viele Varianten davon. Wie gründlich Sie die Wolle kardätschen, ist abhängig vom Vliestyp und von der Garngleichmäßigkeit, die Sie beim Spinnen erreichen wollen.

Eine unübliche Methode

Eine nicht traditionelle, rasche Methode des Kardätschens, die oft bei sauberen Vliesen angewandt wird, ist die »flockige Wolke-Methode«. Sie ist eine Mischung zwischen Auseinanderziehen und Kardätschen und ergibt eine flockige Masse halbkardätschter Wolle. Beginnen Sie, indem Sie eine dünne Wollschicht auf die untere Karde legen, genau wie bei der üblichen Methode.

Wollkratze

Eine Wollkratze ist eine einzelne, kleine Karde mit einer Oberfläche von ca. 5 cm x 10 cm und mit einem Griff von ca. 15 cm Länge. (Es gibt auch welche mit einem kurzen Griff, die aber nicht so leicht zu benützen sind, weil sie aus der Hand rutschen.) Wollkratzen werden einzeln benutzt, sie sind billiger und bieten eine bequemere Alternative zu einem Paar Handkarden.
Mit der Wollkratze kann man die Wollfasern auseinanderziehen, trennen und auflockern, ohne daß die allgemeine Faserordnung besonders gestört wird. Sie wird nicht wie die Handkarden durch die Wolle

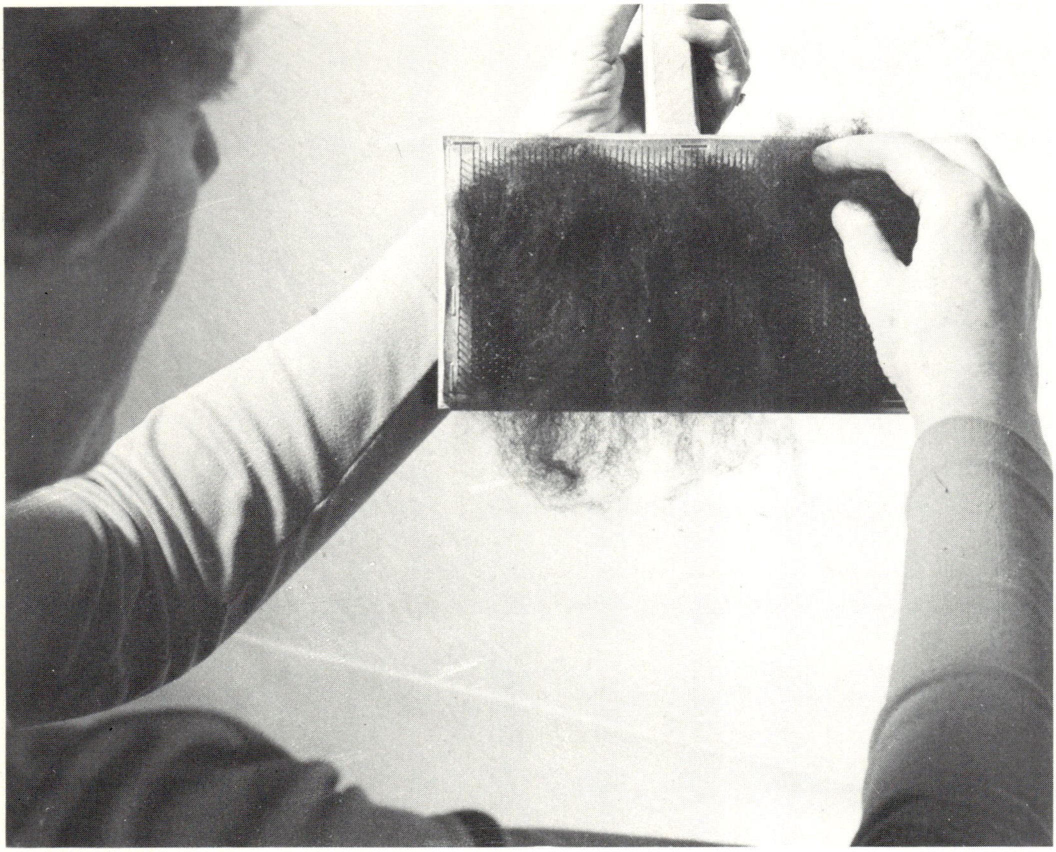

Abb. 5 *Die übliche Methode*
1. Schritt. Halten Sie die untere Karde in der linken und die Wolle in der rechten Hand. Ziehen Sie die Wolle über die untere Karde, so daß die Fasern aus Ihrer Hand gezogen und zwischen den Häkchen festgehalten werden. Die Karde sollte von einer gleichmäßig dünnen Wollschicht bedeckt werden.

2. Schritt. Halten Sie in jeder Hand eine Karde mit den Griffen in entgegengesetzten Richtungen.

3. Schritt. Beim ersten Zug ziehen Sie die obere Karde über die untere. Die Häkchen beider Karden dürfen sich dabei nicht berühren. Wiederholen Sie diesen Schritt mehrmals, aber nur solange Sie die Fasern von der unteren auf die obere Karde übertragen.

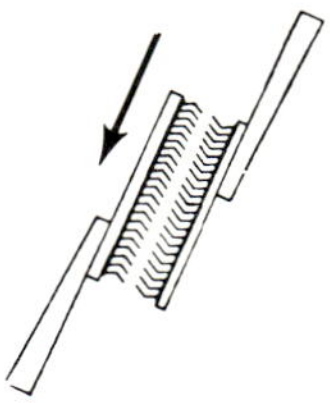

4. Schritt. Bringen Sie nun die Wolle an die ursprüngliche Stelle auf der unteren Karde. Die Griffe zeigen bei dieser Bewegung in die gleiche Richtung. Wiederholen Sie dann die Bewegungen vom 3. Schritt.

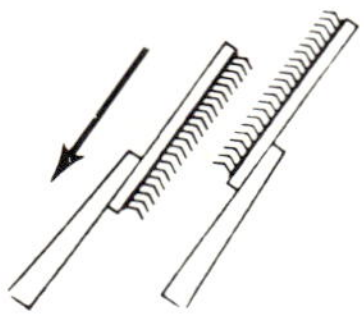

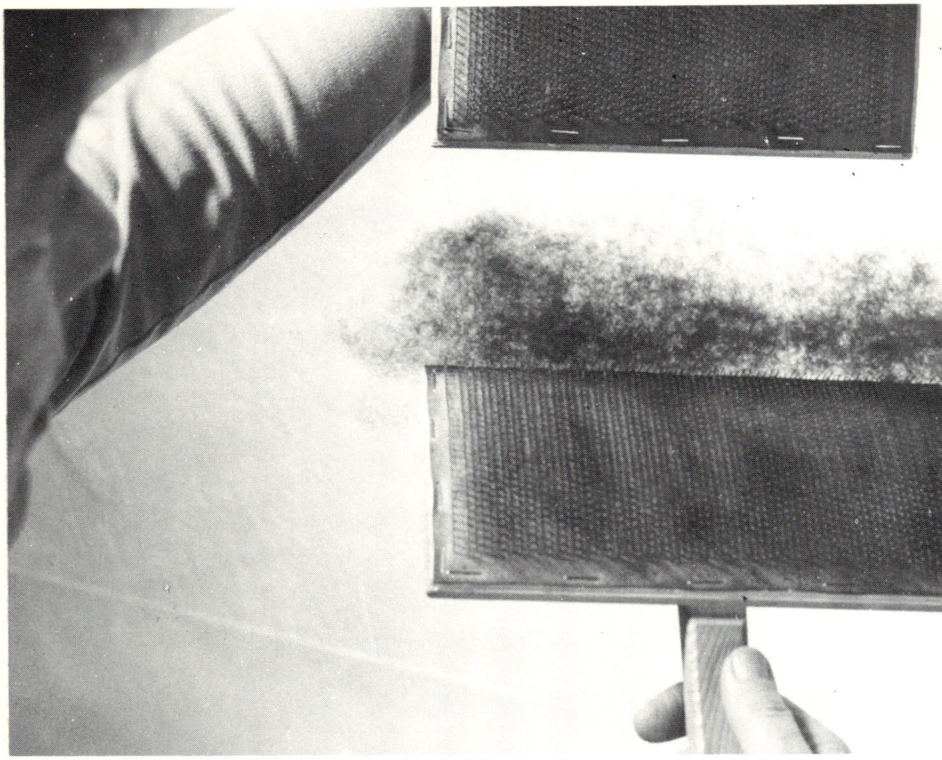

5. Schritt. Heben Sie die kardätschte Wolle ab, indem beide Griffe in gleiche Richtung zeigen. Durch die Bewegung der oberen Karde entsteht ein lockerer, kleiner Pelz; ein kompakterer, ganzer Pelz entsteht, wenn Sie mehrere kurze Bewegungen machen. Manche Spinner heben die Wolle durch eine Bewegung nach vorn und zwei kurze Bewegungen nach hinten ab.

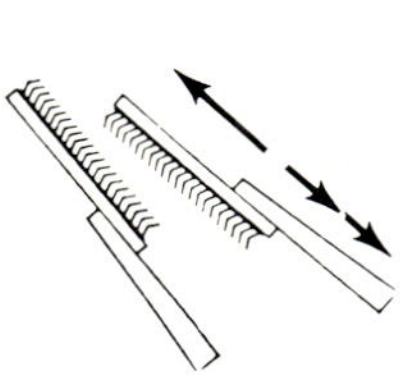

5. Schritt. Eine zweite Methode, um die Wolle abzuheben, besteht darin, daß nur die Häkchen vom unteren Rand der oberen Karde die Fasern von der unteren Karde aufheben.*

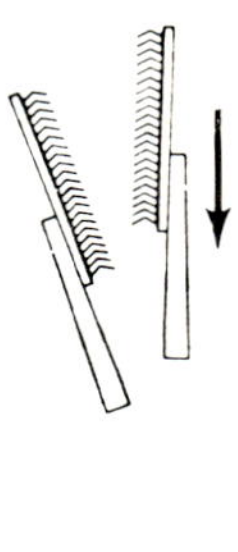

6. Schritt. Sie können eine kompaktere Locke herstellen, wenn Sie die Wolle zwischen den Rückseiten der Karden rollen, oder wenn Sie die Locke mit den Fingern über eine Karde rollen, um sie fester zu gestalten.*

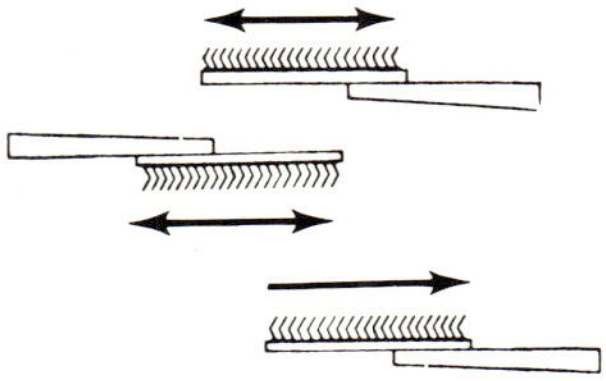

6. Schritt. Hier wird der Pelz leicht gerollt, um das Verspinnen zu vereinfachen. Wer sehr große Handkarden benutzt, kann zwei oder drei Locken in einem Kardengang herstellen.

Abb. 6 *Die ungebräuchliche (»flockige Wolke«-) Methode.*
1. Schritt. Um den ersten Kardenzug zu tun, ziehen Sie die obere Karde sanft über die untere mit einer Bewegung nach oben. Bewegen Sie die Karde dabei mehr im Halbkreis als geradeaus.

2. Schritt. Hier sehen Sie die zweite Bewegung, die auch nach oben zieht. Die Wolle ist nun halb kardätscht.

3. Schritt. Die Wolle ist komplett kardätscht.

4. Schritt. Die Wolle wird abgehoben.

gezogen. Deswegen eignet sie sich ausgezeichnet zur Bearbeitung von Vliesen mit längerem Stapel, die sich sonst nicht leicht kardätschen lassen.

Wenn Sie ein besonders schönes Vlies ungereinigt verspinnen wollen, können Sie es mit der Wollkratze gut vorbereiten. Wenn Sie nämlich Schweißwolle mit der Trommelkarde kardätschen, hinterläßt sie eine Fettschicht, die kaum zu entfernen ist. Die kleine Fläche der Wollkratze läßt sich viel leichter reinigen; Sie können auch eine Wollkratze nur für Schweißwolle benutzen.

Arbeiten mit der Wollkratze: Halten Sie ein ziemlich großes Wollbüschel in einer Hand und schlagen Sie es leicht mit der Wollkratze in schnellen, abwärtsgerichteten Bewegungen. Bewegen Sie dabei ihre Hand schnell auf und ab aus dem Handgelenk heraus. Diese Methode ist am wirksamsten, wenn man die Wolle gegen ein Brettchen oder ein schweres Lederstück hält. Man kann sie auch einfach gegen ein altes Handtuch halten, das auf dem Schoß liegt. Ist ein Ende des Büschels gekratzt und flaumig, mit getrennten Fasern und von Unkraut befreit, drehen Sie die Wolle um, halten Sie sie am anderen Ende und wiederholen Sie den Vorgang.

Man kann eine so vorbereitete Wolle direkt verspinnen. Gekratzte Locken, die Sie über Kreuz in einen Korb legen, können Sie leicht zum Verspinnen herausholen. Sie können sie zu einem langen Vorgespinst ausziehen, oder nur über den Anfangsfaden legen, und sie dann von hier aus verspinnen. Gekratzte Wolle läßt sich ziemlich gut am Großen Schwungrad verspinnen. Dieses Spinnrad erfordert meist eine besser vorbereitete Wolle als andere Räder. Will man ein halbgekämmtes Kardätschen erzielen (das die Fasern weitgehend parallel ausrichtet), so benutzt man die Wollkratze statt des Auseinanderziehens als Vorbereitung für die Trommelkarde.

Abb. 7 *Wollkratze mit Brett*

Kammkarde

Diese einzelne Karde hat eine Kammfläche von ca. 9 cm x 5 cm und einen 9 cm langen Griff, der rechtwinklig angebracht ist. Die Häkchen sind grob. Um sie als Kamm für das Spinnen von Kammgarn zu benutzen, halten Sie die Karde in einer Hand mit den Häkchen nach oben, und streichen Sie ein Wollbüschel darüber, um es zu kämmen. Wenden Sie die Wolle, und wiederholen Sie den Vorgang am anderen Ende. Die Kammkarde entfernt die kurzen Fasern, die an anderer Stelle verwendet werden können. Das Büschel, das Sie noch in der Hand halten, kann nun zu einem Kammgarn versponnen werden.

Herstellung von Handkarden

Es ist etwas billiger, Handkarden selber herzustellen, als sie zu kaufen, aber wegen der verhältnismäßig hohen Kosten für das Kardiertuch ist doch nicht so viel zu sparen. Für die einzelne Wollkratze und die Kammkarde jedoch ist weniger Tuch nötig, und so rentiert sich die Eigenherstellung eher. In den Zeichnungen sind die üblichen Maße dargestellt, wobei Sie Angaben mit zwei Stellen hinter dem Komma ggf. auf- oder abrunden können.

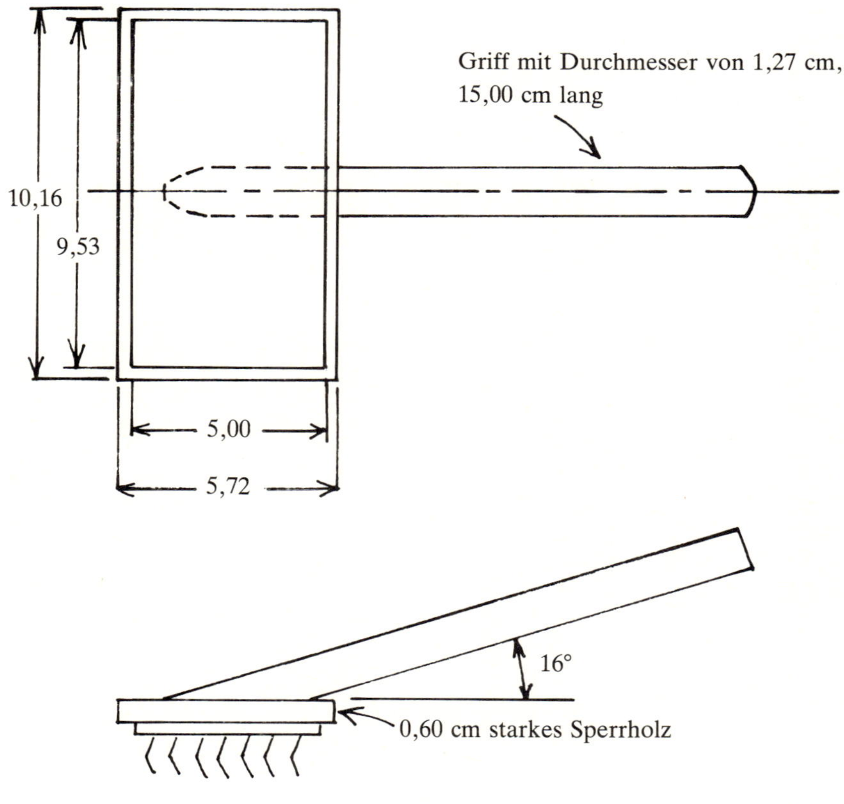

Abb. 8 *Wollkratze*
(Maße sind in cm angegeben, sofern nicht anders vermerkt.)

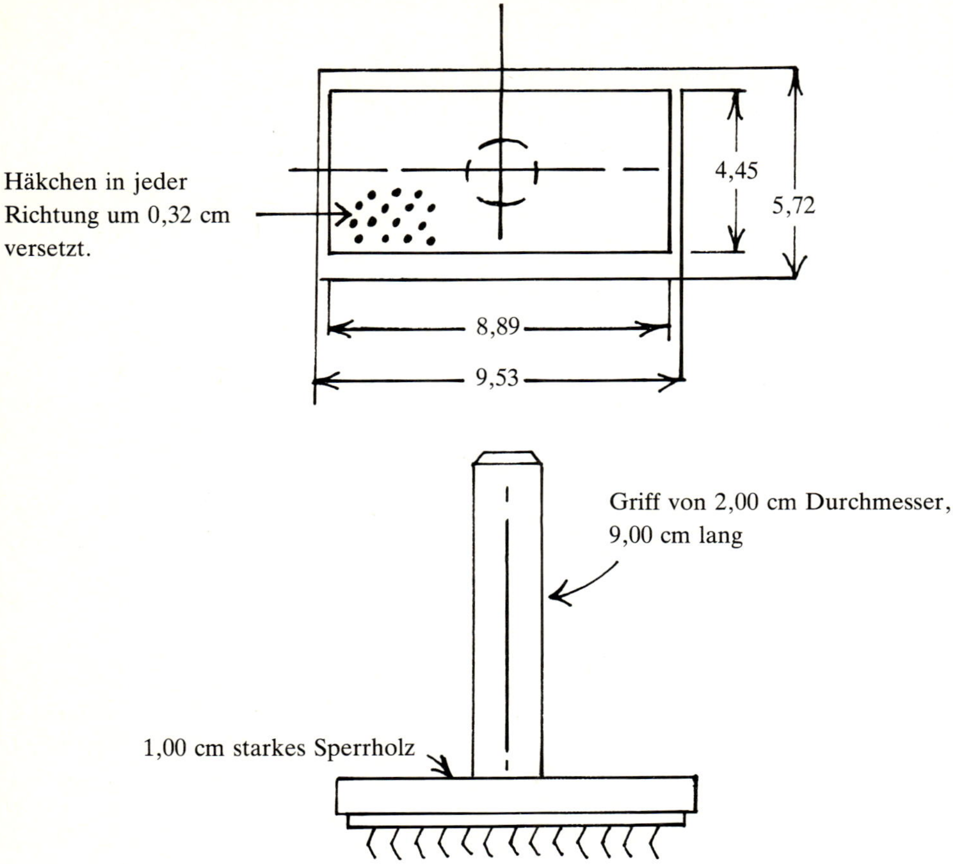

Abb. 9 *Kammkarde*

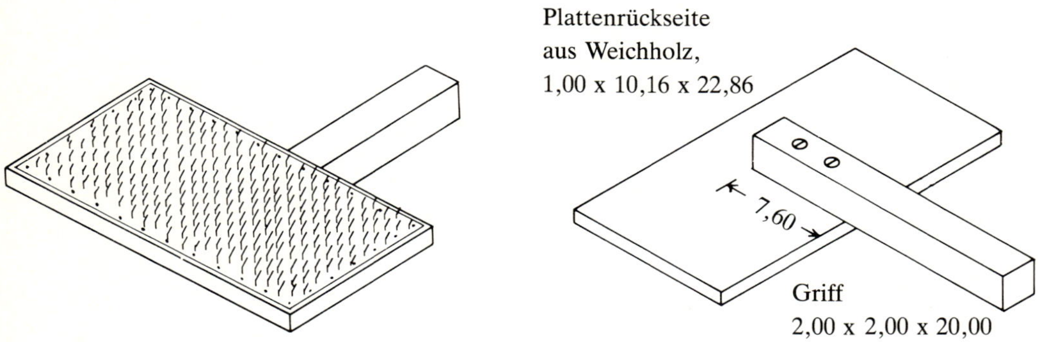

Abb. 10 *Handkarden*

A *Befestigen Sie das Kardiertuch mit Kammzwecken im Abstand von jeweils 2 cm (untere Seite).*

B *Handkarde (zwei herstellen!)*

Kardätschen mit der Trommelkarde

Die erste Trommelkarde wurde 1748 von einem Londoner Leichentuchmacher erfunden. Im Patent wurde sie »Kardiermaschine« genannt: »Die Karden werden auf Walzen befestigt, die sich mit einer kreisenden Bewegung gegeneinander drehen. Man kann sie entweder mit der Hand oder mit dem Wasserrad bewegen.« Die Fasern wurden auf die Maschine gelegt, kardätscht und der Maschine entnommen – ein Verfahren ähnlich wie bei unserer Trommelkarde, nur daß die Kardiermaschine breiter war. Spätere Erfindungen ermöglichten ein durchgehendes Verfahren, das die Wolle mechanisch in die Maschine gab und wieder herausholte.

Im Vergleich zu Handkardätschen ist die moderne Trommelkardenmethode schneller und wirksamer und kann interessante Melierungen produzieren. Im Grunde besteht sie aus einer großen Walze, die durch einen Griff gedreht wird, und einer kleineren Walze, die sich in entgegengesetzte Richtung dreht und dabei die Wolle zuführt. Beide sind mit Kardiertuch bespannt. Folgen Sie den Anleitungen am Ende dieses Kapitels, wenn Sie eine eigene Trommelkarde herstellen wollen.

Auseinanderziehen für die Trommelkarde

Das Auseinanderziehen der Wolle ist notwendig, ob Sie nun mit Handkarden oder mit der Trommelkarde kardätschen wollen. Dieser Vorgang zieht die Spitzen und die geschnittenen Enden der Fasern auseinander und trennt sie, so daß sie beim Kardätschen nicht reißen. Das Öffnen verfilzter Stellen ermöglicht das Entfernen von Unkrautsamen, Stroh usw. entweder mit den Fingern oder durch Schütteln. Ich ziehe die Wolle über einer Zeitung auseinander, nicht aus Ordnungsliebe, sondern um zu hören, wie die kleinen Teilchen auf das Papier fallen und auch, um dadurch mehr Geduld für diese Arbeit zu gewinnen. Fast unsichtbare Samen kann man immer noch hören, wenn sie auf das Papier fallen. Das Ausschütteln der Wolle gegen ein Drahtnetz hilft auch, feine Samen und Sand zu beseitigen.

Zu diesem Zeitpunkt ist es schwieriger, mit ungewaschener als mit gewaschener Wolle zu arbeiten. Die meisten Fremdkörper fallen aus gewaschener Wolle heraus, da diese weniger Fett enthält, an dem sie hängenbleiben könnten. Egal wie sauber die ungewaschene Wolle ist, sie wird trotzdem einen Fettrückstand auf dem Kardiertuch hinterlassen, der sich schwer entfernen läßt.

Ölen der Wolle

Nachdem das Vlies gewaschen worden ist, fettet man es durch die Zugabe von wasserlöslichem Öl, das mit vier Teilen Wasser zu einer Emulsion vermischt wird. Am besten gibt man das Wasser zum Öl. Man braucht nur eine kleine Menge Öl, um Kardätschen und Spinnen zu erleichtern, und es läßt sich aus dem fertigen Garn gut herauswaschen.

Abb. 11 *Diese Trommelkarde hat einen Kettenantrieb für starke Beanspruchung, feine Häkchen und ein Radlager aus Zinkblech, das man ölen kann. Sie ist nachstellbar für leichtes oder schweres Kardätschen und ist aus künstlich getrocknetem Holz.*

Abb. 12 *Diese Trommelkarde hat ein Gestell aus Hartholz, eine leicht verstellbare Trommel, eine Zentralschraube und entweder grobes oder feines Kardiertuch.*
Ersatzwalzen sind vorhanden, falls das Tuch beschädigt wird.

Um möglichst einfach zu kardätschen und um die Fasern möglichst wenig zu beanspruchen, sollten Sie die Wolle schon am Tag vor dem Kardätschen mit der Emulsion leicht besprühen, einpacken (am besten in eine alte Wolldecke) und an einer warmen Stelle aufbewahren, bis die Fasern gleichmäßig durchtränkt sind. Die Forschung hat beeindruckende Zahlen geliefert, wie rasch durch diese Behandlung die Dehnbarkeit der Wolle zunimmt. (Eine zweite Ruheperiode, vergleichbar mit dem Ausruhen des Tuchs nach der Strapaze des Webens, ist wichtig für die Fasern nach dem Kardätschen.) Beim Auspacken der Wolle glänzen die ölbeschichteten Fasern, die schon nach leichtem Auseinanderziehen kardätscht werden können. Sie sollten nicht mehr Wolle einölen, als Sie sofort verwenden wollen. Das Einölen wirkt am besten, wenn die Wolle innerhalb von wenigen Tagen danach kardätscht und versponnen wird.

Einstellen der Trommelkarde

Eine Trommelkarde, die in gutem Zustand gehalten wird, erzielt die besten Ergebnisse. Beachten Sie folgendes:

1. Die Häkchen der kleinen Walze sollten den Kardeneinsatz zur Wollzufuhr gerade noch berühren. Hört man gar keinen Laut von den Häkchen am Einsatz, so wird der Einsatz entfernt und verstellt, bis die Häkchen ihn leicht berühren.
2. Die Häkchen beider Walzen dagegen dürfen sich nicht berühren. Dies kann man einstellen, indem man die Riegel der großen Walze löst und die Walzenlage durch Lösen oder Festziehen der Seitenschrauben verstellt. Der Abstand zwischen den Walzen kann zwischen 4 mm und 16 mm, je nach Faserart, variiert werden. Für den durchschnittlichen Bedarf sind 8 mm geeignet. Man stellt den Abstand am besten mit einer Schieblehre ein.
3. Falls Sie eine Trommelkarde mit Riemen- statt mit Kettenantrieb benutzen, achten Sie darauf, daß der Treibriemen fest genug sitzt. Die meisten Trommelkarden haben eine Mutter-Riegel-Einstellung am Flügel, mit der die Spannung des Treibriemens verstellt werden kann.
4. Die Stellen, die Öl brauchen, sollte man oft schmieren. Schmutz kann die Öllöcher der großen Walze verstopfen, daher ist es sinnvoll, sie regelmäßig zu reinigen und zu ölen.
5. Die Trommelkarde sollte an einer trockenen Stelle aufbewahrt werden, damit die Häkchen nicht rosten.

Zweifaches Kardätschen

Man kann Wolle zweimal nacheinander kardätschen. Wenn Sie sich überlegen, ob Sie die Wolle zweifach kardätschen, bedenken Sie den Zustand des Vlieses, die Gründlichkeit des Auseinanderziehens, die Faserlänge und, ob Sie aus zwei Wollsorten eine bestimmte Melierung spinnen wollen. Es stellt sich auch die Frage, wieviel man kardätschen muß, um das Spinnen des geplanten Garntyps zu ermöglichen. Zweifaches Kardätschen ergibt eine Wolle, die gründlicher vorbereitet ist, und ermöglicht damit eine bessere Kontrolle des Garns beim Spinnen. Beim zweiten Kardätschen kann man durch Einsetzen einer größeren Scheibe an der kleinen Walze die Übersetzung der Walzen vergrößern.

Wollzufuhr

Legen Sie die gut auseinandergezogenen Fasern auf den Einsatz der Trommelkarde. Bilden Sie nur eine dünne Schicht, damit nicht zu viel Wolle auf einmal durchgezogen wird. Beim Kurbeln werden die Fasern von der kleinen Walze eingezogen und zu der großen Walze geführt. Wenn die Maschine richtig eingestellt ist, die Fasern gut auseinandergezogen sind und die passende Wollmenge zugeführt wird, werden sich die Fasern an der kleinen Walze wenig aufschichten. Beim Arbeiten mit kurzer Wolle vermeiden Sie ein Aufschichten, indem Sie ein 1 cm starkes Stahlrohr (so lang, wie die Walzen breit sind) zwischen die Walzen legen. (Diese Methode nützt allerdings wenig bei langer Wolle.) Sollte die Wolle an der kleinen Walze hängenbleiben, kann man die Fasern mit einer starken Häkel- oder Stricknadel schnell hochziehen und sie dann zu den Fasern geben, die noch zu kardätschen sind. Die Wolle, die sich um die große Walze ansammelt, bildet den Pelz. Die Wollmenge, die man zu einem Pelz kardätschen kann, ist begrenzt, je nach Länge der Häkchen. Man erzielt bessere Ergebnisse, und das Verfahren läuft sogar schneller, wenn man dünnere Pelze kardätscht und diese öfter abhebt.

Abheben des Pelzes

Die Schicht der kardätschten Fasern, der Pelz, wird von der großen Walze entfernt, indem man sie mit einer starken Häkel- oder Stricknadel in der ganzen Breite der großen Walze aufhebt. Bei manchen Trommelkarden sind die Häkchen in einer festen Lederschicht verankert, die um die Walze gespannt ist. Bei diesen Maschinen heben Sie den Pelz an der Naht hoch. Diese bildet einen leeren Streifen auf der Walze. Bei Maschinen mit Kardierstreifen (ein langer Streifen von Kardiertuch, der um die Walze gespannt ist) gibt es keine spezielle Stelle, wo man die Wolle abhebt. Kurbeln Sie langsam gegen den Uhrzeigersinn, während Sie die angehobene Wolle hochziehen. Es ist wichtig, die Wolle nicht zu schneiden, weil es sonst kurze Fasern an beiden Enden des Pelzes gibt, welche dann beim Spinnen kritische Stellen hervorrufen.

Ablegenetz für die Trommelkarde

Shawn Higgins aus Portland in Oregon, USA, hat ein Ablegenetz erfunden, das sich für jede Marke von Trommelkarde eignet. Es besteht aus einem Netz, das über die große Walze paßt, und es wird durch Stäbe festgehalten, die an jedem Ende befestigt sind. Wenn der kardätschte Pelz entfernt werden soll, hebt man einen der Stäbe. Während die Walze zurückgekurbelt wird, hebt das Netz den kardätschten Pelz sauber ab.

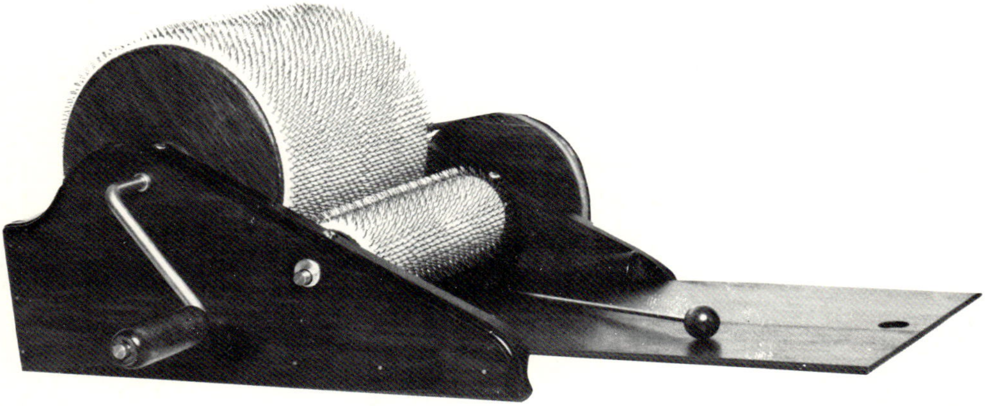

Abb. 13 *Diese Trommelkarde ist 17,78 cm breit; sie hat ein verstellbares Vorderradlager (zur einfachen Einstellung), ein herausnehmbares Radlager (zur einfachen Reinigung) und einen runden Treibriemen aus Gummi.*

b. 14
legenetz

A *Auflegen des Netzes mit einem Besen (vor dem Kardätschen).*

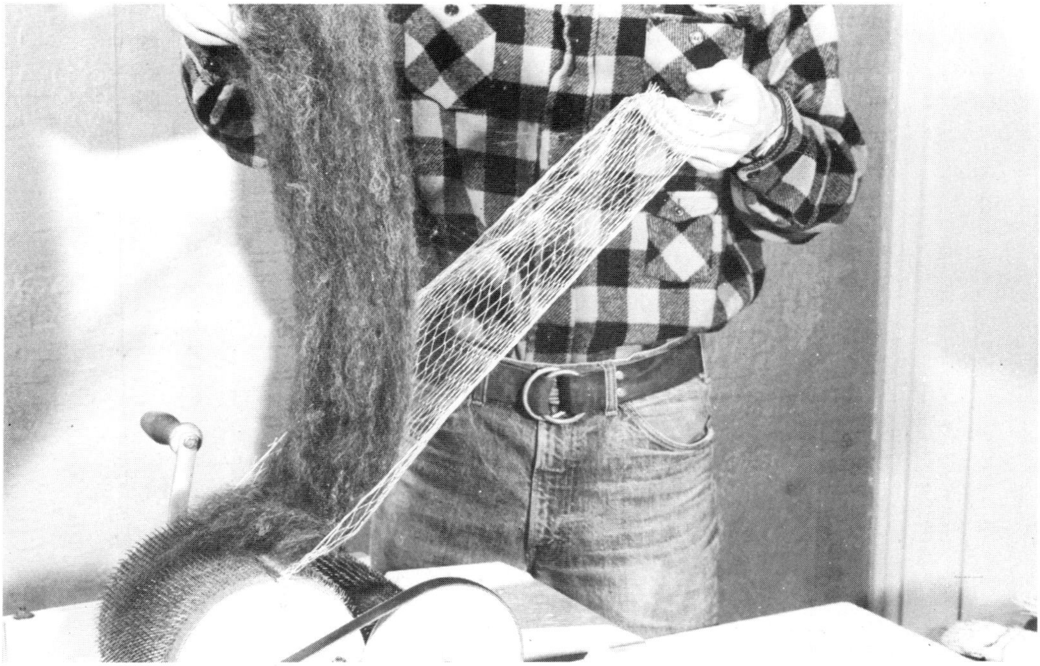

B *Verwendung des Netzes, um den Pelz abzuheben.*

Motorbetriebene Trommelkarde

Trommelkarden eignen sich zur Motorisierung, solange eine langsame Geschwindigkeit noch möglich ist (60 bis 80 U.p.M.). Der Vorteil des Motorantriebs liegt nicht darin, daß die Walzen sich schneller drehen, sondern darin, daß man beide Hände frei hat, um die Wolle auseinanderziehen und zuführen zu können.

Ordnen der Wolle zum Verspinnen

Es gibt einige Methoden, um den von der Trommelkarde abgezogenen Pelz zu verziehen oder zu teilen. Folgende sind die üblichen Methoden:

1. Verlängern Sie den Pelz durch vorsichtiges Ausziehen von Hand, bis er die dreifache Länge und infolgedessen nur ein Drittel der Breite umfaßt. Wiederholen Sie diesen Vorgang, bis Sie ein Vorgespinst haben, das sechsmal länger und ein Sechstel so breit ist wie am Anfang. Diese Art der Vorbereitung ergibt weniger Verbindungsstellen, erfordert weniger Verziehen beim Spinnen und ist daher ideal für Anfänger.
2. Der Pelz wird der Länge nach in einige schmale Streifen geteilt. Ein Nachteil ist aber, daß man dann oft anspinnen muß, was beim unerfahrenen Spinner eine Anzahl dicker oder schwacher Stellen im Garn bedeuten könnte. Dem Anfänger fällt es leichter, jeden neuen Streifen an das alte Vorgarn zu wickeln. Mit mehr Übung braucht man sehr wenig des alten Vorgarns zum Anspinnen des neuen übrigzulassen. Weil die Streifen so schnell und einfach zu teilen sind, eignet sich diese Methode, wenn man besondere Effekte bei einem zweiten Kardätschen oder beim Spinnen erzielen will und mehrere kardätschte Pelze teilt.
3. Man formt den Pelz zu einem langen Streifen, indem man ihn im Zickzack z-förmig teilt. Die Fasern werden nicht ganz zum Ende getrennt: Sie stellen ein einzelnes, langes Vorgespinst dar. Das geht natürlich schnell, aber der Streifen ist für den Anfänger etwas schwieriger zu verspinnen als das Vorgespinst von der ersten Methode, denn man muß während des Spinnens mit der Hand die Fasern an den Wendestellen des z-förmigen Streifens schnell bearbeiten. In einem gut gesponnenen Garn lassen sich diese Stellen nicht erkennen.
4. Man kann Querschnitte des Pelzes abrupfen, um eine Handvoll Spinnfasern zu erhalten. Diese Methode eignet sich besonders für den Fall, daß ein langes Vorgespinst nicht nötig ist, wie z. B. beim Spinnen am Großen Schwungrad (siehe Kapitel: »Spinnen lernen am Großen Schwungrad«).

Abb. 15 *Kardätschter Pelz*

A *Form des gerade von der Trommelkarde abgezogenen Pelzes.*

B *Zum z-förmigen Vorgespinst geteilter Pelz.*

Besondere Effekte beim Kardätschen

Mit der Trommelkarde kann man viele Spezialeffekte erzielen, die mit Handkarden schwierig oder unmöglich sind. Die kurzen Schnipsel, die bei einer schlechten Schur entstehen, kann man aufbewahren, um damit ungewöhnliche, noppige Garnstrukturen zu spinnen. Man kann z. B. weiße Wollschnipsel in weißer Wolle oder als Kontrastnoppen in dunkler Wolle verwenden, oder man kann die Schnipsel färben und mit längeren Fasern zusammen kardätschen, um ein tweedähnliches, gefärbtes Garn herzustellen. Auf diese Weise kann Abfallwolle verwendet werden. Die Trommelkarde ist ideal, um zwei oder mehr Fasertypen zu mischen. Dadurch werden bessere Spinnergebnisse erzielt, weil man beispielsweise einen Teil Lammwolle zu einer krausen Wolle geben und so ein weicheres Garn herstellen kann. Oder man kardätscht mit der Maschine zwei Wolltöne miteinander, um einen dritten Farbton zu erreichen. Einige unserer interessantesten schwarzen Wolltöne werden auf diese Weise hergestellt. Die Trommelkarde ermöglicht buntgefleckte Tweedsorten durch die Verbindung einzelner Töne, ohne daß sie vermischt werden.

Variierte Effekte

Es gibt zwei verschiedene Methoden, um eine ungleiche, aber kontrollierte Fleckigkeit zu erhalten. Bei jeder Methode verwendet man zwei oder mehr entweder pflanzlich erzeugte Farben oder Naturtöne von schwarzer Schafwolle, oder beides zusammen. Um bessere Ergebnisse zu erzielen, kardätschen Sie jede Farbe einmal vor der Anwendung dieser Methode. Wieviel vorkardätscht werden muß, ist abhängig vom Maß der Strukturungleichmäßigkeit, die das fertige Garn zeigen soll.

Tandem-Methode: Führen Sie abwechselnd etwas von jeder Faser-Farbe der Maschine zu. Falls Sie eine Regelmäßigkeit innerhalb der Fleckigkeit erzielen wollen, kontrollieren Sie das Gewicht von jeder Farbzufuhr.

Team-Methode: Führen Sie beide Fasersorten gleichzeitig nebeneinander der Karde zu, die eine Hälfte links, die andere rechts. Bei dieser Methode kann man die Farben mitten im Kardätschen wechseln. Wenn der Pelz abgezogen wird, machen Sie entweder ein Vorgespinst daraus, oder falten und verziehen Sie ihn, um eine andere gefleckte Garnsorte herstellen zu können.

Die fertigen Pelze, die Sie nach den beiden Methoden herstellen, werden natürlich verschieden sein. Mit der Tandem-Methode z. B. können Sie vier unterschiedliche Effekte erzielen beim Kardätschen von nur zwei Farben. Mit 45 g weißer und 45 g brauner Wolle könnten Sie:

1. abwechselnd 15 g braun, 15 g weiß kardätschen, usw., um ein meliertes, tweedähnliches Garn herzustellen,
2. schichtweise 15 g braun, dann 15 g weiß kardätschen, um ein geflecktes Garn herzustellen, das jede Farbe gleich zeigt,
3. schichtweise 22,5 g braun, 45 g weiß und 22,5 g braun kardätschen, um ein überwiegend braunes, geflecktes Garn herzustellen,
4. schichtweise 22,5 g weiß, 45 g braun und 22,5 g weiß kardätschen, um ein überwiegend weißes Garn herzustellen.

Der Endeffekt beider Methoden ist veränderbar, je nachdem wie die Pelze zum Verspinnen geteilt werden und wie die Wolle beim Spinnen ausgezogen und behandelt wird.

Pläne zur Herstellung einer Trommelkarde

Diese tragbare Trommelkarde sollte vor Gebrauch an einer Werkbank oder am Tisch sicher befestigt werden. Sie ist für Handbetrieb gedacht, man kann aber auch einen Motor von 1750 U.p.M. einbauen, der mittels Getriebe oder Relais auf 60 bis 80 U.p.M. heruntergesetzt werden muß. Der Motor dient nicht der Beschleunigung des Verfahrens. Aber man kann nun mit beiden Händen die Wolle auseinanderziehen und auf den Einsatz legen. Die geringe Umdrehungszahl ist wichtig, um eine Beschädigung der Wolle oder des Kardiertuchs zu vermeiden. Die Herstellung der Trommelkarde wird in drei Abschnitte unterteilt:

1. Gestell, Einsatz und Lagerstützen.

2. Große und kleine Walze, mit Kardiertuch bespannt (Bogen oder Streifen).

3. Einstellriegel, Antriebmechanismus und Montage.

Material

Weichholz – Metallstäbe – Riegel und Muttern: 6 mm – Kurze Stahlnägel – Flachköpfige Holzschrauben – Metallblech: 1,6 mm – Kardiertuch – Holz-Zylinder

Die genauen Mengen- und Größenangaben werden hier nicht aufgeführt, weil es am besten ist, das Material zu verwenden, das Sie in ihrer Umgebung bekommen. Sie brauchen mehr Material, wenn Sie eine Trommelkarde von doppelter Breite oder überhaupt von doppelter Größe bauen wollen. Eine schmalere Trommelkarde, die einen schmaleren Streifen kardätschter Wolle produziert, hat Vorteile. In diesem Fall könnte es vorteilhaft sein, wenn Sie nicht nur das Gerät schmaler machen, sondern auch den

Abb. 16 *Diese Trommelkarde hat ein Gestell aus Kirschbaumholz mit Schwalbenschwanzverbindungen und Gummiriemenantrieb. Die Walzen sind mit kommerziellem Kardiertuchstreifen bezogen.*

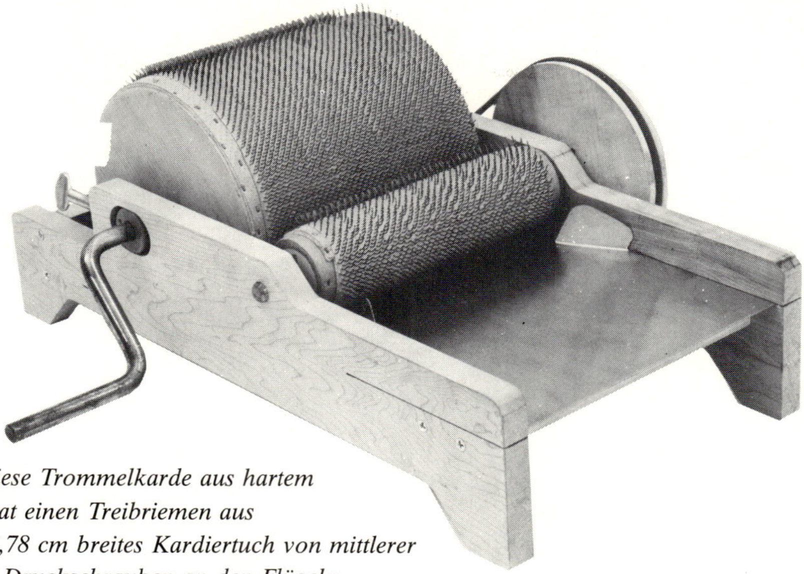

Abb. 17 *Diese Trommelkarde aus hartem Ahornholz hat einen Treibriemen aus Polycord, 17,78 cm breites Kardiertuch von mittlerer Feinheit und Druckschrauben an den Flügeln zur Feineinstellung.*

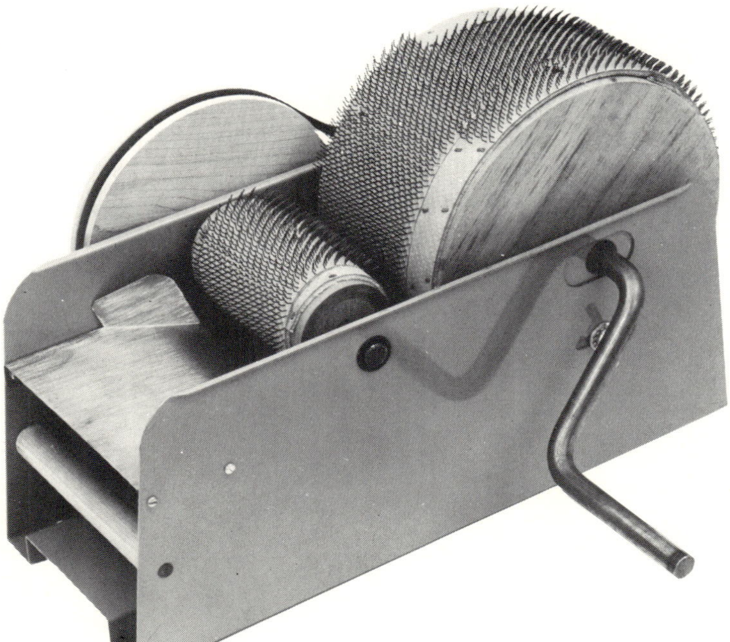

Abb. 18 *Diese Trommelkarde hat ein Metallgestell, eine Walzenbreite von 8,89 cm und einen Treibriemen aus Polycord. Verstellbarer Walzenabstand.*

Durchmesser der Walzen verdoppeln, um einen schmaleren, viel längeren Wollstreifen zu kardätschen. Man kann das Kardiertuch entweder als Streifen oder als Bogen erhalten. Der Streifen wird pro Fuß verkauft (30,48 cm), in Breiten von 1½ Zoll (3,8 cm) und 2 Zoll (5 cm), je nach Feinheit. Wieviel man braucht, um die Walzen zu bespannen (mit Berücksichtigung der Schrägen an beiden Kanten der Walzen) ist unterschiedlich je nach Walzenbreite. Kardiertuch gibt es auch in Bögen von 20,3 cm Breite. Für eine Walze von 20 cm Breite braucht man also nur einen einzelnen Bogen für den Umfang jedes Zylinders. Man kann das Kardiertuch »geschliffen« oder »ungeschliffen« bestellen. Wenn Sie nicht sicher sind, wie gut der Schliff ist, so ist es sicherer, ungeschliffenes Tuch zu kaufen. Wir kennen den Fall einer selbstgemachten Trommelkarde mit geschliffenem Tuch. Das Schleifen hatte fast unsichtbare Widerhaken an jedem Drahtende verursacht, wodurch es beim Abheben der kardätschten Wolle Schwierigkeiten gab.

Einsatz aus Metallblech
Der Einsatz aus Metallblech hat zwei Laschen, die zwischen das Gestell und die Radlagerstützen der kleinen Walze passen. Der gewölbte Teil paßt unterhalb und um den unteren Teil der kleinen Walze. Beachten Sie, daß dieser gewölbte Teil keine Walze berühren darf. Manche der kommerziell hergestellten Trommelkarden haben keinen gewölbten Einsatz. Schauen Sie sich also die Werbefotos der Trommelkarden genau an, wenn Sie einen solchen Einsatz nicht selber herstellen wollen.

Abb. 19 A bis K *Trommelkarde. Die wenig veränderten Grundpläne stammen von VITA, USA. Die Maße sind in cm angegeben, sofern nicht anders vermerkt und können ggf. auf- bzw. abgerundet werden.*

A *Gestell (von oben)*

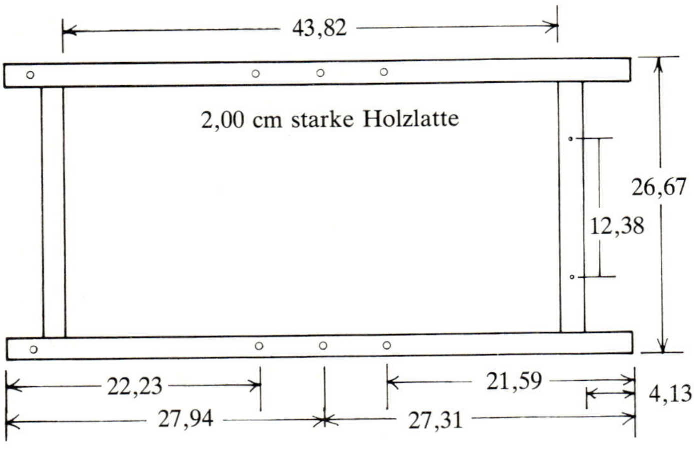

B *Gestell (seitlich)*

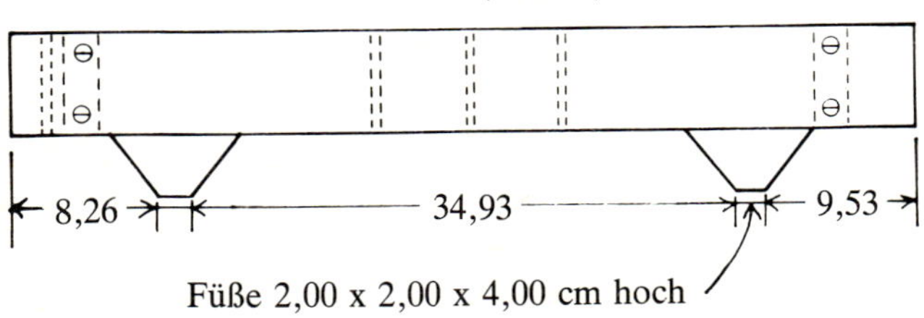

C *Einsatz (von oben)*

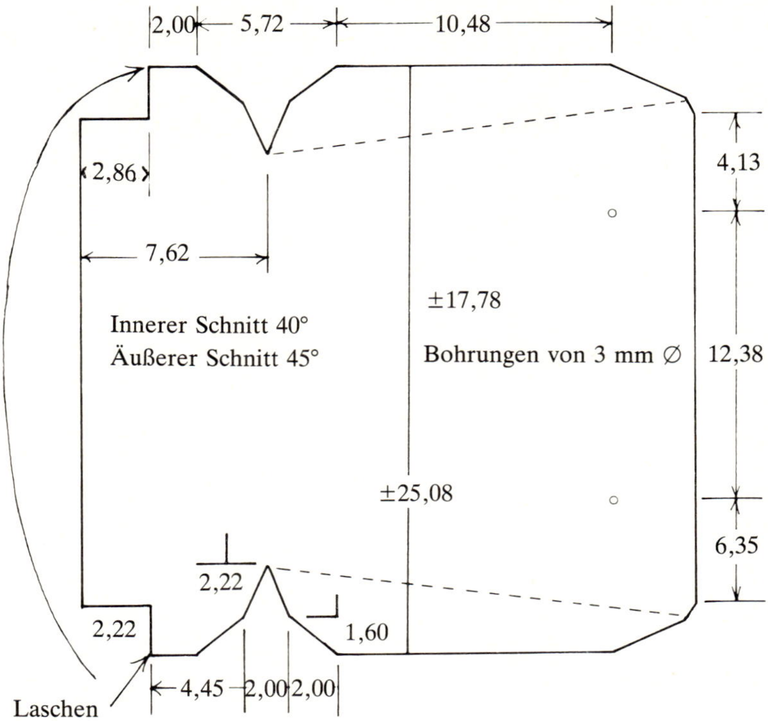

D *Einsatz (seitlich)*

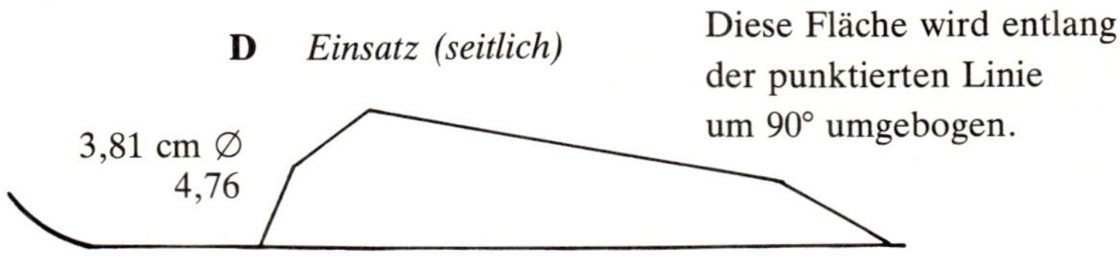

Gestell

Das Gestell besteht lediglich aus einem Rechteck, wie abgebildet. Setzen Sie die Bohrungen an den markierten Stellen so gerade wie möglich.

Einsatz

Der Einsatz ist aus starkem Metallblech und wird entsprechend den angegebenen Maßen geschnitten. Die untere Abbildung zeigt, wo und wie der Einsatz geformt wird. Die beiden Löcher von je 3 mm Durchmesser dienen der späteren Montage an das Gestell. Biegen Sie die Ecken mit einem Winkel von 45° schräg ab. Die Kanten werden an der Schräge ca. 1 cm breit umgebogen.

Lagerstützen

Das größere der beiden Lagerstützpaare aus Hartholz hat einen Einschnitt, welcher das Einstellen des Walzenabstands ermöglicht. Falls Sie das Material zur Hand haben, können Sie die Lagerstützen haltbarer gestalten, indem Sie die 1 cm und 1,6 cm Achsenbohrungen mit Buchsen versehen. Passen Sie die Buchsen (z. B. aus Messingrohr) ganz genau in die Löcher der Lagerstützen ein.

E *Kleines Radlager*

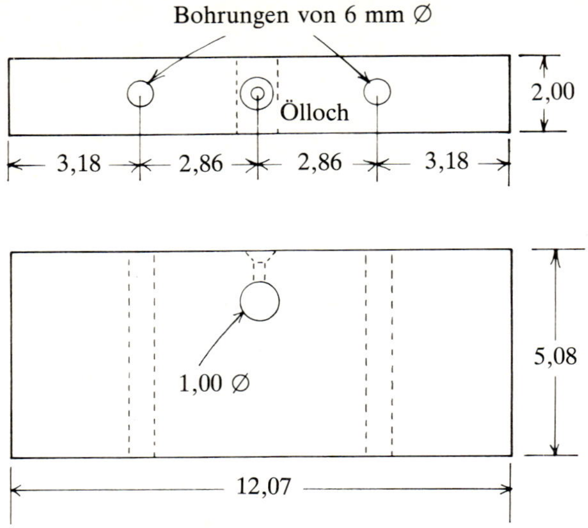

F *Großes Radlager*

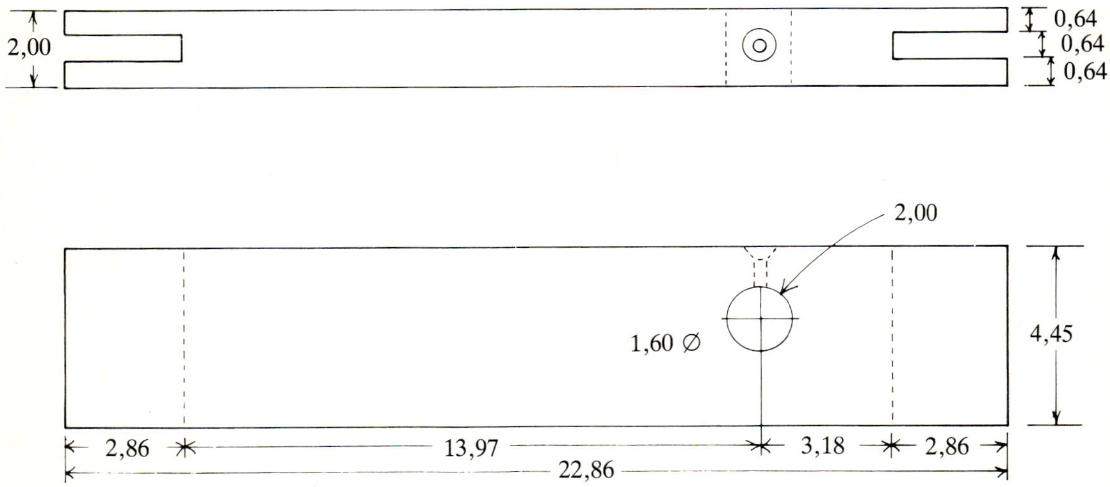

Große und kleine Walzen

Diese sind Zylinder aus Weichholz mit den in Abbildung 19 gezeigten Maßen. Die 6 mm Bohrung wird gemacht, um die Holzwalze an der Radachse zu befestigen. Der Nagel dafür muß lang genug sein, um die Holzwalze ganz fest zu verankern. Bespannen Sie die Walzen entweder mit Tuchstreifen, die am Anfang und am Ende schräg angesetzt werden, oder mit einem breiten Bogen. Zum Festnageln der Bespannung nehmen sie Nägel von etwa 2 cm Länge. Merke: Die Metallachsen der beiden Walzen unterscheiden sich in Länge und Durchmesser. Die größere Achse sollte so lang sein, daß sie (wie gezeigt) an einem Ende zu einer Kurbel gebogen werden kann.

Kardiertuch, Streifen oder Bogen

Wenn Sie einen 20,3 cm breiten Bogen Kardiertuch nehmen, benötigen Sie eine Länge von 56 cm für die große Walze und 16 cm für die kleine. Die Enden überlappen sich. Hier und an den Außenkanten werden sie festgenagelt.

Wenn Sie Tuchstreifen von 3,8 cm oder 5 cm Breite nehmen und die benötigte Länge abmessen wollen, rechnen Sie die Länge eines Durchmessers dazu. Dies berücksichtigt die Schrägen, die Sie am Anfang und am Abschluß des Streifens machen. Der Streifen muß straff gespannt und an beiden Außenkanten festgenagelt sein. Wenn Sie einen 5 cm breiten Streifen nehmen, rechnen Sie ca. 275 cm für die große Walze und ca. 75 cm für die kleine. Diese Längen berücksichtigen die schrägen Enden.

Antriebsmechanismus, Einstellriegel und Montage

Der Antriebsmechanismus sitzt an den längeren, geraden, herausragenden Teilen beider Walzenachsen. Beachten Sie die Richtung der Zähne. Der Antrieb kann auch anders gestaltet werden. Die Übersetzung der Scheiben ist 1 : 6 (auf sechs Umdrehungen der großen kommt eine Umdrehung der kleinen Walze).

G *Kleine Walze (seitlich)*

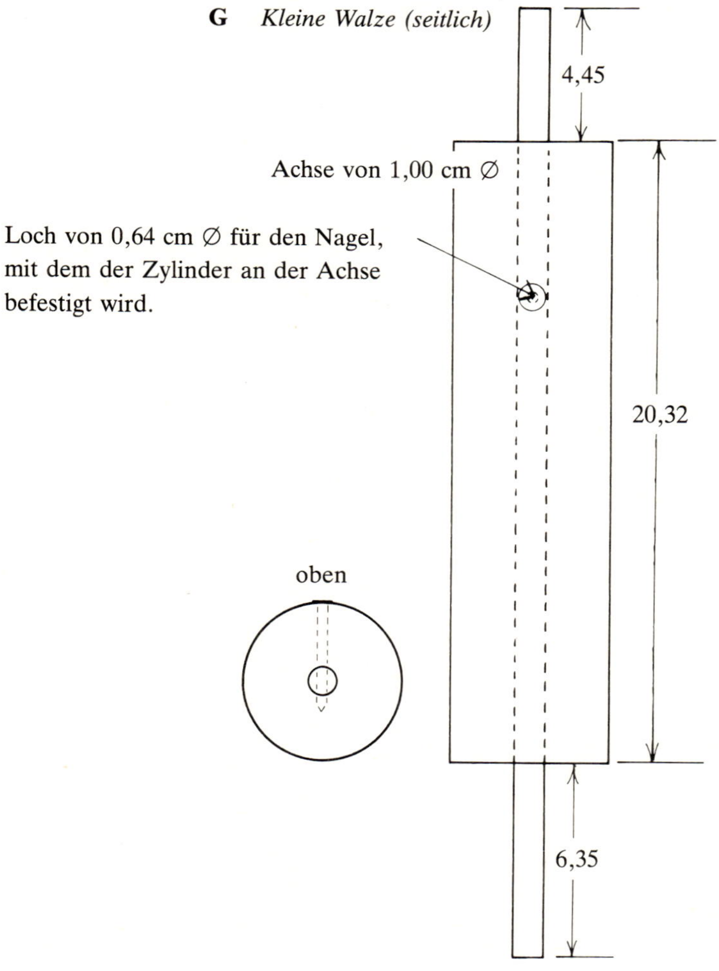

H *Große Walze (seitlich)*

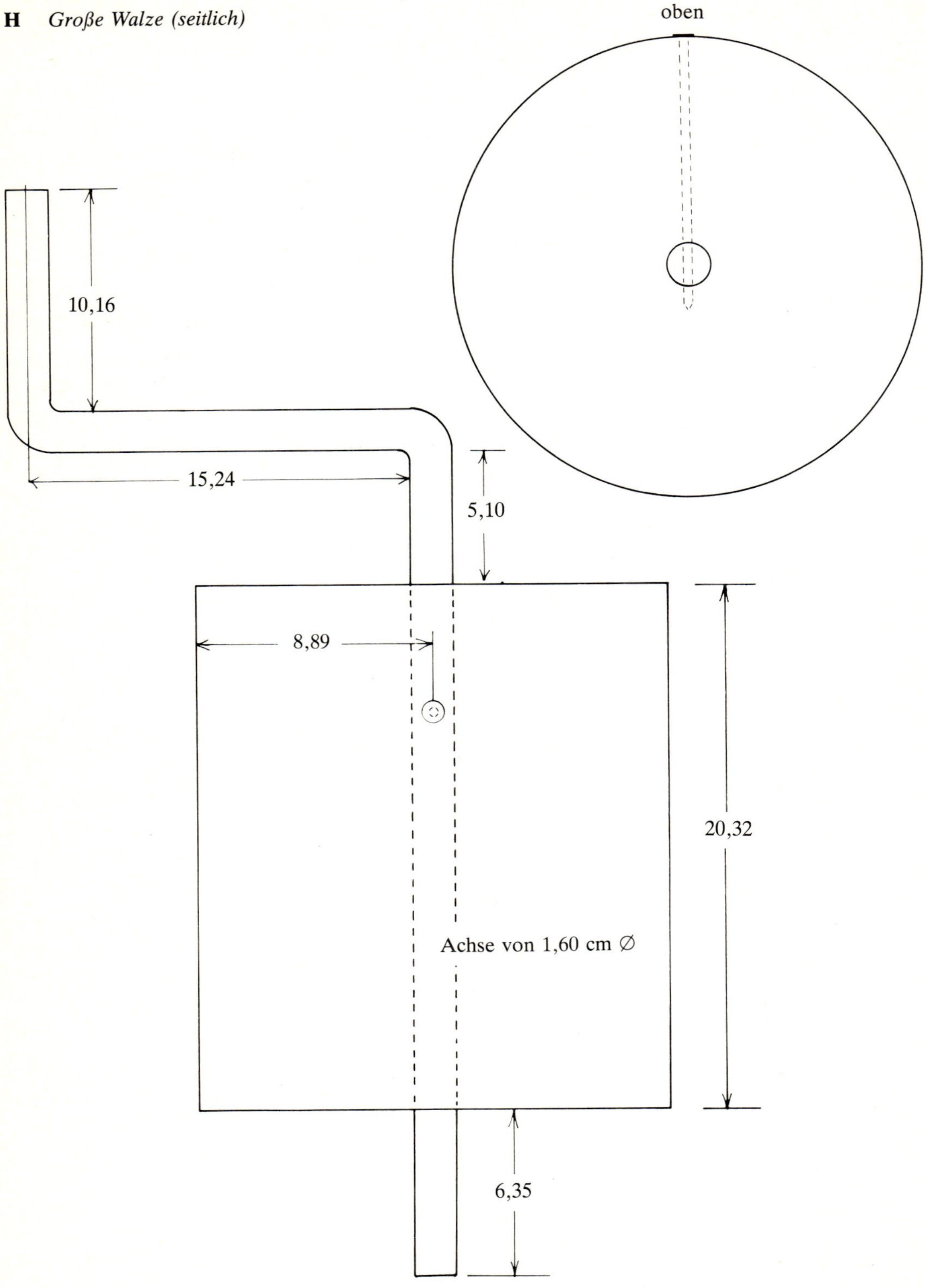

I *Kardiertuch, Bogen oder Streifen*

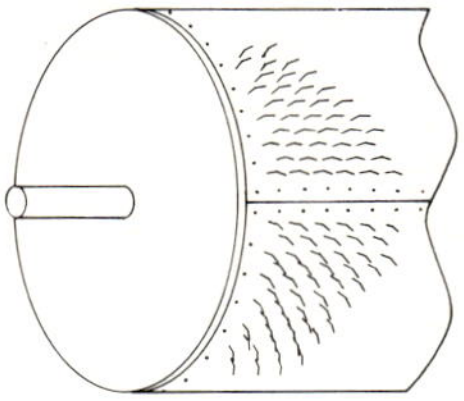

Kardiertuchbogen um einen Zylinder gespannt

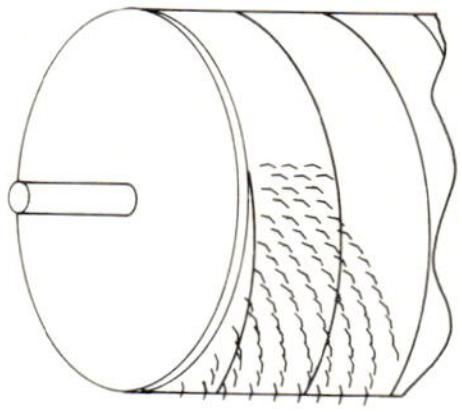

Beim Bespannen der Walze mit Kardiertuchstreifen muß der Streifen ständig straff sein.

An jeder Kante Anfang und Abschluß abschrägen.
Bei einem 5,08 cm breiten Streifen nehmen Sie eine Länge von ca. 274 cm für die große Walze und ca. 76,20 cm für die kleine. So können Sie die Kanten abschrägen.

J *Antriebsmechanismus, Einstellriegel und Montage*

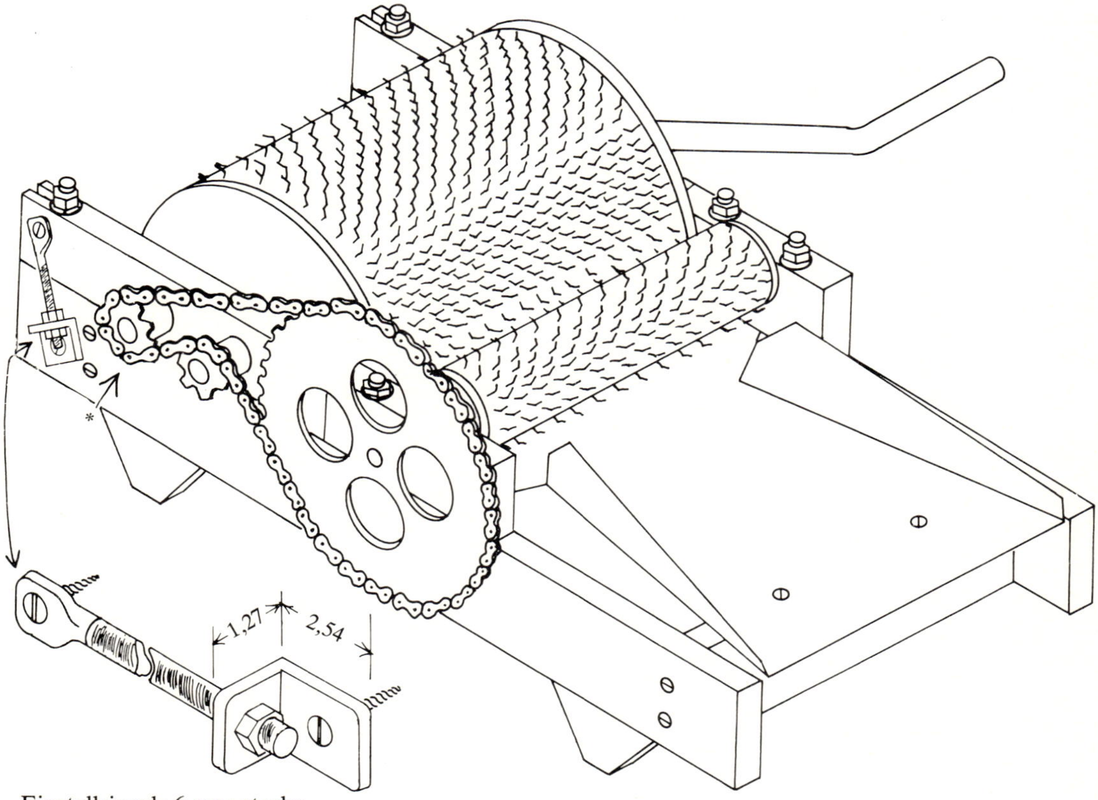

Einstellriegel: 6 mm starke Gewindeschraube, 9,00 cm lang

* Bei Kettenantrieb ist ein Führungsrad notwendig, damit sich die Walzen in entgegengesetzte Richtung drehen (siehe Abbildung 11). Ein runder Gummiriemen muß überkreuzt werden (siehe Abbildung 16).

K *Kettenantrieb*

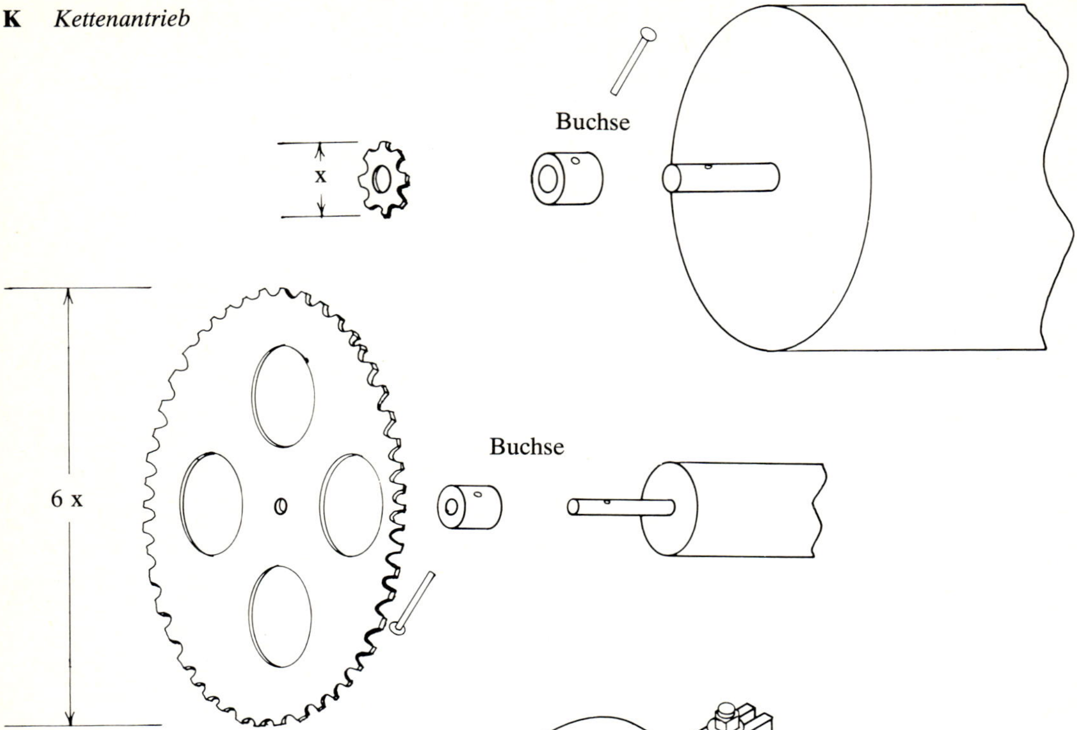

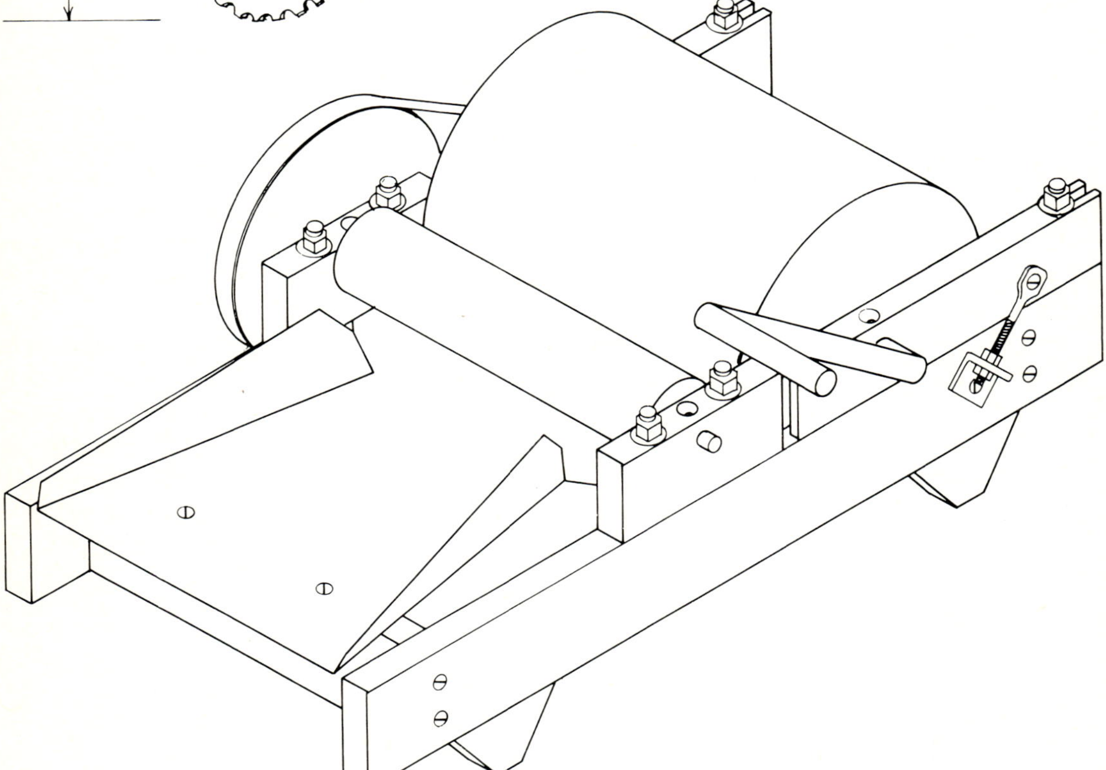

Die Walzen sind durch zwei Klammern verstellbar. Eine Methode, solch einen Einstellriegel herzustellen, besteht darin, daß Sie ein Ende einer 6 mm-Gewindeschraube breit schlagen (wie gezeigt), nach einer Seite biegen und dieses Ende dann durchbohren. Die Riegel werden mit 2,5 cm langen Holzschrauben befestigt.

Einzelheiten des Kettenantriebsmechanismus
Befestigen Sie die Zahnräder an der Achse nach Wunsch. Sie können direkt angeschweißt oder mittels einer Buchse (aus Hartholz oder Metall) montiert werden, ähnlich wie die Holz-Zylinder (Abbildung 19). Wenn Sie für die kleine Walze das Zahnrad eines normalen, großen Fahrrads verwenden, wird es vielleicht nötig sein, das kleinere Zahnrad für die große Walze selber herzustellen. Zu diesem Zweck errechnen Sie zuerst den erforderlichen Durchmesser für das kleine Zahnrad, indem Sie den Durchmesser des großen Zahnrads durch 6 teilen. Beachten Sie dabei, daß der Zahnabstand beider Räder gleich sein muß. Falls dies bei einer Übersetzung von 6 : 1 nicht möglich ist, müssen Sie den Durchmesser des kleineren Zahnrads entsprechend ändern. Eine Veränderung um eine Einheit vergrößert oder verkleinert den Umfang um 3,14 Einheiten. Die beste Methode, um solch ein Zahnrad herzustellen, besteht darin, das Zahnrad in voller Größe mit einem Zirkel auf Papier zu zeichnen. Schneiden Sie die Zeichnung aus und befestigen Sie diese an der 3 mm starken Metallplatte. Schneiden Sie die Form dann aus dem Metall und schleifen Sie die Zähne in gleicher Form wie diejenigen des großen Zahnrads. Der letzte Schritt ist die Montage einer passend langen Fahrradkette.

Bedienen und Instandhalten

Um beste Ergebnisse erzielen zu können, sollte die Wolle gewaschen und mit wasserlöslichem Öl besprüht werden. Nach sorgfältigem Auseinanderziehen legen Sie die Wolle auf den Einsatz und führen sie der Walze zu, indem Sie die große Walze im Uhrzeigersinn kurbeln. Verknotete oder verfilzte Wolle darf nicht in die Trommelkarde gelangen, da sie die Häkchen verbiegt oder lockert; dadurch würde die Trommelkarde beschädigt und nicht mehr einwandfrei funktionieren. Führen Sie nicht zuviel Wolle auf einmal zu. Vermeiden Sie, daß sich zuviel an der großen Walze ansammelt. Es ist besser, dünnere Pelze zu entfernen, als Pelze so dick werden zu lassen, daß manche Wollteile nicht ausreichend kardätscht werden. Lesen Sie die Anleitungen zur Bedienung der Maschine und zum Entfernen der kardätschten Pelze in diesem Kapitel gut durch.
Wenn Sie eine Zeitlang mit dem Gerät gearbeitet haben, muß der Walzenabstand wahrscheinlich neu eingestellt werden. Die Häkchen beider Walzen sollten sich nicht berühren, aber der eigentliche Abstand dazwischen ist von der Art der Wolle abhängig, die Sie gerade verarbeiten. Um die Walzen näher zusammenzubringen, lockern Sie die Muttern an den Seitenschlitzen und führen Sie die große Walze näher an die kleine heran, indem Sie die Einstellriegel verstellen, die sich seitlich vorn befinden. Diese Riegel haben je zwei Muttern, die Sie festziehen. Ein Ölen mit Schmieröl und ein Entfernen der Wollfasern aus dem Radlager sind die einzigen Arbeiten zur Instandhaltung, die normalerweise anfallen.

Arbeiten mit dem Spinnrad

Leistung und Typ

Der Anfänger muß sich auf die Leistungsfähigkeit eines Spinnrads verlassen können, um die Möglichkeit auszuschließen, daß auftretende Schwierigkeiten nicht durch ein fehlerhaftes Rad verursacht werden. Kenntnisse über Vor- und Nachteile verschiedener Spinnräder helfen ihm zu entscheiden, welches Rad seinen Bedürfnissen am ehesten entspricht. Einiges daran ist Geschmackssache, wie z. B. das Aussehen des Gestells. Es gibt vierbeinige »Stuhl«-Spinnräder, aufrechte Hochräder, dreibeinige Sächsische Räder und viele neuere Pinguin-Räder. Solange das Spinnrad stabil, standfest und leistungsfähig ist, spielen sowohl das Aussehen als auch der Preis keine Rolle.

Richtige Bewegung einzelner Teile

Wie das Spinnrad auch aussehen mag, man sollte die beweglichen Teile sorgfältig kontrollieren. Gewisse Teile müssen sich frei bewegen können:

1. Die Spule muß sich an der Spindel frei bewegen, wenn die Antriebsschnur (oder die Bremse) entfernt wird.
2. Der Spinnflügel muß sich im Lager leicht drehen.
3. Die Trittplatte muß in der Lagerung leicht beweglich sein (ohne unnötige Geräusche).
4. Das Schwungrad muß leicht und weich rotieren und gut ausbalanciert sein.

Der Spinnflügel

Der Spinnflügel ist das »Herz« des Spinnrads, und wenn er nicht richtig funktioniert, werden Sie an ihrem Spinnrad keine Freude haben. Prüfen Sie, ob sich der Spinnflügel bei abgenommener Antriebsschnur im Lager leicht bewegen läßt und ob sich die Spule auf der Spindel frei dreht. Manche Spulen drehen sich frei genug, um feines Garn zu spinnen, aber doch nicht leicht genug, wenn die Antriebsschnur entfernt wird, um das feine Garn zu einem Strang aufwickeln zu lassen, ohne daß es reißt. Bei einem neuen Spinnrad ist dies ein ernster Fehler; bei einem alten Rad bedeutet es wahrscheinlich, daß Achse und Spulenlager gereinigt und geölt werden müssen.

Wenn der Spinnflügel nur an einem Arm Häkchen hat, sollte der andere Arm so geformt sein, daß ein Ausgleich hergestellt wird. Das kann bedeuten, daß der zweite Arm etwas breiter ist oder ein Metallgewicht enthält, das so schwer ist wie die Häkchen.

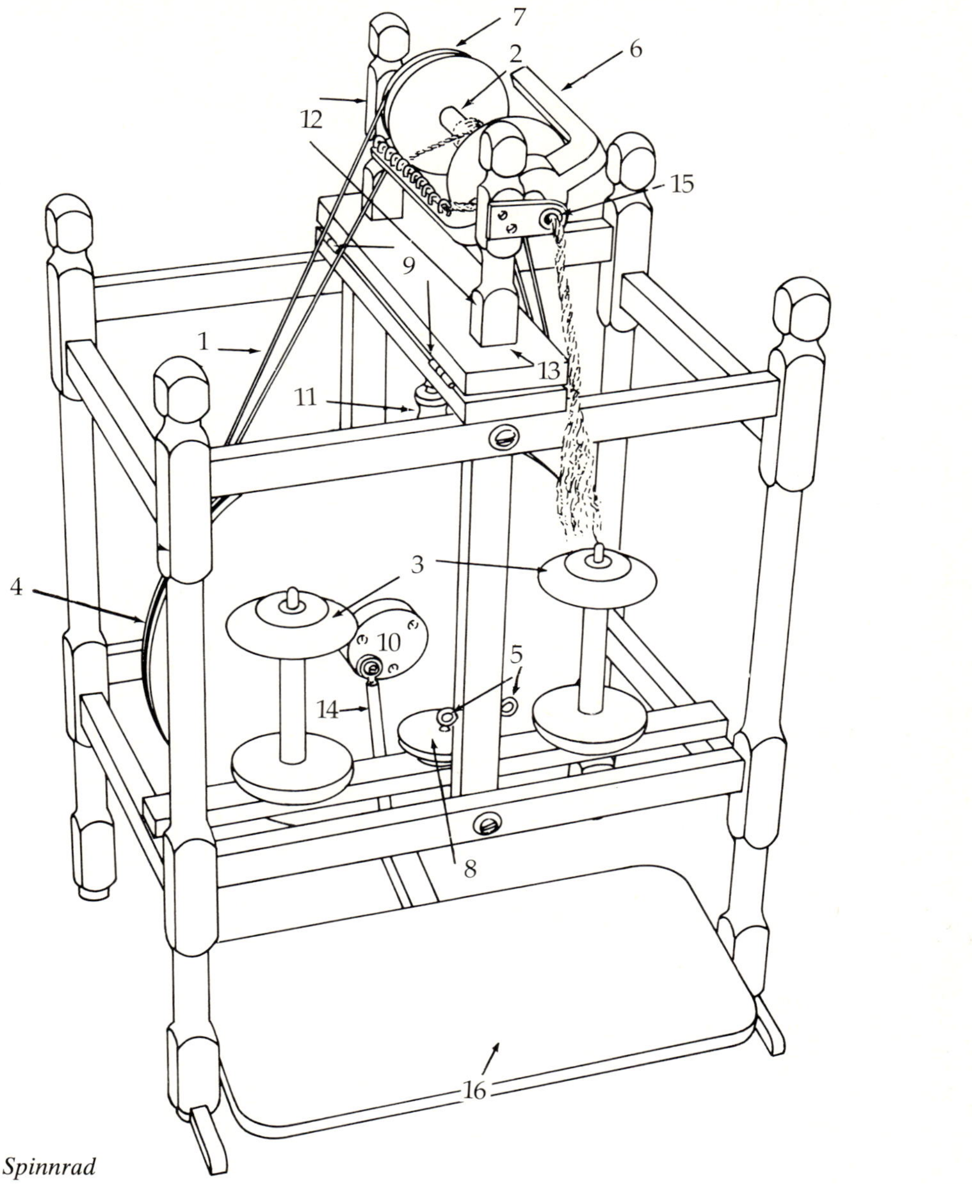

Abb. 20 *Spinnrad*

Teile eines Spinnrads

1. Antriebsschnur, zweifädig
2. Spule auf der Spindel
3. zusätzliche Spulen
4. Schwungrad
5. Ösen führen die Garnenden beim Zwirnen
6. Spinnflügel mit Häkchen, Arme
7. Große Schnurscheibe für grobes, leichter gedrehtes Garn
8. Kleine Schnurscheibe für feines, fester gedrehtes Garn
9. Angeln – die Spinnvorrichtung wird ins Gestell heruntergeklappt
10. Nabe mit zwei Kugellagern an der Achse
11. Spannungsregler, um die Spannung der Antriebsschnur einzustellen
12. Spannköpfe mit Ledergamaschen
13. Spinnflügel
14. Antriebsstange mit Kugelgelenk an jedem Ende
15. Spindel mit Einlaßöffnung
16. Doppelt wirkende Trittplatte für beide Füße

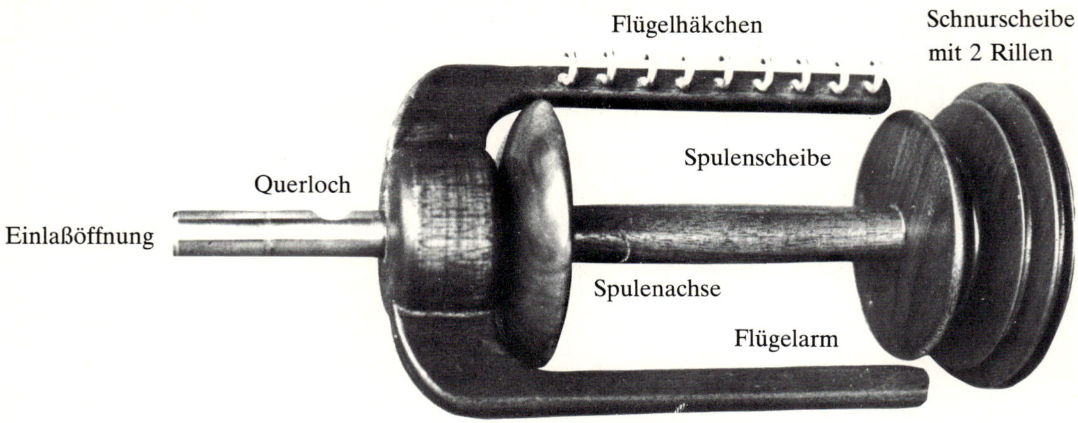

Abb. 21 *Spinnflügel für ein zweifädig angetriebenes Spinnrad.*

Garnkapazität

Die Länge und Breite der Spule, der Durchmesser der Spulenachse und die Breite der Flügelgabel begrenzen die Garnlänge bzw. die Größe des Strangs, den man spinnen kann. Wenn Ihr Spinnflügel eine große Einlaßöffnung hat, können Sie damit rechnen, daß er eine große Grundkapazität hat. Das heißt, daß die Flügelgabel mindestens 11,5 cm breit und die Spule mindestens 11,5 cm lang ist. Alles was kleiner ist, eignet sich vor allem für feinere Garnsorten, unabhängig von der Größe der Einlaßöffnung. Ein breitwinkliger Spinnflügel (Abbildung 22) ermöglicht ein überdurchschnittliches Spulenfüllen, wenn man drei oder vier kleine Rundhölzer am Ende der vollen Spule einsteckt. Der Spinnflügel (Abbildung Seite 103) verjüngt sich von 14 cm auf 8 cm.

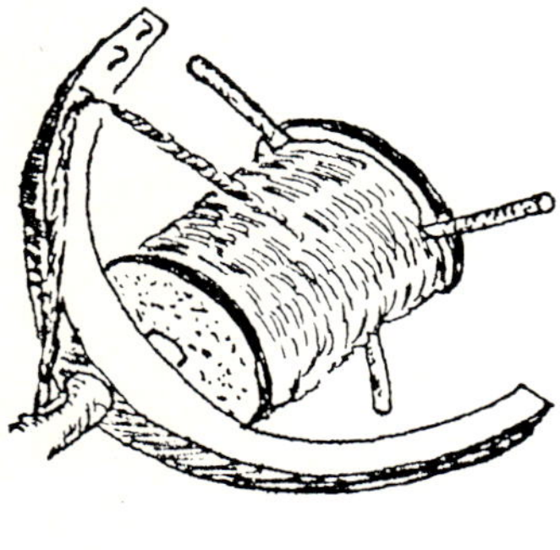

Abb. 22 *Breitwinkliger Spinnflügel mit eingesetzten Rundhölzern für größere Garnkapazität.*

Flügelhäkchen

Die Flügelhäkchen sollten gut verteilt sein, um ein gleichmäßiges Auffüllen der Spule zu ermöglichen. Sie dürfen nicht so nah am Ende der Spule sein, daß das Garn abrutscht und sich um die Spule wickelt. Die Häkchen müssen glatt sein, damit die Fasern nicht daran hängenbleiben. Ihre Größe soll mit der Garnstärke übereinstimmen, die man bei der vorhandenen Einlaßöffnung spinnen kann. Manche Spinnräder haben kleine, eng benachbarte Häkchen an einem Arm für feines Garn und größere, weiter auseinanderstehende Häkchen am anderen Arm für grobes Garn.

Abb. 23 *Abwechselnd angeordnete Häkchen an den Spinnflügelarmen. Dieses Spinnrad mit einfädigem Antrieb über die Spule hat eine Bremsvorrichtung aus Leder, die am Spinnflügel festgeklemmt wird.*

Spulenlager

Nicht die ganze Länge der Spulenachse sollte sich auf der Spindel drehen. Ein Lager an jedem Ende ist nötig, nicht nur, um einen Verschleiß der Spule zu verhindern, sondern auch um Reibung an der Oberfläche auszuschließen. Bei einer satt sitzenden Spule merkt man diese Reibung besonders, wenn man feines Garn abwickelt. Dadurch läßt sich die Spule nicht so leicht drehen wie nötig, auch wenn sie ansonsten perfekt zu sitzen scheint. Man kann etwas nachhelfen, indem man die Flügelachse mit Silikonöl besprüht, aber die einzige dauerhafte Lösung besteht darin, daß man die Spulen abschrägt und ein Lager einbaut.

Spinnflügel für schnelles Spinnen

Die schmalen, abgerundeten Arme eines Spinnflügels aus Metall (Seite 77) ermöglichen eine andere Anordnung für das Garn, das durch die Einlaßöffnung, durch das seitliche Querloch über die Häkchen und auf die Spule führt. Wenn Sie das Garn durch die Einlaßöffnung über die Rückseite des Flügelarms und nur durch ein Häkchen führen, genau dorthin, wo Sie es auf die Spule wickeln wollen, dann können Sie schnell spinnen, ohne daß das Garn bei hoher Geschwindigkeit Schlingen bildet (Abbildung 71). Durch diese Bewegung verfängt sich das hochfliegende Garn manchmal an den Häkchen, oder es springt über und unter die Häkchen, was die Absicht des schnellen Spinnens ins Gegenteil verkehrt. Viele Flügelarme aus Holz sind nicht schmal genug, um schnelles Spinnen zu ermöglichen, weil eine Öffnung von 1 cm oder mehr ein zu breites Stück Holz erfordert.
Die Stellung des seitlichen Querlochs, durch welches das Garn von der Einlaßöffnung zur Spule gelangt, entscheidet, ob sich diese Methode praktizieren läßt. Wenn sich das Querloch mitten zwischen den beiden Flügelarmen befindet, so ist es schwierig. Wenn aber das Querloch sich nah am Flügelarm oder in direkter

Linie dazu befindet, haben Sie die Wahl, ob Sie das Garn hinter den Flügelarm oder direkt durch die Häkchen (wie üblich) führen. Das Wegspringen des Garns kann verhindert werden, wenn man die Öffnung des ersten Häkchens verkleinert.

Einlaßöffnung

Die meisten Spinner sind sich darüber einig, daß eine Einlaßöffnung, die kleiner ist als 1 cm, sich nicht für allgemeine Zwecke eignet, und dem Anfänger, der immer noch gegen überdrehtes Garn kämpft, besondere Schwierigkeiten bereitet. Eine Einlaßöffnung von 13 mm ist besser und ermöglicht das Spinnen eines weichen, groben Garns, falls erwünscht. Eine noch größere Öffnung ermöglicht das Spinnen von Webgarnen mit Dick-Dünn-Strukturen. Eine große Einlaßöffnung (größer als 13 mm) bringt Nachteile beim Spinnen von feinem Garn, da das Garn etwas wackelt, wenn der Drall von der breiten Öffnung auf die Fasern übertragen wird. Um eine große Öffnung vielseitiger zu gestalten, habe ich mir überlegt, ob es nicht möglich ist, mit einem abnehmbaren Einsatz die Größe der Öffnung zu ändern. Der Einsatz müßte vorn eine flache Kante haben, wäre weiter hinten abgeschrägt und würde beim Spinnen von feinerem Garn verwendet werden.

Die Höhe der Einlaßöffnung über dem Boden ist ein wichtiger Punkt für die Bequemlichkeit beim Spinnen. Obwohl man eine unpraktische Höhe einigermaßen durch die Höhe des Stuhls ausgleichen kann, benötigen Sie, sofern Sie schon feste Spinngewohnheiten haben, ein so hohes Spinnrad, daß Sie Ihr Garn in gewohnter Richtung bequem ausziehen können. Die Höhe der Öffnung ist wichtiger bei Spinnradsorten, bei welchen der Vorderteil des Spinnflügels in einem offenen u-förmigen Flügelhalter lagert. Wenn Sie das Garn nach oben ausziehen, bedingt durch eine hohe Einlaßöffnung und einen hohen Stuhl, kann dies ein Rattern des auf und ab springenden Flügels verursachen. Das vordere Spannungsband bei den Spinnrädern mit einfädiger Antriebsschnur über die Spule wirkt der Neigung des Spinnflügels, sich hochzuziehen, entgegen.

Garneinfädler

Außer bei einer großen 2,5 cm Einlaßöffnung brauchen Sie einen Einfädler, um Ihr Garn durch die Öffnung zu ziehen. Um einen Einfädler herzustellen, biegen Sie eine kleine Haarklammer auf, dann formen Sie eine Öse an einem Ende, um Schnur daran festzubinden und einen Haken am anderen Ende. Einen noch besseren Einfädler können Sie aus einer Drahtlitze herstellen. Zwicken Sie die Litze am Auge durch. Dadurch erhalten Sie zwei gleiche Drahtstücke. Biegen Sie das geschnittene Ende kräftig zurück und binden Sie eine Schnur an das hakenförmige Ende, um den Einfädler in Griffweite an Ihr Spinnrad zu hängen.

Drei Arten von Scheibenbewegung

Es gibt drei Sorten von Scheibenführung (Abbildung 24):

1. *Zweifädiger Antrieb über die Spule* mit der Antriebskraft auf Schnur- und Spulenscheiben. Die Schnurscheibe bewirkt den Drall und die Spulenscheibe hält das Garn straff (mit einer schleifenden Bewegung, wenn sie es nicht aufwickelt).
2. *Einfädiger Antrieb über den Spinnflügel* mit Antriebskraft auf die Schnurscheibe und mit Bremsvorrichtung an der Spulenscheibe. Die Schnurscheibe bewirkt sowohl Drall als auch Zug (schleifende Bremse).

3. *Einfädiger Antrieb über die Spule* mit Antriebskraft auf Spulenscheibe und Bremse an der Flügelachse oder Schnurscheibe. Die Schnurscheibe bewirkt den Drall und die Spulenscheibe den Zug (schleifende Bremse).

Abb. 24 *Scheibenkombinationen*

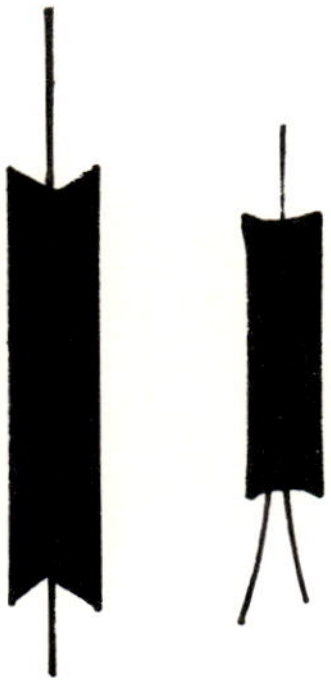

A *Zweifädiger Antrieb über die Spule.*

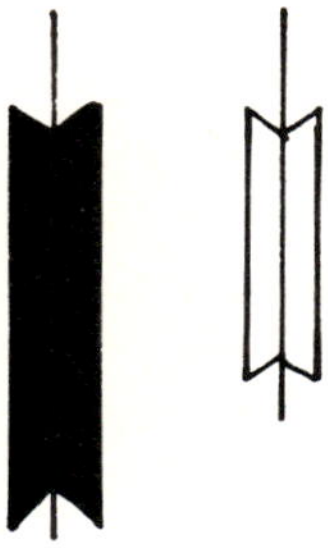

B *Einfädiger Antrieb über den Flügel.*

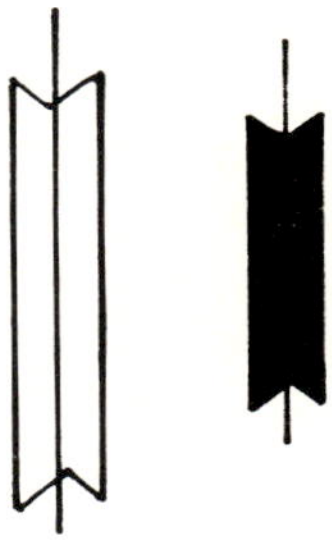

C *Einfädiger Antrieb über die Spule.*

Scheibenverhältnis bei zweifädigem Antrieb

Bei einem Spinnrad mit zweifädigem Antrieb ist das Verhältnis zwischen den Durchmessern der Schnurscheiben- und Spulenscheibenrillen sehr wichtig. Zusammen mit der Spannung der Antriebsschnur reguliert es die Geschwindigkeit, mit der das Garn eingezogen wird.

Viele Sächsische Räder sind Reproduktionen der Spinnräder aus der amerikanischen Kolonialzeit, die ein niedriges Verhältnis zwischen den Rillendurchmessern der Spulenscheiben haben. Um das Verhältnis der Scheibendurchmesser festzustellen, teilen Sie den Durchmesser der Schnurscheibe durch den der Spulenscheibe. Ein Scheibenverhältnis von ca. 1: 1,21 bis zu 1,66 wäre geeignet, um feines Garn zu spinnen. Aber es würde grobes Garn nicht fest oder schnell genug einziehen können, auch wenn die Antriebsschnur so eingestellt wäre, daß das Niedertreten des Pedals erschwert würde. Bei einem solchen Scheibenverhältnis würde die bloße Anwendung einer großen Einlaßöffnung das Spinnen von grobem Garn noch nicht möglich machen. Zusätzlich zu den üblichen Problemen, die ein Anfänger mit überdrehtem Garn hat, würde ein Spinnrad mit niedrigem Scheibenverhältnis beim langsamen Garneinzug zu viel (überflüssigen) Drall erzeugen.

Wenn Sie vorhaben, ein mittleres Garn zu spinnen, sollten Sie möglichst ein Verhältnis von 1: 2 haben, das heißt, daß die größte Schnurscheibe zweimal so groß ist wie die kleine Spulenscheibe. Wenn das Scheibenverhältnis an Ihrem Rad sich nicht für das grobe Garn eignet, das Sie spinnen möchten, kann ein Schreiner eventuell die Spulenscheibe verkleinern. Falls Ihr Spinnrad nach Maß hergestellt wird, bestellen Sie einen zusätzlichen Spinnflügel mit größeren Scheiben, mit dem Sie grobes Garn spinnen können. Sollte Ihr Spinnflügel zwei Schnurscheiben haben, so könnte es sein, daß die größere ein Verhältnis von ca. 1: 2 ergibt, für grobes Garn, und die kleinere Scheibe ein Verhältnis von 1: 1,21 bis 1,66, für feineres Garn. Ein Beispiel eines Universalspinnrades finden Sie auf Abbildung Seite 77. Dieses Spinnrad hat drei Schnurscheiben, die Verhältnisse von 1 : 1,21, 1: 2,16 ergeben. Für das Spinnen von feinem Garn wird weniger Kraft zum Aufspulen benötigt, aber mehr Drall. Dafür empfehle ich eine Kombination eines niedrigen Scheibenverhältnisses mit einer lockeren Antriebsschnurspannung. Um feines Garn schnell zu spinnen, ziehe ich ein Verhältnis von 1 : 2 vor, jedoch mit lockerer Antriebsschnurspannung.

Zweifädige Antriebsschnur

Eine zweifädige Antriebsschnur besteht nicht aus zwei einzelnen Bändern, sondern aus einem überkreuzten Riemen. Die Schnur führt einmal um Schwungrad und Schnurscheibe, und einmal um Schwungrad und Spulenscheibe. Manche Spinnräder sind so gebaut, daß man die Antriebsschnur vor der Montage zusammenspleißen kann (wenn Spinnflügel und Schwungrad abnehmbar sind); bei manchen Modellen muß die Antriebsschnur schon am richtigen Platz sitzen (zweimal um das Schwungrad und die Spinnflügelscheiben gewickelt), bevor man die beiden Enden miteinander verbindet.

Überkreuzen der zweifädigen Antriebsschnur

Da die Antriebsschnur aus einer einzelnen Schnur besteht, muß man sie überkreuzen. Wickeln Sie ein Gummiband zweimal um Ihre Hand, um zu sehen, wie es sich überkreuzt. Manchmal ist es von Vorteil, die Antriebsschnur am Spinnrad zu befestigen, bevor man einen dauerhaften Spliß macht (Anleitungen dazu folgen), denn man kann die Richtung der Überkreuzung leichter überblicken. Während das Spinnrad in Betrieb ist, bleibt die Überkreuzung an gleicher Stelle – da, wo die Antriebsschnur vom Schwungrad zu den Spinnflügelscheiben führt. Der große Durchmesser der Schnurscheibe und der kleinere Durchmesser der Spulenscheibe verhindern eine Reibung an der Kreuzungsstelle dann, wenn die zusammengesplißten Schnurenden sich in normaler Richtung der Schwungradumdrehungen überlappen.

Wenn Sie eine endlose Antriebsschnur (z. B. von einer Zahnbohrmaschine) auf Ihr Spinnrad montieren wollen, müssen Sie diese vor der Montage überkreuzen und gleichzeitig die Richtung der Überkreuzung festlegen. Ein Drehen des Schwungrads im Uhrzeigersinn für Z-Drehung bringt die Kreuzungsstelle der Schnur an die Flügelscheiben von »links« bei Stuhl- und Hochrädern und von »unten« bei Sächsischen Rädern. Das Gegenteil wird dann erreicht, wenn man das Schwungrad für eine S-Drehung gegen den Uhrzeigersinn dreht.

Ein Teil der Antriebsschnur läuft über die größere Schnurscheibe. Er führt also nicht unter den Schnurteil, der über die Spulenscheibe läuft.

Wenn ein Schwungrad zwei Rillen für die Antriebsschnur hat, halten diese den überkreuzten Teil gut auseinander, wenn die Schnur das Schwungrad verläßt. Reibung wird ausgeschlossen, und der hiervon resultierende Verschleiß der Antriebsschnur verringert. Bei manchen Spinnrädern oder bei kleinstem Scheibenverhältnis kann es zu geringer Reibung an der Kreuzungsstelle kommen, auch wenn die Schnur hier in die richtige Richtung läuft.

Wenn Sie nicht spinnen, lassen Sie die Antriebsschnur schlaff; entweder lösen Sie die Spannung oder legen Sie die Schnur auf die kleinsten Scheiben. Dies ist für das Spinnrad besser. Es gibt eine irische Fee, die solche Leute verhext, welche die Spannung des Webstuhls oder des Spinnrads nicht lösen, wenn diese außer Betrieb sind. Ich hörte, daß sie sich auch ärgert, wenn man das Garn nicht von der Spule abgewickelt hat, aber dies finde ich übertrieben.

Abb. 25 *Richtiges Überkreuzen einer zweifädigen Antriebsschnur (für Z-Drehung).*

Spleißen der Antriebsschnur

Ein Knoten in der Antriebsschnur verursacht einen etwas sprunghaften Zug, jedesmal, wenn er über eine Scheibe läuft. Sie können vielleicht einen provisorischen Knoten machen, um die richtige Länge zu überprüfen, bevor Sie einen Spliß machen und zusammennähen. Wenn Sie dann spleißen, sollte die Schnur eine sehr leichte Spannung haben, wenn der Spannungsregler minimal eingestellt ist. Da sich die Schnur später nachdehnt, darf die Spannung am Anfang nicht zu gering sein. Stellen Sie den Spannungsregler minimal ein, führen Sie die Antriebsschnur um die Spulenscheibe, um das Schwungrad, über die kleine Schnurscheibe und wieder um das Schwungrad zurück. Ziehen Sie daran, damit sie besser sitzt, und markieren Sie die Stelle, an der sich beide Enden treffen. Nehmen Sie die Schnur von den Scheiben, um sie im schlaffen Zustand zu bearbeiten. Schneiden Sie die Antriebsschnur 8 cm länger als nötig, und drehen Sie die drei Fäden auf. Machen Sie einen abwechselnd angeordneten Spliß, indem Sie an jedem Ende einen Faden um 8 cm und einen um 4 cm zurückschneiden. (Teilen Sie ein Mehrfachgarn.) Drehen Sie die Fäden an jedem Ende fest und gleichmäßig zusammen zurück. Legen Sie sie übereinander und nähen Sie sie von Hand zusammen. Wickeln Sie einen Zwirn um die genähte Schnur. Tom Wertenberger, Hersteller des »Columbine«-Spinnrads, schlägt vor, die Spliß-Stelle mit etwas Alleskleber zu bestreichen. Nach dem Trocknen läßt sie sich einfacher nähen.

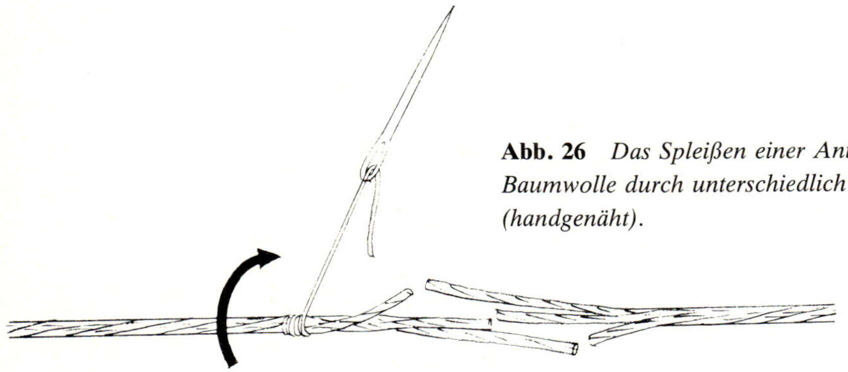

Abb. 26 *Das Spleißen einer Antriebsschnur aus Baumwolle durch unterschiedlich angeordnete Schnitte (handgenäht).*

Die Breite der Baumwollkordel, die Sie verwenden, hängt von der Größe, Breite und Tiefe Ihrer Scheiben ab. Manche sehr alten Spinnräder haben schmale Scheibenrillen. Die Antriebsschnur sollte dünner sein, um in den Rillen fest sitzen und in der Spulenscheibe gleiten zu können. Im Idealfall sollte die Schnurscheibe ein wenig keilförmig sein, damit die Schnur hier einen guten Zug erhält. Eine härtere Baumwollkordel ist dauerhafter, aber mir ist der Griff von weicher, kräftiger Baumwolle lieber. Manche Leute benutzen gerne Bienenwachs, um den Zug zu verbessern. Das hat Wirkung bei einfädigem Antrieb, wird aber bei zweifädigem Antrieb ins Gegenteil verkehrt. Es läßt die Schnur an der Spulenscheibe nicht so frei gleiten und kann zur Ablagerung eines klebrigen Rückstands in den Scheiben führen. Bienenwachs ist aber sehr nützlich bei der Antriebsschnur des Großen Schwungrads, das nach einem anderen Prinzip funktioniert.

Spannungsregler

Die Art des Spannungsreglers für die Antriebsschnur ist für den Erfolg beim Spinnen nicht wesentlich, aber die Funktion ist entscheidend. Manche Regler halten die Spannung besser aufrecht, manche lassen sich genauer einstellen und einige lassen sich mit nur einer Hand bedienen. Je leichter und schneller die Einstellung während des Spinnens vorgenommen werden kann, um so eher und lieber tut man dies auch, wenns nötig ist.

Während das Garn die Spule auffüllt, wird der Durchmesser der Spulenachse vergrößert. Dadurch und durch das Gewicht des Garns auf der Spule wird die Spannung beeinflußt. Der Anfänger erhöht eventuell die Spannung etwas, während die Spule aufgefüllt wird, damit der Zug gleich bleibt. Bei einem Spinnrad,

Abb. 27 *Die Schnurscheibe ist keilförmig, um besser ziehen zu können. Die Spulenscheibe ist U-förmig und ermöglicht ein Gleiten.*

an dem man die eingestellte Spannung abmessen kann, läßt sich die alte Spannung leicht wieder herstellen. Wenn Sie aber eine anscheinend »perfekte« Spannung nicht ändern wollen, wickeln Sie das Garn zu einem Strang auf und fangen mit einer leeren Spule noch einmal an. Normalerweise wird die Spannung nachgestellt. Ein geübter Spinner kann aber seine Spinnweise an die geringe Änderung im Durchmesser und im Gewicht der Spule anpassen. Es ist etwas schwieriger, eine Anzahl gleichmäßig großer Stränge herzustellen, z. B. um einen Pullover zu stricken, wenn Sie jedesmal beim Füllen einer Spule die Spannung nachstellen müssen; bevor Sie mit dem nächsten Strang anfangen, müssen Sie die Spannung noch einmal einstellen.

Ein Nachstellen während des Spulenauffüllens ist nicht der gleiche Vorgang, wie das Einstellen der Schnurspannung für die Herstellung eines Garns von anderer Stärke. Sie benötigen eine lockere Spannung für feinere Garnsorten und eine festere, um grobes Garn zu spinnen.

Einfädiger Antrieb über den Flügel

Bei dieser Spannung kommt die Antriebskraft von der Schnurscheibe. Die Bremse befindet sich an der Spulenscheibe, damit sich der Spinnflügel, bei richtiger Einstellung, schneller dreht und das Garn um die Spule wickelt. In der Tat wickelt er das Garn in die andere Richtung um die Spule, anders als bei zweifädigem Antrieb. Diese Art der Spannung erschwert das Regulieren des Spinnrads etwas, und der Anfänger neigt dazu, viel nachzustellen. Erfolgreiches Spinnen mit jedem Rad mit einfädigem Antrieb über den Flügel hängt vom Zusammenwirken der Schnurspannung und der Bremse ab. Beide müssen lockerer sein, als man denkt, wenn man schon den zweifädigen Antrieb kennt.

Beginnen Sie mit beiden Schnüren so locker, daß Sie die Trittplatte bedienen können, ohne dabei zu spinnen. Spannen Sie zuerst die Antriebsschnur nur sehr wenig, bis sich der Spinnflügel dreht. Ziehen Sie dann den Regler an, bis sich das Garn gut um die Spule aufwickelt. Stellen Sie jeweils millimeterweise ein. Wenn die Spule halbvoll ist, werden Sie die Bremse, oder Bremse und Antriebsschnur, vielleicht nachstellen müssen, um den zusätzlichen Durchmesser der Spule zu berücksichtigen. Regulieren Sie nur, wenn es nötig ist, und nur so viel wie unbedingt notwendig. Die meisten geübten Spinner brauchen die Spannung während des Spulenauffüllens nicht nachzustellen.

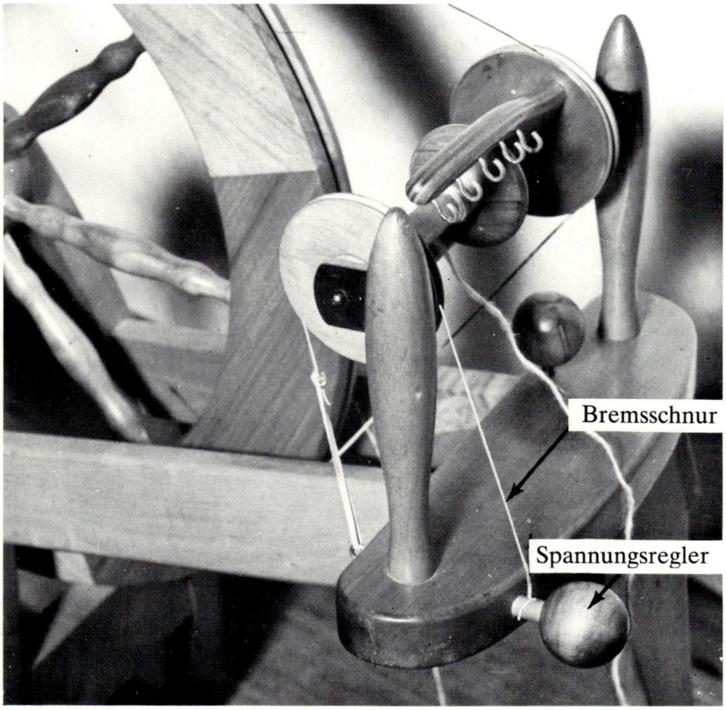

Abb. 28 *Einfädiger Antrieb über den Flügel. Das Gummiband und der Nylonfaden werden am Spinnflügel als Bremse verwendet.*

Abb. 29 *Massives Schwungrad, einfädiger Antrieb über die Spule*

Einfädiger Antrieb über die Spule

Diese Art der Spannung, mit Antriebskraft an der Spule und Bremse am Flügel, läßt sich etwas einfacher nachstellen als einfädiger Antrieb über den Flügel. Sie wird bei vielen Spinnrädern aus dem Alpenraum benutzt, sowie bei den Rädern der Indianer aus Nordwestamerika. Die Geschwindigkeit eines so angetriebenen Spinnrads ist vom Verhältnis zwischen Schwungrad und Spulenscheibe abhängig. Drall und Zug werden durch die Spannung (Bremse) am Spinnflügel reguliert. Die Schweizer Spinnräder haben oft ein sehr großes Schwungrad für hohe Geschwindigkeit, während die Spinnräder für grobes Garn mit einem kleinen Schwungrad versehen sind, um langsam zu spinnen.

Bei den Spinnrädern für grobes Garn ist es nicht immer nötig, die Bremsvorrichtung zu benutzen. Die Antriebskraft ist an der Spule. Der Spinnflügel wird gedreht, teils durch Reibung der großen Spule an der Spindel, teils durch die Kraft des Garns und durch weitere Faktoren. Die Bremse wird manchmal benutzt, um den Spinnflügel zu verlangsamen, falls er sich zu schnell dreht (im Verhältnis zur Spule) und das Garn überdreht wird. Während sich die Spule auffüllt, neigt der Spinnflügel dazu, sich schneller zu drehen und verursacht dabei mehr Reibung an der Spindel.

Ein einfädig angetriebenes Spinnrad mit großem Schwungrad für schnelles Spinnen hat einige Nachteile. Obwohl man damit schnell spinnen kann, ist es nicht so einfach aufzuhören wie bei einem zweifädig angetriebenen Rad, vor allem wenn feines Garn gesponnen wird, das sehr wenig Bremsung am Spinnflügel erfordert. Wenn Sie aufhören wollen, dreht sich der Spinnflügel unkontrollierbar weiter. Obwohl sich die Spule noch dreht, wird das Garn nicht mehr so stark eingezogen, sobald Sie die Geschwindigkeit herabsetzen. Dem können Sie etwas entgegenwirken, indem Sie das Garn bis an die Einlaßöffnung spinnen, bevor Sie langsamer werden. Ziehen Sie dann das Garn kräftig zurück, wenn Sie aufhören. Sie verhindern so jegliches Verwickeln des Garns, wenn sich der Spinnflügel dreht, ohne das Garn zu ziehen.

Schwungrad: Triebkraft

Beim Hochrad befindet sich das Schwungrad direkt unter dem Spinnflügel, wie auch beim Stuhl-Spinnrad. Beim Sächsischen- oder Kolonialrad liegt das Schwungrad parallel zum Spinnflügel. Die Triebkraft wird durch das Gewicht des Rads, dessen Durchmesser, eventuelle Zusatzgewichte oder durch eine Trittplatte mit Antriebsstange unterstützt.

Schwungrad: Größe und Übersetzung

Im allgemeinen ist ein kleines Schwungrad nicht so wirkungsvoll wie ein großes, außer bei Spinnrädern für grobes Garn. Es kann eine ungleichmäßige Bewegung verursachen, wenn die Trittplatte und der Übertragungsmechanismus nicht gut gefertigt sind. Allerdings kann ein Schwungrad mit einem Durchmesser von über 50 cm eine Übersetzung haben, die den meisten Anfängern zu schnell ist, abhängig von der Größe der Spulenscheibe. Bei Spinnrädern mit Antrieb über die Spule wird die Übersetzung errechnet, indem man den Durchmesser des Schwungrads durch den der Spulenscheibe teilt. Bei den Rädern mit Antrieb über den Flügel wird der Durchmesser des Schwungrads durch den der Schnurscheibe geteilt. Eine Übersetzung von 6 : 1 bedeutet, daß der Anfänger Zeit hat, das Garn zu behandeln und nicht aus dem Takt kommt. Um viel Garn herzustellen, ist eine Übersetzung von 20 : 1 oder 30 : 1 sinnvoll, abhängig von der Stärke des erwünschten Garns. Die meisten Spinner stellen fest, daß eine Übersetzung von ca. 10 : 1 bis 12 : 1 eine angenehme Geschwindigkeit ergibt.

Probleme mit dem Schwungrad

Wenn das Schwungrad die Antriebsschnur abwirft, könnten die Gründe folgende sein:

1. Das Schwungrad wackelt.

2. Das Rad steht nicht in einer Linie mit den Schnur- und Spulenscheiben.

3. Spinnflügel und Flügelhalter neigen sich auf eine Seite.

4. Die Scheibenrillen sind nicht tief genug oder die Antriebsschnur ist zu schwer für sie.

5. Die Rille im Schwungrad ist nicht tief genug und/oder das Schwungrad selber ist leicht verzogen.

Position des Schwungrads

Die Scheiben des Spinnflügels müssen mit der Rille bzw. mit den Rillen des Schwungrads in einer Linie sein, bevor Sie mit dem Spinnen anfangen, sonst wird die Antriebsschnur während des Spinnens wiederholt abgeworfen. Es gibt Fälle, wo Teile von mehr als einem antiken Spinnrad zusammengestellt worden sind, um daraus ein Spinnrad für den Verkauf herzustellen. In so einem Fall ist es nicht immer möglich, das Schwungrad und die Scheiben in eine Linie zu setzen und das Spinnrad funktionstüchtig zu machen. Bei alten Rädern sind die Schwungräder oft nicht genau justiert. Dies kann korrigiert werden, indem man Keile an der Stelle, wo die Lagerstützen am Grundgestell befestigt sind, einsetzt. Selbst wenn das Schwungrad mit den Scheiben in einer Linie ist, kann es trotzdem nötig sein, kleine Keile ins Grundgestell einzusetzen, um ein leichtes Wackeln zu beseitigen, das bedingt ist durch alte, ausgetrocknete Holzteile.

Wenn die Radachse nicht genau in der Mitte sitzt, kann der Spinnvorgang immer wieder aussetzen, weil die Antriebsschnur während einer Umdrehung abwechselnd fest und locker wird. Dieser Fehler ist nicht leicht festzustellen und schwer zu korrigieren.

Schwungräder aus Massivholz

Viele der heutigen Schwungräder sind, anstelle der offenen Speichenräder, aus massivem Holz gefertigt. Sie haben daher mehr Gewicht im Verhältnis zum Durchmesser. Gut gebaute Räder verziehen sich auch nach jahrelangem Gebrauch nicht. Bevor man verleimtes Holz kannte, hat man Speichenräder benutzt, um sicher zu gehen, daß sie sich nicht verziehen würden. (Obwohl einige wenige Massivräder im 19. Jahrhundert hergestellt wurden, blieben sie die Ausnahme.) Eines der praktischsten Modelle ist das Stuhl-Spinnrad (mit vier Beinen und dem Schwungrad unter dem Spinnflügel). Meist hat es ein massives Schwungrad, das oft zwischen zwei Querstangen angebracht ist, um mehr Stabilität auch nach langem Gebrauch zu gewährleisten. Gute Stützen verhindern, daß es aus der Spur kommt oder wackelig wird. Der Nachteil einer vorderen Querstange besteht darin, daß diese das Auswechseln einer abgenutzten Antriebsschnur erschwert. Es ist schwierig, eine abmontierte Antriebsschnur wieder aufzusetzen. Eine gute Konstruktion macht diese Querstange überflüssig.

Abb. 30 *Zweifädiger Antrieb über die Spule. Durch Drehen der Mutter am Flügel kann man den ganzen Spinnflügelmechanismus höher oder tiefer stellen und dabei die Spannung der Antriebsschnur verstellen.*

Sächsische Trittplatte

Die typische Trittplatte des Sächsischen- oder Kolonial-Rades ist ganz vorn mit einem Zapfen oder einer Angel versehen, wodurch nur beim Niedertreten ein Antrieb erfolgt. Die Trittplatte darf nur dann niedergedrückt werden, wenn die Kurbel oben ist und sich nach unten bewegt, damit eine unbeabsichtigte Änderung der Drehrichtung vermieden wird. Wenn Sie sich daran gewöhnt haben, das Schwungrad unbewußt so anzuhalten, daß sich die Trittplatte fast in höchster Position befindet, brauchen Sie das Schwungrad nicht von Hand in Bewegung zu setzen. Das zeigt, wie wichtig es ist, die Bedienung der Trittplatte vor dem Spinnen zu üben. Üben Sie das Anhalten des Schwungrads, so daß sich die Trittplatte wieder in Startposition befindet. Vermeiden Sie, daß es genau in der Mitte anhält. Die Trittplatte soll entweder an höchster oder an tiefster Stelle ruhen.

Abb. 31 *Speichenrad, zweifädiger Antrieb über die Spule*

Beim Sächsischen Rad ist die Antriebsstange meist durch einen Lederriemen oder eine Lederangel an der Trittplatte befestigt. Die bogenförmige Schwungradkurbel sitzt in einer Vertiefung oberhalb der Antriebsstange und wird mit einer Holzkugel entsprechend befestigt.

Doppelt wirkende Trittplatte

Bei vielen Stuhl- und Hochrädern ist die Trittplatte weiter zur Mitte hin mit einer Angel versehen. Den alten Nähmaschinen ähnlich, wird die Platte von einer Ferse-Zeh-Bewegung angetrieben. (Nicht alle so gelagerten Trittplatten haben eine Doppelwirkung.) Eine solche Trittplatte läßt sich vom Anfänger leichter bedienen, da man beim Kurbeln des Schwungrads die Auf- und Abwärtsbewegungen regulieren kann. Ich meine, daß diese Methode weniger ermüdend ist, wenn man lange spinnt, als wenn man nur mit einem Fuß treten kann. Man kann leichter treten und mit weniger Anstrengung mehr Schwung bekommen, weil die Platte zwei Kraftstöße pro Umdrehung ergibt. Die mit einem Zapfen versehene Trittplatte hat eine Antriebsstange, die meist durch ein Kugellager an einer geraden Kurbel am Schwungrad befestigt ist. Die Platte ist auch mit einer Angel versehen, die meistens ein Lager, aber manchmal eine feste Lederbindung an der Stelle hat, wo die Antriebsstange mit der verlängerten Stange der Trittplatte verbunden ist.

Die Doppelwirkung verringert die Wahrscheinlichkeit, daß eine Trittplatte mit Zapfen in einer Stellung anhält, wo es für Sie schwierig wäre, nur durch eine Fußbewegung wieder zu beginnen. Manchmal kommt sie so zu stehen, daß der Druck des Fußes eine Rückwärtsdrehung bewirkt. In so einem Fall müssen Sie das Garn zurückhalten, damit es sich nicht von den Häkchen abhebt und sich verknotet. Machen Sie dann eine weiche Fußbewegung und drehen Sie das Rad um ein Viertel zurück, wodurch es in die richtige Richtung gedreht wird. Üben Sie diesen Kniff, um ihn notfalls leicht und schnell anwenden zu können.

Trittplatte-Kurbel-Verhältnis

In seinem Buch »Spinning Wheel Primer« schlägt Alden Amos vor, daß eine geeignete Trittplatte mindestens sechsmal so lang wie die Kurbellänge sein sollte. Die effektive Trittplattenlänge wird im rechten Winkel zur Zapfenachse von der Zapfenlinie zur Verbindungsstelle mit der Antriebsstange gemessen. Dieses Verhältnis gilt sowohl für die doppelt wirkende als auch für die Sächsische Trittplatte. Eine leicht bewegliche Trittplatte hat viele Vorteile. Dies sollten Sie beim Kauf eines Spinnrads besonders beachten. Es ist sehr anstrengend, die Trittplatte über eine längere Zeit zu treten. Pro Zentimeter feines Garn müssen Sie die Trittplatte öfter niedertreten. Für grobes Garn müssen Sie fester treten, weil das Schwungrad fester gespannt ist.

Ölen alter Spinnräder

Wenn die alten Ledergamaschen an den Spannköpfen geölt werden müssen, benutzen Sie Klauenfett, weil das Leder dadurch länger hält. Sind die Gamaschen so verschlissen, daß der Spinnflügel zu locker darin sitzt, müssen Sie sie ersetzen. Machen Sie die neuen aber nicht so fest, daß sich der Spinnflügel nicht frei dreht. Wenn sie zu fest sind, wird das Spinnen behindert und Sie müssen sich beim Treten mehr anstrengen. Ölen Sie nur so lange, bis das Leder biegsam wird, denn es kann durch zu viel Öl zu weich werden, um seine Aufgabe zu erfüllen.

Abb. 32 *Zweifädiger Antrieb über die Spule*

Entfernen Sie den Spinnflügel und die Spule. Reinigen Sie die Spindel gut mit feiner Stahlwolle und mit Reinigungslösung, wenn nötig. Putzen und ölen Sie die Achsöffnung in der Spule. Es ist wichtig, daß die Spule sich frei dreht, nicht nur, um leichter zu spinnen und das Garn aufzuwickeln, sondern auch, damit Sie einen Garnstrang von der vollen Spule abwickeln können. Das innere Radlager der Spule sollte mit schwererem Öl behandelt werden als die beweglichen Teile des Spinnrads. Die Spule dreht sich eigentlich nur dann, wenn das Garn zum Rad gezogen wird und nicht, wenn sich das Garn nur dreht.

Ölen neuer Spinnräder

Der Hersteller sollte Ihnen Rat geben hinsichtlich der Stellen, die Öl oder Schmiere benötigen. Manche moderne Spinnräder haben Radlager aus Teflon oder Nylon, die wenig oder gar kein Öl brauchen. Im allgemeinen ist es jedoch nötig, das Hauptradlager, das Trittplattenlager, die Verbindungsstelle von Trittplatte und Antriebsstange, von Antriebsstange und Kurbel (abhängig von der Art der Verbindung), den Spannungsregler (abhängig vom Material), die Ledergamaschen oder das Flügellager und die Spindel und/oder das Radlager am Ende der Spule zu ölen.

Was beim Kauf eines Spinnrads zu beachten ist

Es ist kaum zu erwarten, ein Spinnrad zu finden, das alle Wünsche erfüllt. Doch können Sie prüfen, ob ein Rad die Eigenschaften hat, die Ihnen am wichtigsten sind, und auf diese Weise Probleme vermeiden. Nicht alles in der folgenden Aufstellung ist gleich wichtig. Aber einige der Fakten sind vor allem im Verhältnis zum Preis des Spinnrads beachtenswert:

1. Ist es einfach, die Stellen zu erreichen, die Öl brauchen? Der Hersteller sollte eine Liste oder einen Plan der entsprechenden Stellen mitliefern.
2. Läßt sich der Spannungsregler des Schwungrads leicht bedienen? Eine meßbare Einstellung ist sehr nützlich (damit können Sie eine Schraube halb oder ganz drehen und die alte Spannung nach Wunsch wieder einstellen).
3. Besitzt das Schwungrad genug Schwung und ist es gut ausbalanciert? Prüfen Sie dies, indem Sie die Antriebsschnur vom Spinnflügel entfernen und die Trittplatte niederdrücken. Dann lassen Sie das Rad sich frei drehen. Ein perfekt ausbalanciertes Rad hält nicht immer an der gleichen Stelle an.
4. Achten Sie auf die Rillen in den Scheiben. Sie sollten tief genug sein, um die Antriebsschnur festzuhalten. Bei zweifädigem Antrieb sind die meisten Rillen der Schnurscheiben v-förmig, damit ein guter Zug erreicht wird, während die Rillen der Spulenscheiben u-förmig sind, damit die Schnur, wenn nötig, gleiten kann. Umgekehrte Scheibenformen mit einem sehr tiefen V in der Spulenscheibe, ermöglichen durch einen leistungsfähigeren Antrieb das schnelle Spinnen von feinem Garn.
5. Beim einfädigen Antrieb sollte der Bremsregler haltbar sein und feine Einstellungen ermöglichen.
6. Die Größe der Spinnflügelhäkchen und der Einlaßöffnung sollten einander angemessen sein. Mit einer großen Einlaßöffnung können Sie grobes Garn spinnen, aber nur wenn die Häkchen groß genug dafür sind (und wenn das Querloch den gleichen Durchmesser wie die Öffnung hat). Die Häkchen sollten so angeordnet sein, daß sie die Spule gleichmäßig mit Garn auffüllen.
7. Das Scheibenverhältnis sollte auch im Verhältnis zur Größe der Einlaßöffnung und der Häkchen stehen. Eine kleine Einlaßöffnung und kleine Häkchen sollten also ein niedriges Verhältnis haben (für feines Garn); und eine große Öffnung und große Häkchen dagegen ein größeres Verhältnis.
8. Die Spule sollte so breit sein, daß Sie mindestens 90 m Garn spinnen können von der Stärke, die die Einlaßöffnung ermöglicht. Die Größe 11,5 cm x 11,5 cm ist nötig für 90 m mittleren Garns bei einer 1 cm breiten Einlaßöffnung.
9. Hat die Spule ein Radlager an beiden Enden? Diese Eigenschaft könnte vom Spinnradpreis abhängig sein. Eine gut sitzende Spule ohne Lager liegt mit der ganzen Länge auf der Spindel, was unnötige Reibung verursacht.
10. Die Rille des Schwungrads sollte tief genug sein, um die Antriebsschnur festzuhalten, und sollte nicht glatt sein, weil hier ein ständiger Zug notwendig ist.

11. Wenn Sie mit Ihrem Spinnrad sehr viel Garn herstellen wollen, achten Sie auf eine große Übersetzung. Im Normalfall benötigt man ein Schwungrad mit einem Durchmesser von 46 cm bis 61 cm für eine ausreichende Übersetzung von Spulenscheibe zu Schwungrad, vor allem um feines Garn zu spinnen.
12. Wie ist der Zapfen an der Trittplatte befestigt? Wenn die Trittplatte eine Doppelwirkung hat, mit dem Zapfen in der Mitte oder etwas davor, bewegt sie sich auf einer Stange, oder ist sie mit einer Stange fest verbunden, die im Lager sitzt? Sind es Radlager, oder nur Löcher, die mit der Zeit größer werden und dann Geräusche verursachen?
13. Läßt sich die Trittplatte leicht bewegen? Eine kurze oder ungleichmäßige Bewegung der Trittplatte kann fast genauso anstrengen wie eine Trittplatte, die sich nur mit viel Mühe bewegen läßt.
14. Hält das Spinnrad die Antriebsschnur an der richtigen Stelle nach Entfernen der Spule, so daß Sie die Schnur leicht wieder auf die Scheiben setzen können?
15. Kann man ohne Schwierigkeiten die Spule vom Spinnflügel entfernen, um das innere Lager zu ölen (es sei denn, daß es kein Öl benötigt), zu zwirnen, oder um das Garn zu entwirren, das vom Spulenende gerutscht ist und sich verknotet hat?
16. Gibt es Lager, die sich allmählich abnutzen und so locker werden, daß sie laut werden? Falls ja, kann man diese leicht ersetzen?
17. Versuchen Sie, mit dem Verkäufer zu vereinbaren, daß das Spinnrad geändert wird, falls es nicht absolut zufriedenstellend ist.

Überlegen Sie sich unter anderem, wie leise das neue Spinnrad läuft. Wird es nach langjähriger Benützung immer noch ein leistungsfähiges, gut laufendes Gerät sein? Während Sie das Spinnen lernen, werden Sie sich von etwas Rattern und Gequietsche wahrscheinlich nicht stören lassen, aber später können diese Geräusche die Freude am Spinnen trüben. Wenn Sie die Möglichkeit haben, lernen Sie das Spinnen an einem ausgeliehenen oder gemieteten Spinnrad, bevor Sie sich entscheiden, welches Rad Sie kaufen wollen.

Spinnradtypen aus aller Welt

Diese Auswahl bietet einen Überblick über die verschiedensten speziellen und universellen Radtypen, ihre Verwendbarkeit und Originalität.

Großes Schwungrad
»Sarah« aus Oregon, USA

Castle Hochrad aus Kalifornien, USA

Spinnrad nach Schweizer Art, aus Oregon, USA

Tiroler Walnußrad aus Kalifornien, USA

Stuhlrad aus Oregon, USA

Cascade Shaker Stuhlrad aus Oregon, USA

Craigdarroch Tiroler Spinnrad
aus Pennsylvania, USA

Amerikanisches Reiserad
aus New York, USA

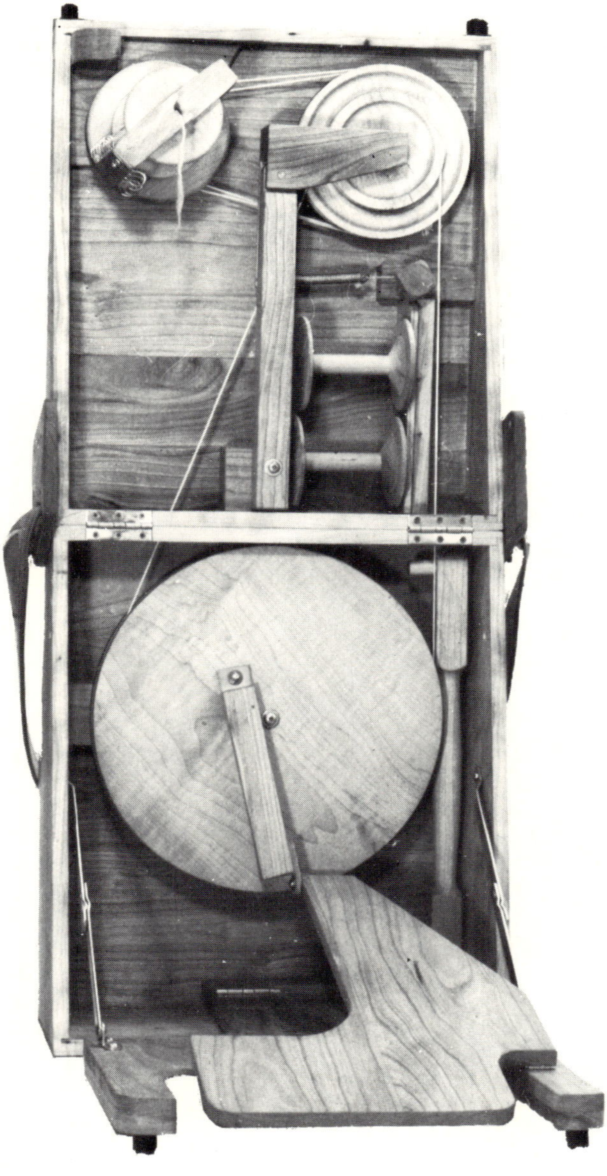

Reiserad aus Massachusetts, USA

Holzspinnrad aus Neuseeland

Wind Mountain Spinnrad aus Montana, USA

Columbine aus Colorado, USA

Wendy aus Neuseeland

Norwegische Prinzessin aus Oregon, USA

Spinnrad mit zwei Spinnflügeln aus Oregon, USA

Clemes Hochrad aus Kalifornien, USA

Shetland Hochrad von Haldane
aus Kalifornien, USA

Poly Spinnrad aus Neuseeland

Green Spring Spinnrad aus West Virginia, USA

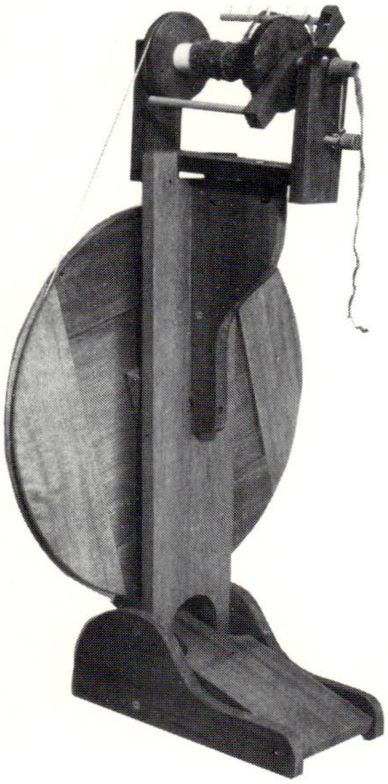

Joy Spinnrad
aus Washington, USA

Ashford Spinnrad
aus Neuseeland

Clemes Spinnrad-Bausatz aus Kalifornien, USA

Mud River Spinnrad
aus Kanada

California Spinnrad
(für große Mengen groben Garns)
aus Kalifornien, USA

Indian Valley Spinnrad
aus Kentucky, USA

Pirtle Spinnrad
aus Kalifornien, USA

Hedgehog Spinnflügel für grobes Garn
aus East Sussex, England

Kliot Wollrad-Bausatz aus Kalifornien, USA

Tawaquiva Quill aus New Mexico, USA

Mini-Wollrad im »Shaker« Stil aus Michigan, USA

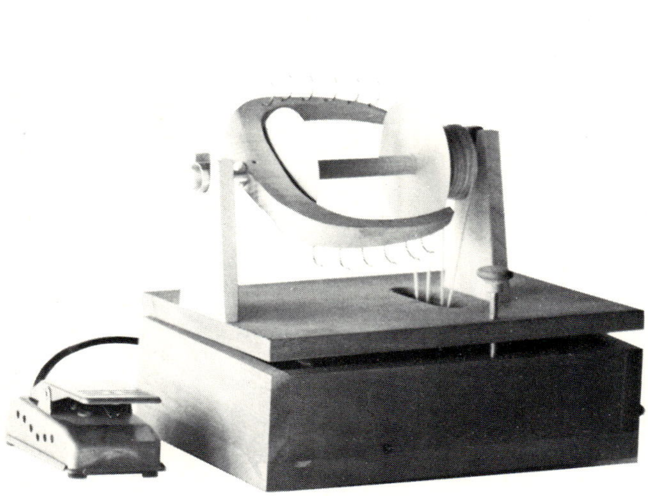

Elektrisches Spinnrad aus New Hampshire, USA

Craigdarroch Schwarzwald-Spinnrad
aus Pennsylvania, USA

Good Karma
aus Nebraska, USA

Rad aus Oregon, USA

Paragon Spinnrad
aus Kalifornien, USA

Spinnrad aus Kanada

Harris von Haldane
aus Kalifornien, USA

Elektrisches Spinnrad aus Kalifornien, USA

Tiroler Spinnrad aus Oregon, USA

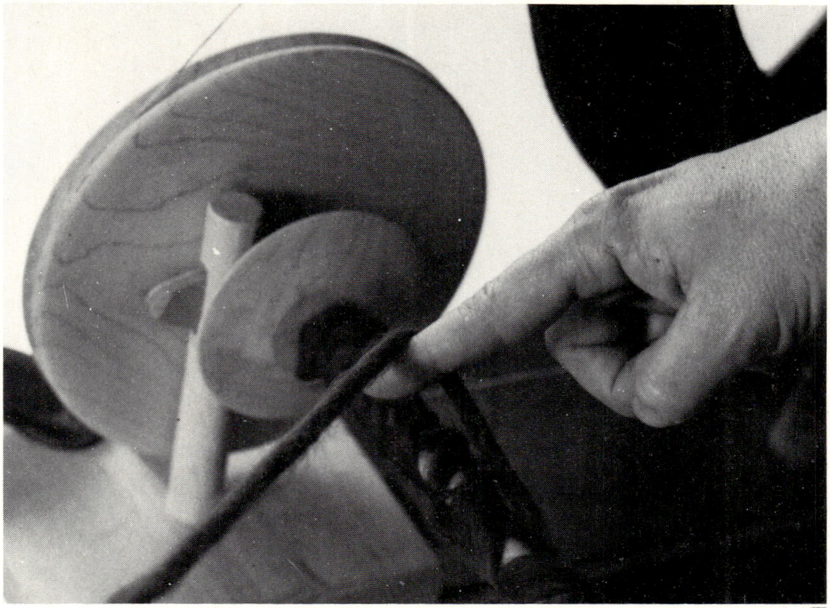

Abb. 33 *Spinnkopf aus Kanada*
Die nachfolgende Tabelle zeigt, welcher Spinnkopf nötig ist, um die angegebenen Garnstärken bei verschiedenen Schwungradgrößen zu spinnen.
Der Spinnkopf wird an den meisten Spinnrädern mit einer Befestigungsklammer montiert, normalerweise muß zuerst der Spinnflügel entfernt werden. Nehmen Sie eine neue Antriebsschnur von passender Länge. Gebrauchsanleitungen werden mitgeliefert. Beide Hände bleiben frei beim Spinnen, da der Spinnkopf von der Trittplatte angetrieben wird.

Tabelle für das Schwungrad/Spinnkopf Verhältnis

Spinnkopfgröße	Garnstärke	für Schwungraddurchmesser von ca.
1	fein	41 bis 51 cm
	sehr fein	61 bis 76 cm
2	mittel	41 bis 51 cm
	fein	61 bis 76 cm
3	grob	41 bis 51 cm
	mittel	61 bis 76 cm
4	sehr grob	41 bis 51 cm
	grob	61 bis 76 cm

Wolfgang Rayher
Fockestraße 15
7958 Laupheim

◀ *Spinnrad Modern Mahagoni*

Höhe: 75 cm
Raddurchmesser: 45 cm
Spinnloch: 15 mm ∅
Fußgestell: 33 x 42 cm
Extra große Spule für ca. 250 g Wolle
Nylonantriebsseil
Zubehör: Halterung für zwei Spulen auf dem Fußgestell montiert

Wolfgang Rayher
Fockestraße 15
7958 Laupheim

◀ *Spinnrad Klassik gebeizt Art.-Nr. 1/4010 und roh Art.-Nr. 1/4000*

Höhe: ca. 96 cm mit Zierkopf
Höhe: mit aufgesetzter Haspel 135 cm
Antriebsrad 45 cm ∅ auf Kugellager mit Nylontriebseil
Spinnloch 15 mm Bohrung
extra große Spule für ca. 250 g Wolle
Zubehör zusätzlich für zwei Spulen seitlich montiert

Textilkunst- & Webbedarf
Wehmer & Filiâtre
Granatgasse 7b
7800 Freiburg

»Sleeping Beauty Standard« ▶

Statt der Doppelkugellager graphitimprägnierte Nylonträger, 8speichiges Rad

Textilkunst- & Webbedarf
Wehmer & Filiâtre
Granatgasse 7b
7800 Freiburg

◀ *»Unikum«*

Das »Unikum« hat sechs Arbeitsgeschwindigkeiten; diese Einrichtung erleichtert das Verspinnen verschiedener Materialien zu dünnen oder dicken Garnen. Volles gedrechseltes Schwungrad, zusammenklappbar, große Garnspule

Textilkunst- & Webbedarf
Wehmer & Filiâtre
Granatgasse 7b
7800 Freiburg

»Thumbelina« ▶

Dieses Spinnrad aus Neuseeland im nordeuropäischen Stil erlaubt nicht nur gutes Arbeiten, sondern es ist auch ein Schmuck für jede Wohnung. Es ist leicht zu transportieren.
Doppelkugellager, 2-Fadenantrieb, Hartholz, ungebeizt

Textilkunst- & Webbedarf
Wehmer & Filiâtre
Granatgasse 7b
7800 Freiburg

◀ *»Sleeping Beauty Luxus«*

Spinnrad aus Neuseeland im traditionell englischen Stil des 17. und 18. Jahrhunderts. Großes Schwungrad mit 12 Speichen ermöglicht ein angenehmes Spinntempo.
Doppelkugellager, 2-Fadenantrieb, Beine verdrehbar, Hartholz, ungebeizt

Saco Sa Lainerie
Chemin des Valangines 3
CH-2006 Neuchâtel

▲ *Spinnrad Campagnard Saco Graubündner Stil*

Hartholz, schweres Raddurchmesser 47 cm, 75 cm hoch, spinnt fein bis dick, 150 g Wolle pro Spule, Fersentritt für leichten Antrieb sowie langsames Treten

Saco Sa Lainerie
Chemin des Valangines 3
CH-2006 Neuchâtel

Spinnrad St. Galler-Stil ▶

Kirschbaumholz, Raddurchmesser 36 cm, spinnt fein bis dick, 50–100 g Wolle pro Spule, mit Flachs und Band

Saco Sa Lainerie
Chemin des Valangines 3
CH-2006 Neuchâtel

Rouet Trois-Pieds/Dreifuß-Spinnrad ▶

Hartholz, ∅ 34 cm, Höhe 100 cm, Reserve-Spule

Saco Sa Lainerie
Chemin des Valangines 3
CH-2006 Neuchâtel

◀ *Spinnrad Elegant Saco Walliser-Stil*

Hartholz, Raddurchmesser 50 cm, 85 cm hoch, spinnt fein bis dick, 150 g Wolle pro Spule, Fersentritt für leichten Antrieb sowie langsames Treten Spulenständer zum Zwirnen

Saco Sa Lainerie
Chemin des Valangines 3
CH-2006 Neuchâtel

Spinnrad Tessiner-Stil ▶

Lärchenholz, Raddurchmesser 47 cm, spinnt fein bis dick, ca. 100 g Wolle pro Spule

Adolf Thiemann GmbH & Co. KG
Postfach 10 46
4440 Rheine

◀ *Spinnrad »Werk-Willy Klassik«*

Funktionsfähiges Spinnrad; hergestellt aus getrocknetem Buchenholz; auf Kugellager; Spinnhöhe: 75 cm; Spinnloch: 15 mm; drei große Spulen; für ca. 250 g Wolle; komplett mit Zwirneinrichtung; kann dick, dünn und unregelmäßig spinnen; wird komplett montiert geliefert; Farbe: braun gebeizt oder natur lackiert.

Friedrich Traub KG
Schorndorfer Straße 18
7065 Winterbach

Ashford-Spinnrad »Traditional« Art. 204 ▶

Antrieb 1fädig über den Spinnflügel, Gesamthöhe 85 cm, Spindelhöhe 69 cm, Raddurchmesser 55 cm, Innenmaß der Spule 9 cm, Gewicht 6,4 kg einschließlich Spulengestell

Friedrich Traub KG
Schorndorfer Straße 18
7065 Winterbach

◀ *Traub-Handspinnrad Art. 191 J Spulspindel*

Antrieb 1fädig über die Spule Gesamthöhe ca. 80 cm, Spindelhöhe ca. 73 cm, Raddurchmesser 40 cm, Innenmaß kleine Spule 12 cm, Innenmaß große Spule 18 cm

Friedrich Traub KG
Schorndorfer Straße 18
7065 Winterbach

◀ *Traub-Handspinnrad Art. 191*

mit großem Spinnflügel und großer Spule für mittlere und grobe Garne.
Antrieb 1fädig über die Spule. Gesamthöhe ca. 80 cm, Spindelhöhe ca. 73 cm, Raddurchmesser 40 cm, Innenmaß kleine Spule 12 cm, Innenmaß große Spule 18 cm.

Friedrich Traub KG
Schorndorfer Straße 18
7065 Winterbach

Traub-Handspinnrad Art. 191 A ▶

mit kleinem (normalem) Spinnflügel für feine und mittlere Garnstärken. Kleine Spule
Antrieb 1fädig über die Spule. Gesamthöhe ca. 80 cm, Spindelhöhe ca. 73 cm, Raddurchmesser 40 cm, Innenmaß kleine Spule 12 cm, Innenmaß große Spule 18 cm. Gewicht mit kleinem Spinnflügel ca. 48 kg

Friedrich Traub KG
Schorndorfer Straße 18
7065 Winterbach

◀ *Ashford-Spinnrad »Traveller« Art. 205*

Antrieb 1fädig über den Spinnflügel. Gesamthöhe 88 cm, Spindelhöhe 75 cm, Raddurchmesser 42 cm, Innenmaß der Spule 9 cm, Gewicht 4,9 kg

Friedrich Traub KG
Schorndorfer Straße 18
7065 Winterbach

Großer Spinnflügel (Jumbo Flyer), Art. 204 A, ▶

passend auch für »Traveller«, Art. 205, mit großer Spule

Friedrich Traub KG
Schorndorfer Straße 18
7065 Winterbach

◀ *Ashford »Indian Spinner« Art. 215*

Zur Herstellung von sehr dicken Garnen (Teppichwolle usw.). Antrieb 1fädig über den Spinnflügel, Gesamthöhe 85 cm, Spindelhöhe 72 cm, Raddurchmesser 37 cm, Innenmaß der Spule 23,5 cm, Gewicht 6,8 kg

Walter Kircher
Alte Kasseler Str. 24
Postfach 16 08
3550 Marburg/L.

Modell SR, System Hochrad, zerlegbar ▶

Maße: Breite 44 cm, Tiefe 45 cm, Höhe 92 cm
Gewicht: 5,5 kg
Raddurchmesser: 40 cm
Einlaßösendurchmesser: 12 mm
Fassungsvermögen Spule ca. 100 g
Kircher Wollspinnrad mit großer Einlaßöse und Haken. System mit einer (elastischen) Schnur. Leicht zu handhaben, gut zu treten, auch für Anfänger. Ausgerüstet mit einer Spule. Die Spulen sind einzeln lieferbar.
Das Spinnrad kann ergänzt werden mit Spuldorn zum Spulen von Kett- und Schußspulen zum Weben.

Textilwerkstatt Beatrijs Sterk
Friedenstraße 5
3000 Hannover 1

◀ *Spinnrad Louët, Modell S 20*

Einfädiger Antrieb mit Abbremsung des Spinnflügels
Doppelt verleimtes Birkenholz mit Haspel

Textilwerkstatt Beatrijs Sterk
Friedenstraße 5
3000 Hannover 1

Tragbares Spinnrad Louët, Modell S 40 ▶

Durch die Maße 30 x 40 x 17 cm und die Kofferausführung ist dieses Spinnrad praktisch zu transportieren. Die Arbeitsweise des Spinnrades beruht auf einem neuen Prinzip: Der Spinnflügel wird ohne Faden (Antriebsriemen) in Betrieb gesetzt, die Geschwindigkeitsregulierung geschieht durch das Abbremsen der Spule.
Das Schwungrad und der Spinnflügel drehen auf doppelten Kugellagern.
Zusätzliche Zwirnspulen befinden sich im Kofferdeckel. Das Fassungsvermögen dieser Spulen beträgt ca. 80 g Wolle
Das Reisespinnrad S 40 ist hergestellt aus farblosem, doppelt geleimten Birkenholz.

Textilwerkstatt Beatrijs Sterk
Friedenstraße 5
3000 Hannover 1

◀ *Spinnrad Louët, Modell S 50*

Einfädiger Antrieb mit Abbremsung des Spinnflügels
Speichenrad, dunkel gebeizt

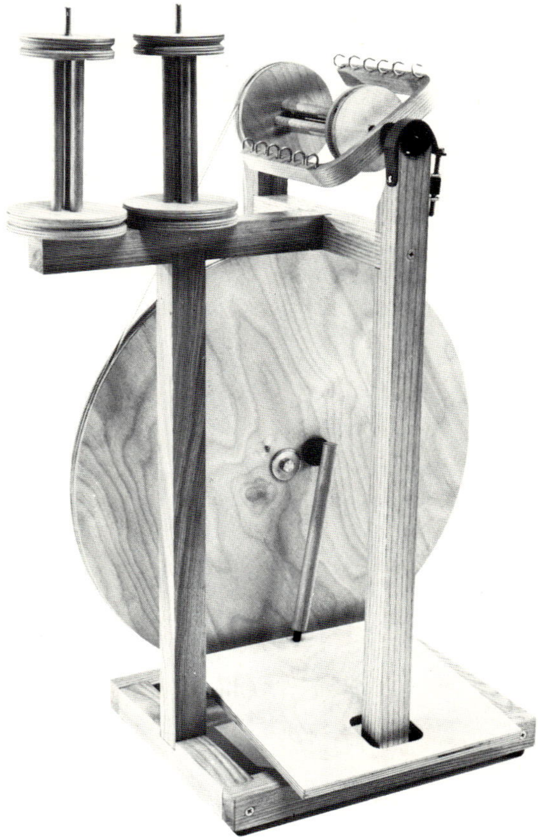

Textilwerkstatt Beatrijs Sterk
Friedenstraße 5
3000 Hannover 1

Spinnrad Louët, Selbstbausatz S 60 ▶

Einfädiger Antrieb mit Abbremsung des Spinnflügels
Für Selbstbauer. Das Paket enthält alle technischen Teile
Eschenholz

Textilwerkstatt Beatrijs Sterk
Friedenstraße 5
3000 Hannover 1

◀ *Spinnrad Louët, Modell S 10*

Einfädiger Antrieb mit Abbremsung des Spinnflügels.
Übertragungsverhältnis:
Bei der kleinen Spulenscheibe beträgt es 1 : 7 und bei der großen Spulenscheibe 1 : 5.
Abmessungen:
Der Schwungraddurchmesser beträgt 50 cm, das Wolleingabeloch 13 mm in einer Höhe von ca. 70 cm. Das Fassungsvermögen einer Spule beträgt 180–250 g Wolle. Dieses ist abhängig von der Fadenstärke.
Zum Spinnrad gehören drei Spulen und eine Zwirnvorrichtung.
Das Grundgerüst des Spinnrades ist aus Eschenholz, die übrigen Teile sind aus mehrfach geleimtem Birkenholz.

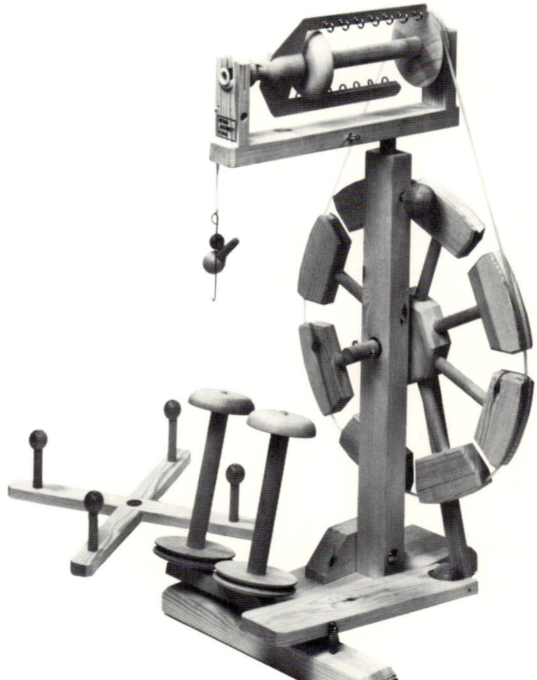

Wollscheune GmbH
Inh. Kiki Grimm & Gerdi den Boesterd
Balkumer Grenzweg 29
4550 Bramsche 4

Moswolt-Spinnrad M 1 ▶

Spinnlochdurchmesser 13 mm
Schwungrad doppelt kugelgelagert (keine Schmierung), andere drehende Teile nylongelagert, Schnur aus Polyurethan (rutschfrei), drei große Spulen, ca. 300 g Wolle pro Spule, Haspel, leicht zu befestigender Flachsrockhalter

Wollscheune GmbH
Inh. Kiki Grimm & Gerdi den Boesterd
Balkumer Grenzweg 29
4550 Bramsche 4

◀ *Moswolt-Spinnrad M 2*

Spinnlochdurchmesser 13 mm
Schwungrad doppelt kugelgelagert (keine Schmierung), andere drehende Teile nylongelagert, Schnur aus Polyurethan (rutschfrei), drei große Spulen, ca. 300 g Wolle pro Spule, Haspel, leicht zu befestigender Flachsrockhalter

Hans Weiß
Drechslerei
Hauptstraße 15
7927 Sontheim (Brenz)

Das schwäbische Wollspinnrad ▶

ca. 80 cm hoch
Kunkelstab kann wahlweise oben am Querstück oder unten an der Platte befestigt werden. Zum Spinnen von Flachs beweglicher Träger für Kunkelstab. Antrieb mit Doppelriemen, Spule und Haspel werden getrennt angetrieben, dadurch sicherer Einzug.
Durch Stufenriemenscheibe Umdrehungszahl des Haspels (Zwirnen) zur Spule (Einzug) veränderbar.
Große Spindelbohrung 12 mm ∅ zum Spinnen auch von grober Wolle. Leichter Lauf durch Messinglager.
Spulenlänge: 11 cm
Raddurchmesser: 38 cm
Feinregulierung des Fadenzuges

Gestaltung & Werkstatt
Thomas Sickinger
Aichelbergstr. 2
7325 Eckwälden

◀ *Spinnrad »Schwabenland«*

2fädiger Antrieb
Fassungsvermögen der Spule: ca. 80 g
Einführungsöffnung: 7 mm
Oberfläche: seidenmatt lackiert
Übersetzungsverhältnis: 1 : 7

Gestaltung & Werkstatt
Thomas Sickinger
Aichelbergstr. 2
7325 Eckwälden

Spinnrad »Elsaß« ▶

2fädiger Antrieb
Fassungsvermögen der Spule: ca. 120 g
Einführungsöffnung: 13 mm
Oberfläche: mit Bienenwachs behandelt
Übersetzungsverhältnis: 1 : 5

Gestaltung & Werkstatt
Thomas Sickinger
Aichelbergstr. 2
7325 Eckwälden

Spinnrad »Schottland« ▶

2fädiger Antrieb
Fassungsvermögen der Spule: ca. 120 g
Einführungsöffnung: 13 mm
Oberfläche: mit Bienenwachs behandelt
Übersetzungsverhältnis 1 : 7

Gestaltung & Werkstatt
Thomas Sickinger
Aichelbergstr. 2
7325 Eckwälden

◀ *Spinnrad »Alt-Norwegen«*

2fädiger Antrieb
Einführungsöffnung: 7 mm
Fassungsvermögen der Spule: ca. 80 g
Oberfläche: mit Bienenwachs behandelt
Übersetzungsverhältnis: 1 : 15

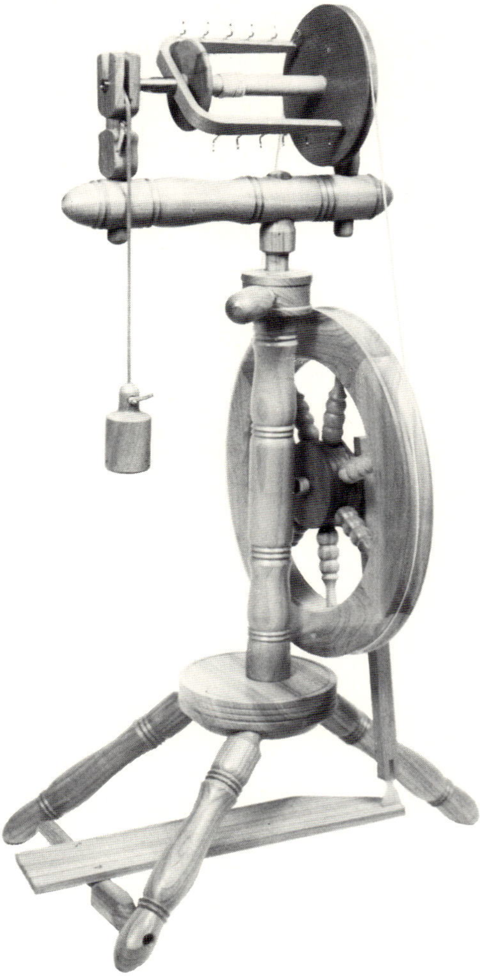

Gestaltung & Werkstatt
Thomas Sickinger
Aichelbergstr. 2
7325 Eckwälden

◀ *Spinnrad »Salutaris«*

1fädiger Antrieb
Fassungsvermögen jeder Spule: ca. 120 g
Einführungsöffnung: 7 mm
Oberfläche: seidenmatt lackiert
Übersetzungsverhältnis: 1 : 5, 1 : 3, 1 : 2

Gestaltung & Werkstatt
Thomas Sickinger
Aichelbergstr. 2
7325 Eckwälden

Spinnrad »Vogesen« ▶

2fädiger Antrieb
Fassungsvermögen der Spule: ca. 120 g
Einführungsöffnung: 13 mm
Oberfläche: mit Bienenwachs behandelt
Übersetzungsverhältnis: 1 : 5

Kunsthandwerkliche Werkstätte Wald
Kurze Gasse 10–12
7032 Sindelfingen

◀ *Spinnrad »Sascha«*

Einschnüriges Wollspinnrad mit einem großen Einzugsloch. Bremse am Spinnflügel.
Die Spule ist mit zwei Laufrillen für verschiedene Geschwindigkeiten ausgerüstet.
Holzart: Esche, Rundholz, natur
Antriebsrad: 400 mm Durchmesser
Übersetzungsverhältnis: 4 : 1/6 : 1
Spulenlänge: 120 mm
Arbeitshöhe: 650 mm

Kunsthandwerkliche Werkstätte Wald
Kurze Gasse 10–12
7032 Sindelfingen

Spinnrad »Stefanie« ▶

Zweischnüriges Woll- und Flachsspinnrad mit einem großen Einzugsloch.
Flügelantrieb mit zwei verschiedenen Laufrillendurchmessern versehen
Holzart: Edelhölzer (Kirsche, Mahagoni)
Antriebsrad: 400 mm Durchmesser
Übersetzungsverhältnis: 6 : 1/7 : 1
Spulenlänge: 120 mm
Arbeitshöhe: 740 mm

Kunsthandwerkliche Werkstätte Wald
Kurze Gasse 10–12
7032 Sindelfingen

◀ *Spinnrad »Anne«*

Einschnüriges Wollspinnrad mit einem großen Einzugsloch. Bremse am Spinnflügel.
Die Spule ist mit zwei Laufrillen für verschiedene Geschwindigkeiten ausgerüstet.
Holzart: Kiefer, gewachst mit reinem Bienenwachs
Antriebsrad: 370 mm Durchmesser
Übersetzungsverhältnis: 4 : 1/5 : 1
Spulenlänge: 120 mm
Arbeitshöhe: 700 mm

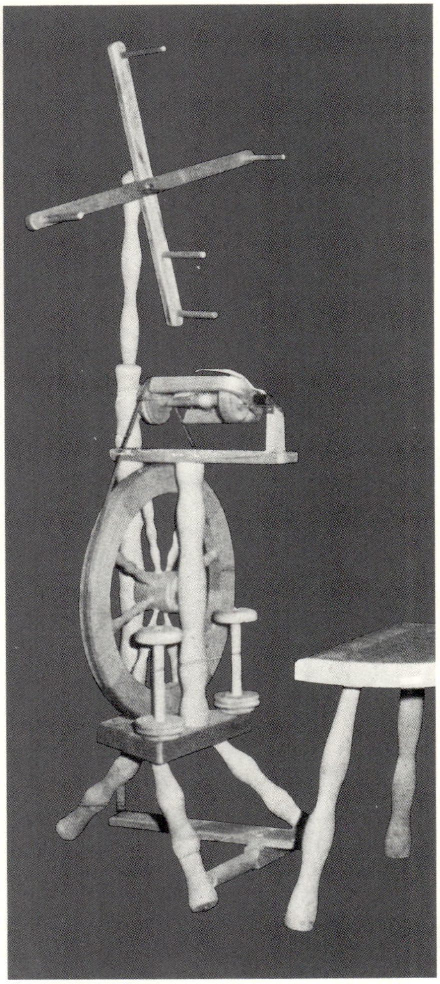

Rens & Smits OHG
Postfach 1129
4240 Emmerich

Spinnrad »Rens & Smits« Art. 600001 ▶

voll funktionsfähig, doppelt kugelgelagert, Schwungrad, Spinnflügel, Spule, Antriebsriemen, Einlaßöse, Bremse, Achse, Knecht, Zwirneinrichtung, Trittbrett, Haspel
Lieferung nur an Fachhandel

Spinnen lernen mit der Spindel

Das Handspinnen kann man in drei verschiedene Arbeitsgänge einteilen: Ausziehen (für die Länge und Stärke des Garns), Drehen (für die Belastbarkeit) und Aufwickeln.
Eine der frühesten Spinnmethoden erfolgte sogar ganz ohne Spindel. Die Wolle wurde auf dem Schoß mit einer Hand gerollt und mit der anderen zu Garn gezogen. Dies ist ein einfaches Beispiel der Verbindung von Ausziehen und Drehen, welche durch Verwendung einer Spindel erheblich beschleunigt wird. In manchen Ländern wird noch mit einem kleinen, grob bearbeiteten Stock mit hakenförmigem Ende gesponnen. (Der Stock ist um so kürzer, je feiner die Fasern sind.) Er wird schnell gedreht, um die Wolle aus einem mit einem Stein beschwerten Vorrat von auseinandergezogenen Fasern auszuziehen. Wenn man die Menge des so hergestellten Tuchs betrachtet, kann man über die Geschicklichkeit nur staunen, mit der diese »Spindel« offensichtlich bedient wird.
Welche Spindel Sie am Anfang auch benutzen, es ist vielleicht ganz gut, zuerst das »Spinnen« mit gekauftem Garn zu üben. So lernt man die Spindel richtig zu drehen und sich an Gewicht und Balance zu gewöhnen.

Abb. 34 *Handspindeln. Navajo – 76 cm langer Spinnstock, 142 g schwer (Mitte); 3 Fallspindeln – eine mit Wirtel von 7,6 cm Durchmesser und dünnem Spinnstock, 58 g (unten rechts); eine mit Wirtel von 7,6 cm Durchmesser und dickem Spinnstock, 85 g (oben); eine mit Wirtel von 10 cm Durchmesser und dünnem Spinnstock, 85 g (unten links).*

Die Navajospindel

Die lange Navajospindel ist einfacher zu bedienen als andere Spindeln. Sie müssen das Garn nicht unter den Wirtel bis über die Spitze führen. Die Spindel hängt nicht von dem zu spinnenden Garn herunter. Sie können also den richtigen Drall erzielen, ohne daß das Garn durch das Gewicht der Spindel reißt. Auch brauchen Sie den Zug durch das zunehmende Gewicht der Spindel nicht zu berücksichtigen. Mit der langen Spindel, die man an der Hüfte bedient, können Sie den Vorgang des Wollausziehens gut überschauen, denn die Wolle wird ausschließlich mit einer Hand verarbeitet. Dies verhindert erstens, daß Sie die schlechte Gewohnheit annehmen, die Fasern zentimeterweise zum Drehen auszuziehen (wie es oft bei der Fallspindel passiert) und zweitens, daß Sie diese langsame Methode beim Spinnen am Rad beibehalten.

Um eine Navajospindel herzustellen, brauchen Sie ein 1 cm starkes Rundholz von 75 bis 80 cm Länge und eine Holzscheibe von etwa 13 cm Durchmesser. Die Scheibe wird am Rundholz befestigt, zwischen 15 und 25 cm vom unteren Ende entfernt. (Die Spindeln der Indianer hatten einen Wirtel aus Ton statt aus Holz. Falls Sie einen Töpfer kennen, oder selber mit Ton arbeiten, probieren Sie es mal mit einem flachen Tonwirtel für ihre Spindel.) Das obere Ende des Rundholzes wird zu einer abgerundeten Spitze abgeschmirgelt. Nehmen Sie ein Stück Garn von ca. 150 cm Länge für den Anfangsfaden und befestigen Sie es kurz oberhalb des Wirtels an der Spindel. Wickeln Sie es einige Male um den Spinnstock (im Uhrzeigersinn, wenn Sie am rechten Oberschenkel spinnen), dann in Spiralen den Spinnstock hinauf. Schließen Sie mit einigen Umdrehungen um die Spitze der Spindel ab. Etwa 15 cm des Anfangsfadens sollten jetzt noch übrig sein. Die letzten paar Umdrehungen um die Spindelspitze sind nicht unbedingt nötig, aber sie erleichtern es dem Anfänger, die Wolle daran zu befestigen und zu beginnen.

Setzen Sie sich auf den Boden oder auf einen niedrigen Stuhl und lehnen Sie die Spindel an den rechten Oberschenkel. Wenn der Fußboden glatt ist, können Sie das untere Ende in eine kleine Schüssel stellen,

Abb. 35 *Verschiedene Spindeln*

damit die Spindel beim Spinnen nicht wegrutscht. Die rechte Hand dreht die Spindel am Oberschenkel entlang der Hüfte hin und verursacht dabei den Drall, während die linke Hand die sich drehenden Fasern zu Garn auszieht. Es klingt, als drehe sich die Spindel nur, wenn Ihre Hand sie am Oberschenkel entlang rollt, aber der schwere Wirtel verursacht so viel Schwung, daß sich die Spindel so lang dreht, wie Sie das Garn darauf aufwickeln wollen. Heben Sie die Spindel nach jeder Drehbewegung mit dem Daumen unter dem Wirtel auf (Ihre Handfläche soll dabei noch nach unten zeigen, um die nächste Drehbewegung anzufangen). Bringen Sie die Spindel an den Ausgangspunkt zurück, von wo Sie sie ohne Unterbrechung weiterdrehen können.

Die Wolle wird von der Spitze der Spindel weg gesponnen; jede Drehung der Spitze bewirkt eine Drehung im Garn. Diese Spindel bereitet Sie auf das Arbeiten am großen Schwungrad vor, das im Normalfall einen Auszug nach links erfordert und auch das Garn von der Spitze der Spindel weg spinnt. Um für das spätere Spinnen am Spinnrad mit Trittplatte zu üben, können Sie Hand- und Spindelstellungen wechseln und die Fasern mit der rechten Hand verspinnen. Das Abwechseln der Hände ist eine nützliche Fertigkeit.

Mit dieser Spindel ist es leichter, die Fasern an dem Anfangsfaden zu befestigen als mit einer Fallspindel. Das handgesponnene Garn muß das Gewicht der Spindel nicht am Ansatz aushalten. Deswegen ist die Gefahr nicht so groß, daß der Ansatz nicht hält, wenn Sie versuchen, das erste Stück zu spinnen. Während der Drall der sich drehenden Spindel in die Wolle übergeht, ziehen Sie das Garn mit der Hand aus, mit der Sie die Fasern halten. Wenn Sie die Hand so weit zurückgezogen haben, wie es für Sie bequem ist, wickeln Sie diese Garnlänge auf die Spindel oberhalb des Wirtels. Der letzte Meter wird am Spinnstock nach oben gewickelt, ca. 15 cm über die Spitze hinaus. Dann wiederholen Sie den Spinnvorgang. Um das gesponnene Garn auf die Spindel zu wickeln, drehen Sie diese um anderthalb bis zwei Drehungen zurück, um die Garnspirale ab- und das neugesponnene Garn am Unterteil des Spinnstocks neben den Wirtel aufzuwickeln. Stellen Sie nach und nach ein kegelförmiges Garnknäuel am Wirtel her, mit einer Zickzackbewegung, damit es fest wird. Wenn Sie einmal darin geübt sind, eignet sich diese Spindel durch den langen Auszug besonders zur Herstellung von feinem Garn, vor allem bei gut vorbereiteter Wolle.

Alternativ zum Auszug mit nur einer Hand können Sie die Spindel rollen und den Drall mit beiden Händen ausziehen. Diese Methode ist natürlich langsamer, auch müssen Sie verhindern, daß die Spindel zurückrollt und den Drall auflöst. Die Spindel am Oberschenkel kann verwendet werden, um Garn in zwei Stufen herzustellen, wie die Navajo-Indianer ihre Kettfäden normalerweise herstellen. Beim ersten Spinngang wird ein loses, grobes Garn hergestellt, das nur so lange gedreht ist, bis die Fasern zusammenhalten. Wenn ein großes Knäuel solcher Wolle mit der Spindel gesponnen ist, wird es abgewickelt oder abgenommen auf eine Stange, die an beiden Enden aufgehängt wird. Das Garn wird anschließend noch einmal zu einem feineren Garn mit mehr Drall gesponnen. Der zweite Spinngang erfolgt viel schneller, weil das Anspinnen neuer Fasern wegfällt.

Das Spinnen eines gleichmäßigen Kettfadens wird um so einfacher, je weiter Sie von der Spitze der Spindel weg arbeiten können, denn eine gewisse Länge ist nötig, um die dicken und dünnen Garnstellen durch Ausziehen zu glätten.

Handgedrehte Fallspindel

Es gibt eine abgeänderte Methode, eine Fallspindel zu benutzen, die zum Teil die Technik der Navajospindel verwendet. Dazu nimmt man eine Spindel, die oben einen Haken und einige Zentimeter darunter den Wirtel hat. Das Garn wird unter dem Wirtel um die Spindel gewickelt, es läuft über den Wirtel und wird vom Haken weg gedreht. Um das Spinnen anzufangen, halten Sie die Spindel in einer Hand und drehen sie, während Sie mit der anderen Hand das Garn ausziehen. Dies wird für einen Teil des

Vorganges gemacht, um Drall in das Garn zu bringen, damit es das Gewicht der Spindel aushalten kann. Drehen Sie dann die Spindel an der Hüfte entlang und lassen Sie sie fallen. Während sie sich dreht und mehr Drall bewirkt, ziehen Sie das Garn mit beiden Händen genau zu der gewünschten Stärke und Gleichmäßigkeit aus. Wickeln Sie das Garn dann auf die Spindel neben dem Wirtel auf, führen Sie es unter den Haken, drehen Sie die Spindel mit der Hand, rollen Sie sie am Oberschenkel entlang und lassen sie fallen. Die Umdrehungen sind viel schneller, wenn die Spindel am Oberschenkel gedreht wird, als wenn Sie sie nur mit den Fingerspitzen drehen. Unter dem Wirtel ist genügend Platz für die Hand, wenn Sie die Spindel rollen, um mit dem Drehen zu beginnen. Auch ist es die Stelle, an welcher die Spindel zum Drehen mit der Hand angefaßt wird.

Fallspindel

Das mit einer Fallspindel gesponnene Garn wird sowohl durch Ziehen der Wolle mit den Händen als auch durch das Gewicht der Spindel ausgezogen. Um zu beginnen, befestigen Sie einen Anfangsfaden an der Spindel etwas oberhalb des Wirtels, führen ihn über den Wirtel, über den Unterteil der Spindel und nun hinauf und machen dann einen halben Schlag um die Spitze der Spindel. (Viele Spindeln haben an dieser Stelle eine Kerbe, aber sie ist nicht notwendig, um die Schlinge an der Spitze festzuhalten.) Die Fasern werden an den Anfangsfaden gelegt und die Spindel wird im Uhrzeigersinn gedreht, bis der Drall in die Wolle übergeht. Dann wird die Spindel mit der rechten Hand gedreht (in gleiche Richtung) und losgelassen. Beide Hände zusammen ziehen das Garn aus und regulieren den Drall, während sich die Spindel dreht und mehr Drall erzeugt. Mehr Fasern als der Drall verbinden kann, dürfen nicht von der Rohwolle gezogen werden; während mehr Drall erzeugt wird, können mehr Fasern herausgenommen werden. Greifen Sie nach unten, und drehen Sie die Spindel noch einmal, wenn sie langsamer wird, sonst dreht sie sich in die Gegenrichtung und dreht dabei das Garn auf.

A *Drehung im Uhrzeigersinn für ein Garn mit Z-Drehung*

B *Richtig aufgewickeltes Garn auf einer Fallspindel*

Abb. 36 *Garnaufwickeln an einer Fallspindel*

Das Gewicht des Wirtels unterstützt den Schwung des Dralls. Weil das Gewicht der Spindel durch das aufgewickelte Garn zunimmt, dreht sie sich jedesmal länger, wenn sie gerollt wird.

Aufwickeln

Wenn das Garn so lang ist, daß die Spindel den Boden berührt, ist es Zeit, es aufzuwickeln. Manchmal wird geraten, etwas von diesem Garn um die Hand zu wickeln, um es zu verkürzen und dabei eine handlichere Länge zum Aufwickeln zu bekommen. Dieses überlange Garn kann ausreichend gekürzt werden, indem Sie es über den linken Ellbogen wickeln, bis Sie ausreichend viel auf die Spindel aufgewickelt haben, damit der Rest einfach zu handhaben ist. Vielleicht ist es geschickter, die Spindel mit ihrer Unterseite in Ihre Richtung zu drehen und das Garn dabei aufzuwickeln, als es aufzuwickeln, während Sie die Spindel mit der Hand drehen, die das Garn hält. Das Garn sollte zu einer Kegelform gewickelt werden, mit dem breiten Ende am Wirtel. Eine gelegentliche, auf- und abgeführte Zickzackbewegung beim Aufwickeln verhindert, daß das Garn sich in dem schon aufgewickelten Garn verfängt.

Spinnrocken und Spindel

Um im Gehen zu spinnen, bereiten Sie zuerst die Wolle vor, indem Sie z-förmige Streifen von der Trommelkarde zu Vorgarn ziehen; oder verziehen und drehen Sie ausreichende Kardzüge, um ein langes Vorgespinst herzustellen. Wickeln Sie diese Streifen hin und her auf ein Ende eines Spinnrockens, bis Sie ein großes, weiches Wollknäuel bilden. Der Spinnrocken wird unter dem Arm gehalten und langsam gedreht, um die Fasern auseinderzurollen, während Sie sie verspinnen.
Eine andere Spinnrockensorte kann an den Arm gehängt werden. Nehmen Sie eine lange, biegsame Gerte und binden Sie die Enden 15 bis 25 cm lang zusammen. Die Wollstreifen werden locker um das zusammengebundene Ende gewickelt und die Schlingen der Gerte über das Handgelenk gehängt.

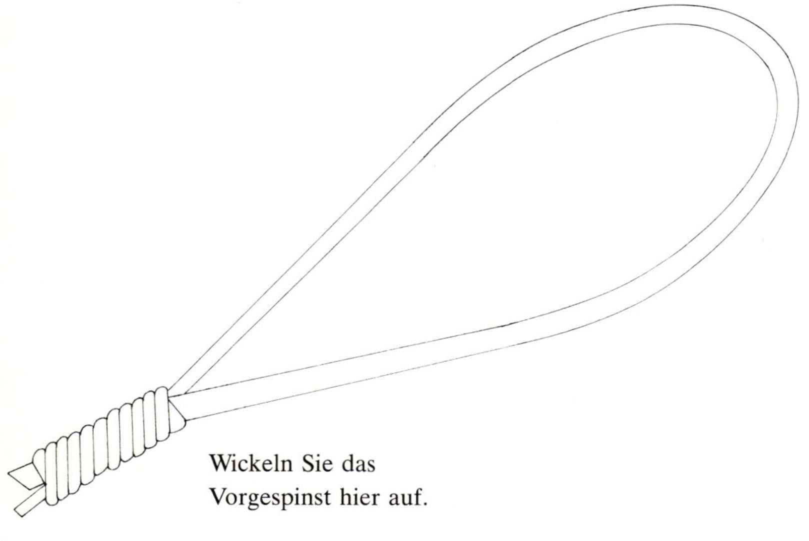

Abb. 37 *Spinnrocken mit Schlinge für das Handgelenk*

Türkische Spindel

Eine türkische Spindel besteht aus drei Teilen, da der Wirtel aus zwei einzelnen, gekreuzten Stäben hergestellt wird. Die Spindel ist so konstruiert, daß der Spinnstock durch die beiden Wirtelteile paßt. Das Aufwickeln der Wolle um das Kreuz ergibt ein Knäuel, das aus der Mitte gezogen wird, wenn man die Spindel auseinandernimmt. Wenn Sie das Garn direkt vom Knäuel stricken, müssen Sie ein Einlaufen bei der Wäsche des fertigen Teils berücksichtigen. Bei Artikeln, für die keine bestimmte Größe benötigt wird, z. B. bei einem Schal, kann diese Methode recht gut sein.

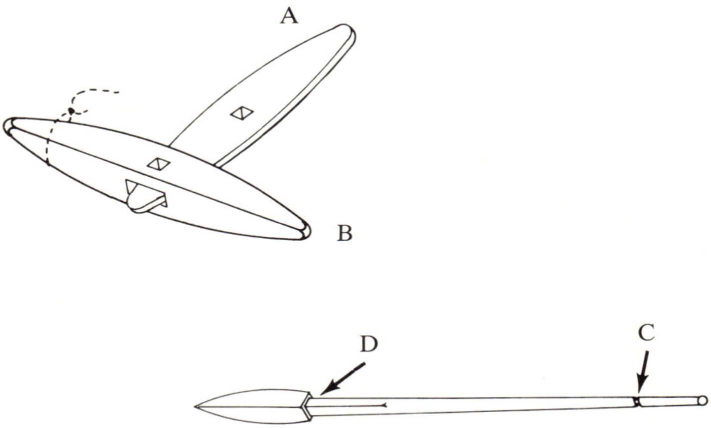

Abb. 38 *Um mit der türkischen Spindel das Spinnen anzufangen, ziehen Sie A durch B; schieben Sie den gekreuzten Teil auf die Spindel C bis zu D. Nehmen Sie einen Anfangsfaden von ca. 100 cm Länge; machen Sie eine Schlinge um das Ende von B, wie gezeigt, und machen Sie einen Knoten. Übertragen Sie den Knoten auf C und schieben Sie ihn bis zu D hinunter. Wickeln Sie den Anfangsfaden einige Male um den Kreuzwirtel (A und B) und führen Sie ihn um die Spitze der Spindel. Spinnen Sie wie mit der Fallspindel.*

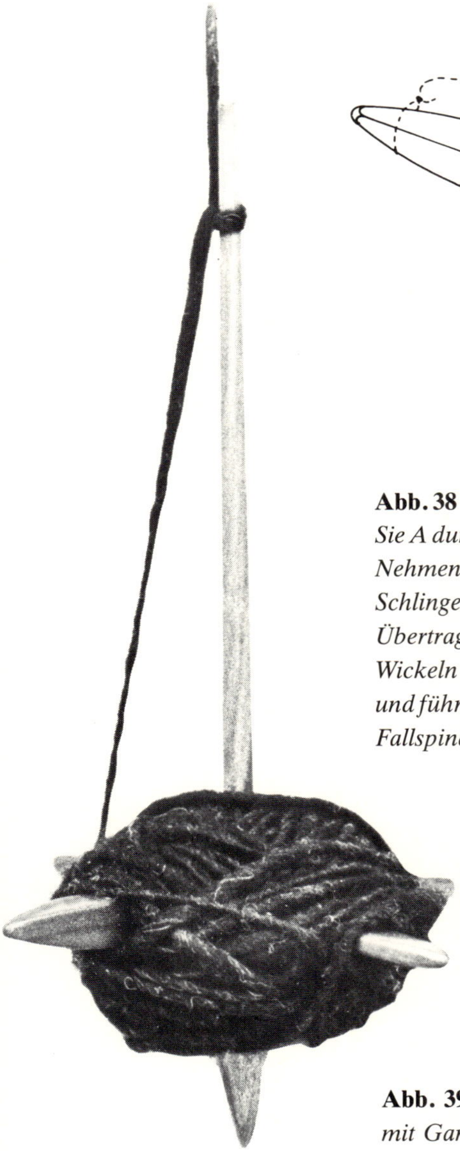

Abb. 39 *Eine türkische Spindel mit Garnknäuel*

Garnaufwickeln auf die türkische Spindel

Jedesmal, wenn Sie eine Garnlänge gesponnen haben, wickeln Sie diese kreuzweise um die Spindelarme auf. Wickeln Sie das Garn ziemlich locker auf den Wirtel, damit Sie nachher, wenn Sie eine größere Garnlänge gesponnen und aufgewickelt haben, die ganze Spindel auseinanderziehen können und das Knäuel übrig haben.
Vor dem Aufwickeln jeder Garnlänge müssen Sie zuerst den Gleichgewichtspunkt der Spindel feststellen und die Spindel mit einer Hand genau da halten. Drehen Sie die Spindel im Urzeigersinn, während Sie mit der anderen Hand das Garn halten. Bewegen Sie diese Hand hin und her, um das Garn abwechselnd ober- und unterhalb der Wirtelstäbe aufzuwickeln.
Man kann das Garn auch nach einem weniger zufälligen Muster aufwickeln. Drehen Sie die Spindel mit einer Hand im Uhrzeigersinn, halten das Garn in der anderen Hand und wickeln es mehrmals um die Spitzen von zwei benachbarten Stäben. Wechseln Sie zum dritten Stab über, wickeln Sie das Garn mehrmals um diesen und den nächsten Stab, und fahren Sie so fort. Am Schluß haben Sie ein gleichmäßiges Knäuel, das von der Mitte aus gestrickt wird.

Wolle für Webspulen

Die Handspindel eignet sich gut zur Herstellung von Schußfäden. Wickeln Sie Packpapier mehrmals um den Spinnstock, um eine Spule zu bilden. Wickeln Sie jede Garnlänge in elliptischer Form darauf, und zwar in einer Größe, die Sie für Ihre Schiffchen verwenden können. Damit kann man das Garn direkt von der Spindel auf den Webstuhl nehmen. Sie bekommen dabei jedoch kein eingelaufenes Garn und kein Garn, dessen Drall durch Waschen gefestigt wurde. Im Mittelalter war es üblich, daß Weber ihr Garn direkt vom Spinnrad auf Webspulen aufwickelten. Diese Spulen ließ man zuerst naß und dann trocken werden, um den Drall zu festigen. Das können Sie auch mit diesen Spulen machen, wenn Sie sie aus einem mittelschweren Plastikbogen herstellen.

Spinnen lernen am Spinnrad

Ehe Sie beginnen, mit Fasern zu arbeiten, gibt es zwei Übungen, die Ihnen das Spinnen von Anfang an erleichtern können.

Tretübungen

Diese Übung ist so langweilig wie Tonleiterübungen am Klavier. Aber es ist nun einmal unerläßlich, daß Ihre Füße automatisch arbeiten. Sie sollen soweit sein, daß Ihre Füße nicht unbeabsichtigt das Schwungrad in die Gegenrichtung bewegen, wenn Sie die Arbeit mit den Händen gerade ausprobieren. Üben Sie, das Schwungrad in Gang zu setzen und anzuhalten, ohne dabei die Hände zu benutzen. Sie müssen lernen, langsam zu treten, denn Ihre Hände werden die Fasern langsam behandeln und werden das Tempo sonst nicht halten können. Versuchen Sie festzustellen, wie langsam Sie treten können, während sich das Schwungrad noch gleichmäßig im Uhrzeigersinn dreht. Es ist vorteilhaft, das ganze Garn mit der gleichen Drehung zu spinnen (normalerweise mit Z-Drehung) und die umgekehrte Richtung nur beim Zwirnen zu benutzen. Berücksichtigen Sie, daß das Schwungrad bei einer Z-Drehung im Uhrzeigersinn und bei einer S-Drehung gegen den Uhrzeigersinn dreht. Achten Sie darauf, daß Sie beim Weben für eine Kette oder einen Schuß oder zum Stricken eines Artikels, nur Garn der gleichen Drehrichtung verwenden.

Spinnübungen

Spinnen Sie zuerst mit einem Knäuel von gekauftem Garn, um die Dreh- und Aufspulbewegungen spüren zu können, bevor Sie mit dem Problem von ungesponnenen Fasern fertigwerden müssen. Legen Sie das Garnknäuel neben sich auf den Boden in eine Kiste, Dose oder in ein Glas. Führen Sie das Ende durch die Einlaßöffnung im Spinnflügel, über einige Häkchen, und wickeln Sie es mehrmals im Uhrzeigersinn um die Spule. Binden Sie es hier fest. Halten Sie das Garn mit einer Hand in der Nähe der Einlaßöffnung (die vordere Hand), mit der anderen Hand weiter weg (die hintere Hand), und bedienen Sie dabei langsam die Trittplatte. (Wenn Sie Rechtshänder sind, halten Sie die rechte Hand, die mehr zu tun hat, weiter weg von der Öffnung.) Treten Sie langsam und lassen Sie das Garn dabei durch die Finger gleiten. Halten Sie es zwischendurch mit der vorderen Hand fest, damit ein Drall entstehen kann, den Sie dann in das Garn übergehen lassen. Lassen Sie dann das Garn sich auf die Spule aufwickeln.
Falls das Spinnrad das Garn nicht aufspult, wenn Sie es zur Öffnung führen, müssen Sie vielleicht einiges nachstellen. Schauen Sie zuerst nach, ob das Garn nicht an einem Häkchen hängengeblieben ist. Kontrollieren Sie dann, ob sich die Spule auf der Spindel frei bewegt. Wenn das Spinnrad neu ist, könnte hier etwas Öl fehlen. Wenn das Spinnrad alt ist, könnte es sein, daß die Spulenachse gereinigt und geölt

werden muß. Wenn sich die Spule ohne Antriebsschnur nicht frei drehen läßt, wird sie nicht gut spinnen. Kontrollieren Sie bei einem Spinnrad mit zweifädigem Antrieb, ob die Antriebsschnur über die größte Rille der Schnur- und die kleinste Rille der Spulenscheibe führt (dies kann verschieden sein, je nach Größe und Anzahl der Scheibenrillen). Das größere Verhältnis zwischen den Scheiben ergibt die größte Zugkraft. Falls Ihr Problem nicht zu den oben genannten gehört, verstärken Sie die Spannung der Antriebsschnur.

Wenn das Garn zu fest aufgespult wird, ist die Antriebsschnur zu straff gespannt. Verringern Sie die Spannung, bis die Spule das Garn erst dann aufwickelt, wenn Sie es wünschen, statt daß sie es von Ihnen wegzieht.

Scheint sich das Garn zu schnell aufzuspulen, wenn Sie mit dem fertigen Zwirn üben, treten Sie wahrscheinlich zu fest. Wenn Sie schon mit Rohwolle arbeiten, ist es wahrscheinlicher, daß Sie ein zu großes Scheibenverhältnis benutzen, um feines Garn zu spinnen. In diesem Fall sollten Sie die Antriebsschnur auf eine kleinere Schnurscheibe legen. Wenn das Garn am einfädig angetriebenen Spinnrad zu fest aufgespult wird, benötigen Sie weniger Spannung an der Bremse.

Gruppenunterricht

Der Unterricht in der Gruppe hat unter anderem den handfesten Vorteil, daß Sie das Spinnen lernen, ohne gleich ein eigenes Spinnrad kaufen zu müssen. Sie können dann besser beurteilen, welches Rad Sie kaufen wollen, nachdem Sie mit Spinnrädern verschiedener Hersteller gearbeitet haben. Auch wenn die Unterrichtsteilnehmer das eigene Spinnrad mitbringen müssen, haben Sie die Möglichkeit, andere Räder zu sehen. Wenn Sie innerhalb der Gruppe die Spinnräder austauschen, können Sie sich ein besseres Bild davon machen, wieviele ihrer Schwierigkeiten vom Spinnrad abhängig sind. Gruppenunterricht hat allerdings auch Nachteile. Es kann entmutigend sein, neben jemandem zu sitzen, der anscheinend schneller lernt, aber dies könnte auch an unterschiedlichen Spinnrädern liegen. Leicht entstehen durch den Unterricht auch Vorurteile über die einzig »richtige« Art zu spinnen. Niemand ist ohne Vorlieben, und diese werden leicht weitergegeben. Meinungen über Garnstärke, Zwirnen und Garnstruktur sollten Sie nicht ohne weiteres von anderen übernehmen, da dies Ihrer Freiheit Grenzen setzt, die Garnsorte zu finden, die Ihnen am besten paßt und gefällt.

Spinnmethoden

Der Anfänger sollte möglichst früh eine Vielfalt an Methoden ausprobieren, bevor er sich an eine Methode gewöhnt. Um verschiedenartige Faserlängen, Wollsorten und Garnstärken zu spinnen, müssen Sie Ihre Methode jeweils ändern. Es ist sehr vorteilhaft, wenn Sie beim ersten Spinnvorgang (dem Auszug) beide Hände gleich viel benutzen, indem Sie Stellung und Aufgabe der Hände abwechseln. Auf diese Weise werden beide Hände im Spinnen geübt. Falls Sie ein großes Schwungrad bekommen oder an Bursitis (Schleimbeutelentzündung) leiden, können Sie dann mit einer Hand spinnen und müssen nicht alles noch einmal von vorn mit der anderen Hand lernen.

Kurzer Auszug

Eine gute Anfangsmethode ist der kurze Auszug. Bei dieser Methode, wie auch bei anderen, hält die hintere Hand die kardätschte Wolle. Die vordere Hand sollte sich etwa 15 cm vor der Öffnung befinden. Sie reguliert den Drall, der in die kardätschten Fasern übergehen darf. Für den Beginn ist ein langer

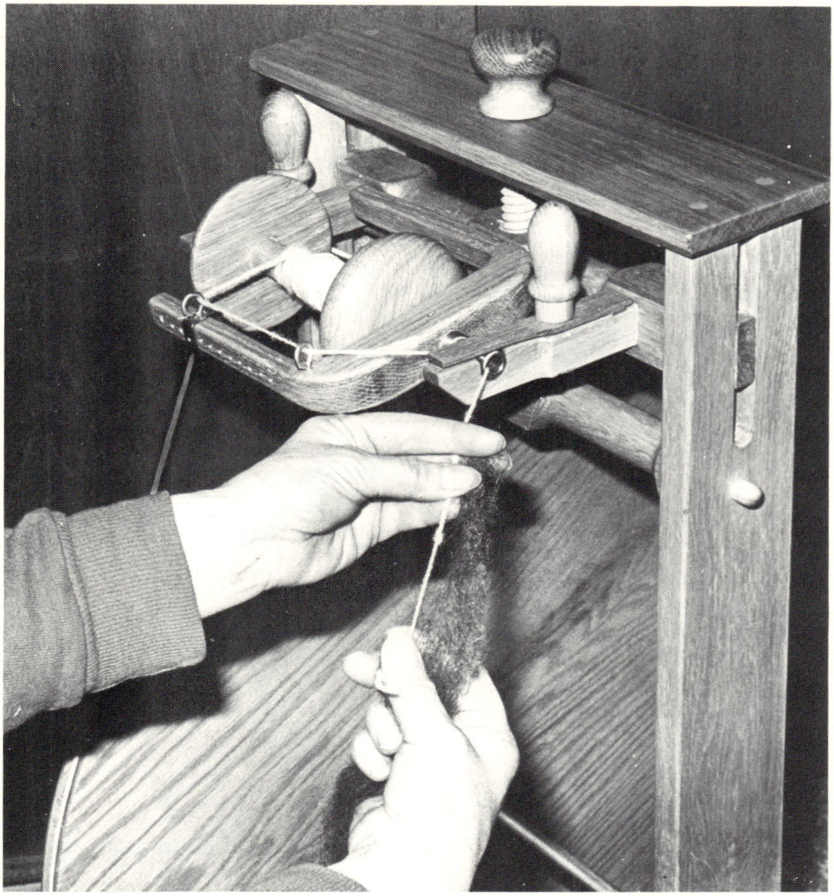

Abb. 40 *Verbinden der Fasern an den Anfangsfaden. Beachten Sie den Knoten im Faden.*

Anfangsfaden nötig (die Fasern haften besser an Wollgarn). Befestigen Sie den Faden an der Spulenachse, führen Sie ihn über die Häkchen, durch das Querloch und durch die Einlaßöffnung hinaus. Sie können aus einer feinen, gerade gebogenen Haarklammer (mit einem Haken am Ende) einen guten Einfädler herstellen, mit dem Sie dann den Faden durch die Einlaßöffnung ziehen. Formen Sie eine Öse am anderen Ende der Klammer und binden Sie etwas Schnur daran. Lassen Sie den Anfangsfaden von der Öffnung ca. 30 cm herunterhängen, und machen Sie einen Knoten am Ende. Daran können Sie die Fasern leichter anspinnen, und sie rutschen nicht ab, wenn der Anfangsfaden auf die Spule gewickelt wird. Greifen Sie den Faden mit der vorderen Hand, und beginnen Sie zu spinnen.
Ziehen Sie einige Wollfasern von der kardätschten Rohwolle heraus und legen Sie diese an den unteren Teil des Anfangsfadens. Dieser bleibt stets am Spinnrad, damit Sie ihn immer wieder verwenden können. Treten Sie sehr langsam und lassen Sie etwas Drall durch die Finger der vorderen Hand gleiten. Wenn die kardätschten Fasern den Anfangsfaden berühren, wird der Drall aufgenommen, wobei Garn entsteht.

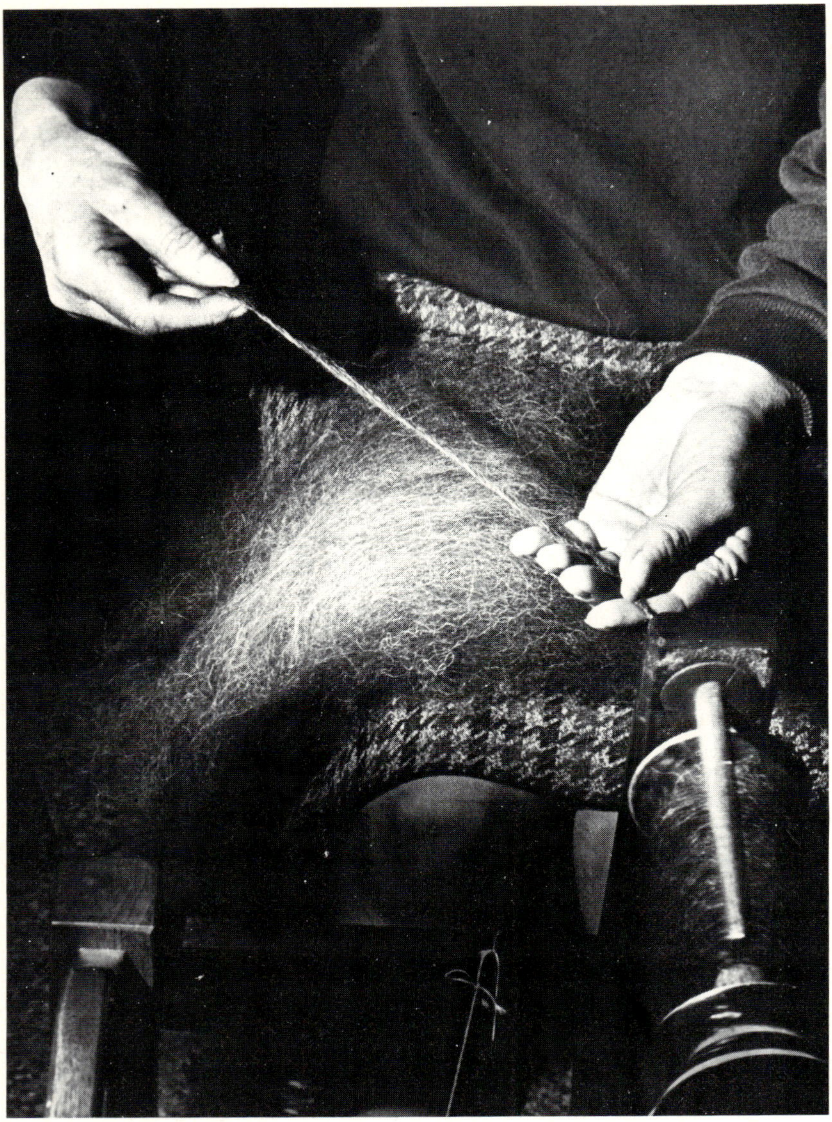

Abb. 41 *Kurzer Auszug*

Das Spinnen des ersten Meters ist schwierig. Das Garn soll am Anfangsfaden haften, während Sie die Rohwolle zurück- und zur entsprechenden Garnstärke ausziehen, bevor zuviel Drall darin aufgenommen wird.

Das Ausziehen des Vorgarns ist nur dann einfach, wenn sehr wenig Drall darin ist. Treten Sie langsam, lassen Sie ganz wenig Drall in die Fasern übergehen, ziehen Sie die Fasern zu Garn aus und lassen dann den übrigen Drall, der sich hinter der vorderen Hand aufstaut, in das locker gedrehte Garn übergehen. Im Idealfall wird dieser Drall nicht stärker sein als nötig wäre, um ein weiches Garn zu bilden. Zu diesem Zeitpunkt müssen Sie die hintere Hand nach vorn bringen, damit der gesponnene Garnteil aufgespult werden kann. Machen Sie sich noch keine Gedanken über die Stärke des gesponnenen Garns; Sie ziehen nur die Fasern aus, lassen den Drall in sie übergehen und spulen das Garn auf. Die hintere Hand muß sich dabei ständig bewegen – sie soll das Garn entweder zum Spinnen verziehen, oder das gesponnene Garn zur Spule führen. Wenn diese Hand ruht, müssen auch Ihre Füße ruhen.

Benutzen der Häkchen

Während sich das Garn beim Spinnen aufspult, müssen Sie die Stelle ändern, wo es über die Häkchen am Spinnflügelarm geführt wird, um ein gleichmäßiges Aufwickeln zu ermöglichen. Die Häkchen bestimmen, wo das Garn aufgespult wird. Wenn es zu lang über das gleiche Häkchen läuft, entsteht ein hoher Kamm, von dem etwas Garn abrutscht. Die Herstellung von Strängen wird dadurch erschwert, und die Garnmenge, die Sie aufspulen können, eingeschränkt.

Überdrehtes Garn beim kurzen Auszug

Wenn Sie mit dem kurzen Auszug überdrehtes, verknotetes Garn bekommen, liegt es daran, daß Sie schneller treten als Sie mit den Händen das Garn bilden können. Es kann sogar sein, daß Sie ab und zu

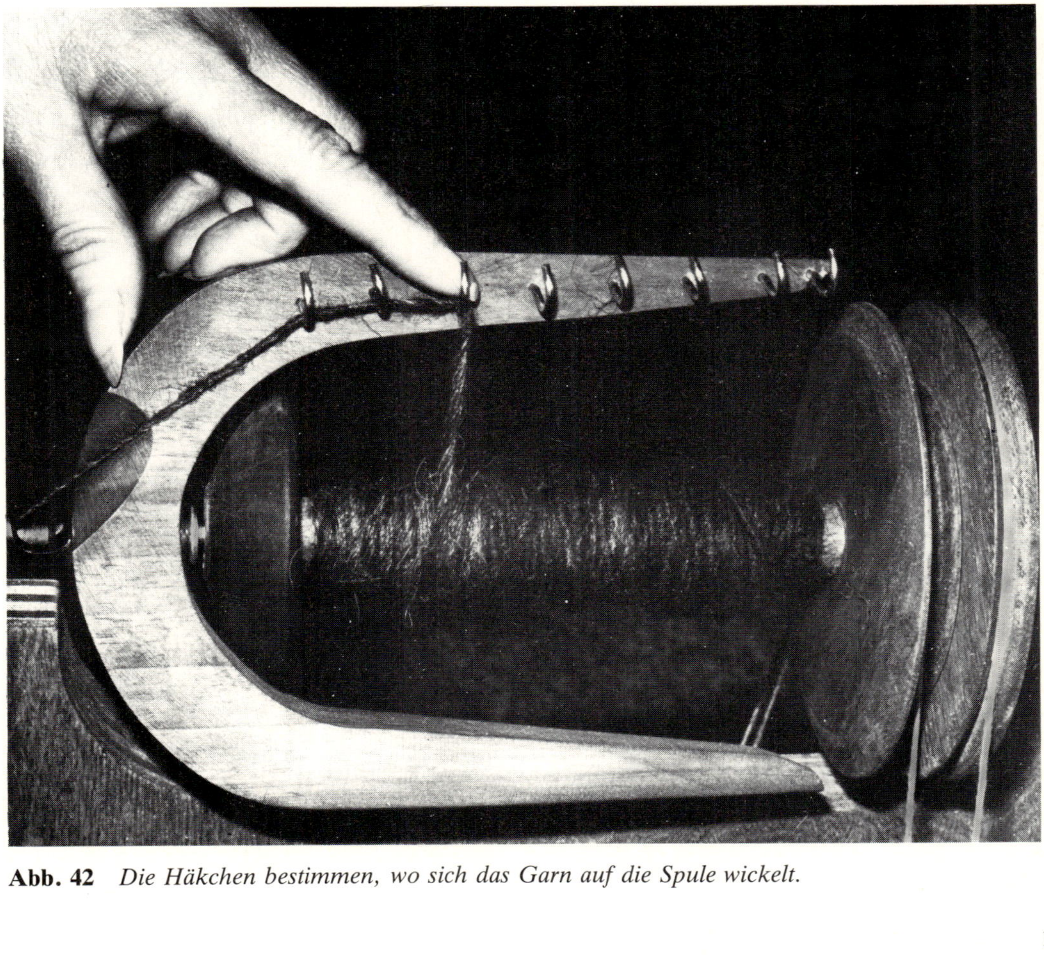

Abb. 42 *Die Häkchen bestimmen, wo sich das Garn auf die Spule wickelt.*

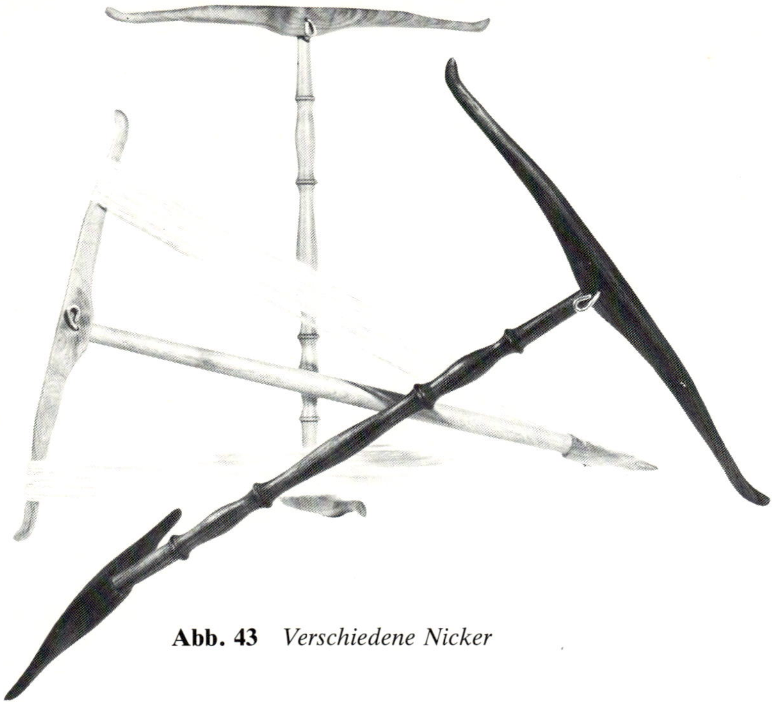

Abb. 43 *Verschiedene Nicker*

aufhören müssen zu treten, damit die Hände nachkommen. Versuchen Sie so langsam zu treten, daß sich das Schwungrad gerade noch dreht.
Um den Vorgang zu wiederholen, halten Sie das sich drehende Garn mit der vorderen Hand fest. Treten Sie nicht zu schnell, sonst bildet sich mehr Drall, als die Fasern nachher aufnehmen können. Ziehen Sie die hintere Hand zurück, lassen Sie etwas Drall in die Fasern zwischen beiden Händen übergehen, damit Sie nicht auseinanderreißen, während sie zu Garn verzogen werden. Lassen Sie dann den Rest des Dralls durch die zusammengedrückten Finger in das leicht gedrehte Garn laufen. Nun läuft das Garn dem Spinnrad zu und wird aufgespult. Wenn Sie für die ausgezogenen Fasern zuviel Drall haben, liegt es daran, daß Sie zuviel getreten haben, während Sie das Garn mit den Händen auszogen.
Der Zug, der durch die richtig eingestellte Antriebsschnur und durch das Verhältnis zwischen den Schnur- und Spulenscheiben entsteht, beeinflußt, wie die Spule das Garn aufwickelt. (Dies wird im Kapitel »Arbeiten mit dem Spinnrad« ausführlich beschrieben.) Sie müssen dafür sorgen, daß das Garn aufgespult wird, bevor es zuviel Drall aufnimmt.

Spannung nachstellen während des Spinnens

Wenn ihre Spule etwa halbvoll ist, verursacht das Gewicht darauf sowie der veränderte Spulendurchmesser (bei jeder Spulenumdrehung wird mehr Garn aufgewickelt), daß Sie einen geringeren Zug vom Schwungrad bemerken. Das kann nachgestellt werden, indem Sie die Antriebsschnur fester spannen.
Wenn Sie das Garn zu einem Strang gewickelt haben und wieder mit leerer Spule anfangen zu spinnen, müssen Sie die erste Spannung wieder einstellen.

Garn abwickeln

Wenn die Spule ziemlich voll ist, legen Sie die Antriebsschnur von der Spulenscheibe auf die kleinere Rille der Schnurscheibe. Damit wird die Spannung gelöst und die Spule kann sich frei drehen. Ist das Spinnrad jeweils nur mit einer Schnur- und Spulenscheibe versehen, legen Sie beide Schnüre auf die Spulenscheibe. Da diese die kleinere der beiden Scheiben ist, müßte sich die Spule nun frei bewegen können. Wickeln Sie das Garn auf einen Nicker, einen Haspelstock, oder auch nur über den Unterarm zu einem Strang. Lassen Sie den Anfangsfaden noch an der Spule befestigt. Das Garn löst sich meistens an der Verbindungsstelle zum Anfangsfaden. Binden Sie den Strang locker an mehreren Stellen zusammen, um ihn für die Wäsche vorzubereiten.

Haspelstock

Dieses Gerät ist einfacher zu verwenden und herzustellen als der traditionelle Nicker. Sie können es herstellen mit 50 cm Länge (Wickellänge 1 m) oder mit 75 cm Länge (Wickellänge 1,50 m). Auf diesen Haspelstock können Sie einen Strang wickeln, der auf die selbstgemachte Schirmhaspel (Abbildung 108) paßt. Um mit dem Haspelstock einen Strang von eingelaufenem Garn mit 1 m oder 1,5 m Länge herzustellen, müssen Sie den Stock um 5,5 cm bzw. 8,3 cm verlängern.

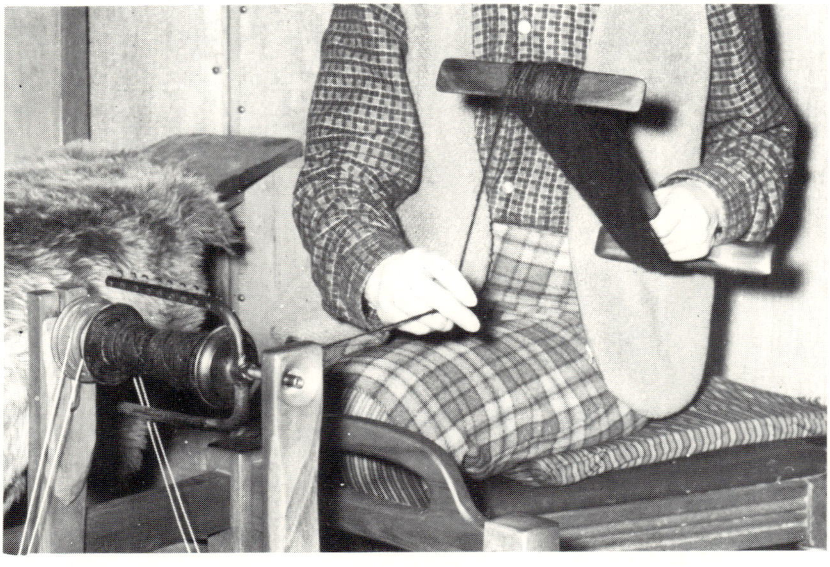

Abb. 44 *Das Garn wird von der vollen Spule auf einen Haspelstock umgewickelt.*

Langer Auszug

Diese Methode ist nur eine Erweiterung des kurzen Auszugs. Hierbei werden die Fasern gedehnt und ausgezogen während der Drall in sie übergeht. Es ist die logische Entwicklung des kurzen Auszugs und muß auch etwas schneller erfolgen, um glatt und wirksam zu sein. Die vordere Hand hält den Drall nicht so sehr zurück; sie hält lediglich das Garn fest, damit die andere Hand den nötigen Widerstand spürt, um dickere Stellen im Garn zu verziehen. Wenn Ihr Garn genügend Drall hat und sich nicht dünner ausziehen läßt, sollten Sie es gleich aufspulen. Ist das Garn zu verknotet, liegt es daran, daß Sie zu schnell treten, daß Sie es nicht früh genug zur Spule führen oder daß Sie zögern, bevor Sie es aufspulen lassen. Man neigt dazu, zwischen den Auszieh- und Aufwickelbewegungen zu zögern. Mit Übung und mit einigermaßen guter Wolle kann man mit dieser Methode schneller spinnen als mit dem kurzen Auszug.

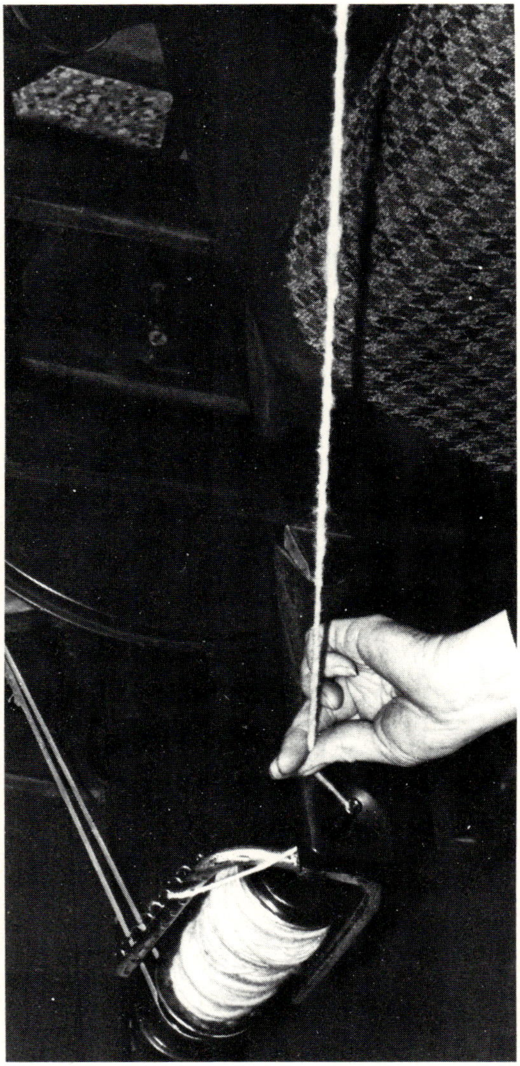

Abb. 45 *Langer Auszug*

A *Die Wolle wird verzogen (beachten Sie die leichte Drehung).*

B *Das Garn ist völlig ausgezogen, mit dem richtigen Drall versehen und fertig zum Aufspulen.*

Ungestützter langer Auszug

Diese Methode wird eher bei mittelgroben Garnsorten als bei feineren Sorten angewandt und besteht aus dem langen Auszug aus locker hängender Rohwolle. Die Fasern werden gleichmäßig über den ganzen Zug verzogen, während der Drall in sie übergeht. Der Zug erfolgt von beiden Richtungen; teils vom Drehen des Schwungrads (und von der vorderen Hand), teils vom Zug der hinteren Hand, während sie die Wolle auszieht. Die vordere Hand wird weniger gebraucht um den Drall zurückzuhalten, sondern eher als Widerstand, um Stärke und Struktur des Garns auszugleichen. Diese Methode ist für den Anfänger nicht einfach, denn sie ist sprunghaft und ungleichmäßig, wenn sie nicht schnell genug erfolgt. Da sie von einem gleichmäßigen Gleiten der Fasern abhängt, kann diese Methode zu dicken Stellen und Klumpen führen, wenn die Wolle nicht geölt und gut kardätscht worden ist. Sie regulieren den Drall und die Stärke, während Sie das sich drehende Garn ausziehen.

Der ungestützte lange Auszug ist besonders gut geeignet, um mittleres Garn schnell zu spinnen. Die Methode unterscheidet sich vom langen Auszug dadurch, daß Sie eine Handvoll Rohwolle loslassen und diese ausziehen, während gleichzeitig der Drall darin übergeht. Zunächst scheinen sich viele dicke und dünne Stellen zu bilden. Wenn Sie die Wolle weiter ausziehen, wird sie gleichmäßig (dabei darf sie sich nicht überdrehen, sonst kann sie nicht ausgezogen werden). Die dünnen Stellen enthalten genug Drall und werden nicht dünner. Die dicken Stellen enthalten nicht so viel Drall, so daß sie sich nicht weiter ausziehen lassen, wenn Sie in dieser Methode ungeübt sind. Erfahrung beim allgemeinen Spinnen ist eine Voraussetzung für Erfolg bei dieser Methode, denn der Erfolg ist abhängig von Können und Geschwindigkeit.

Wollvorrat

Es ist günstig, wenn Sie beim Spinnen die kardätschte Wolle, Kardzüge, gekämmte Büschel oder die z-förmigen Wollstreifen von der Trommelkarde in Reichweite haben. Sie können die Wolle im Schoß halten, solange sie keine Samen oder andere Pflanzenreste enthält, die Ihre Rohwolle verunreinigen. In diesem Fall benutzen Sie eine andere Ablegemöglichkeit (Tisch, Bank, usw.). Die z-förmigen Streifen (siehe »Trommelkarde«) können zum leichten Gebrauch in einem Korb aufgerollt werden.

Anspinnen des neuen Vorgespinstes

Spinnen Sie nicht ganz bis zum Ende ihrer kardätschten Fasern. Lassen Sie eine gute Länge noch ungesponnen, um die neue Wolle leicht anspinnen zu können. (Mit Übung werden für das Anspinnen weniger Fasern nötig.) Dann ist es eine einfache Sache, die ungedrehten Fasern auseinanderzubreiten, das Ende des nächsten Vorgespinstes daraufzulegen und die Trittplatte wieder niederzudrücken. Durch das Ausziehen bei der Drallübertragung drehen sich die Fasern spiralförmig zusammen. Die Verbindungsstelle wird damit nicht sichtbar.

Bei Einfachgarn müssen die Wollenden gut miteinander verbunden werden, sonst gibt es eine schwache Stelle im Garn, die reißt, wenn das Vorgespinst von der Spule entfernt oder als Kettgarn gewebt wird. Besondere Aufmerksamkeit beim Anspinnen des neuen Vorgespinstes ist nur während des Lernens nötig. Wenn Sie das Anspinnen üben, werden Sie zunächst den Spinnvorgang unterbrechen müssen, aber Sie sollten sich das Ziel setzen, die Wollenden ohne Anhalten oder Geschwindigkeitsverringerung zu verbinden. (Siehe Kapitel »Schnelles Spinnen« und Abbildung 70.) Es wird mit der Zeit so automatisch erfolgen wie das gleichmäßige Treten.

1. Schritt. Beginn des ungestützten langen Auszugs.

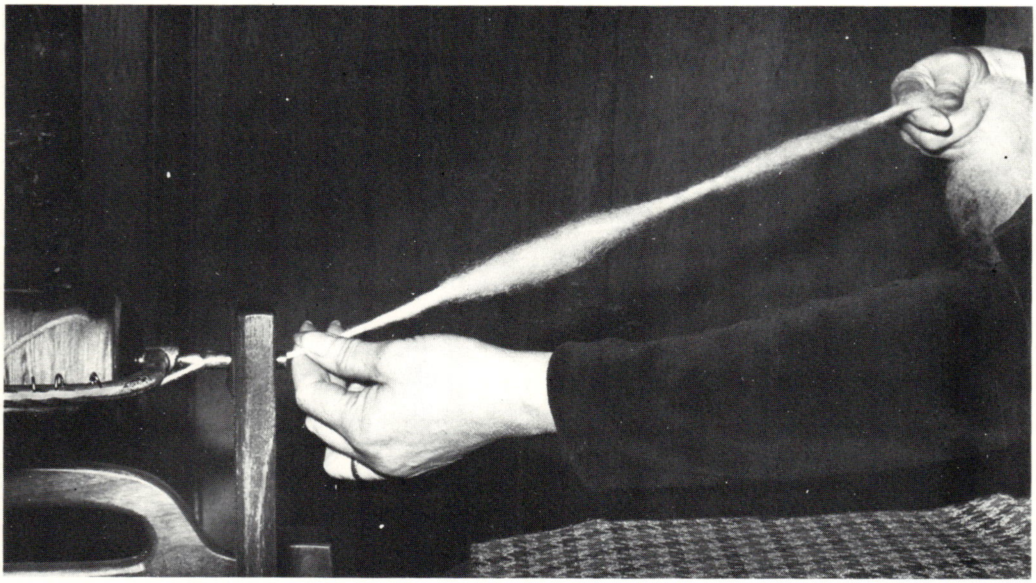

2. Schritt. Nun ist etwas Drall in der Wolle, die ausgezogen wird.

Abb. 46 *Ungestützter langer Auszug*

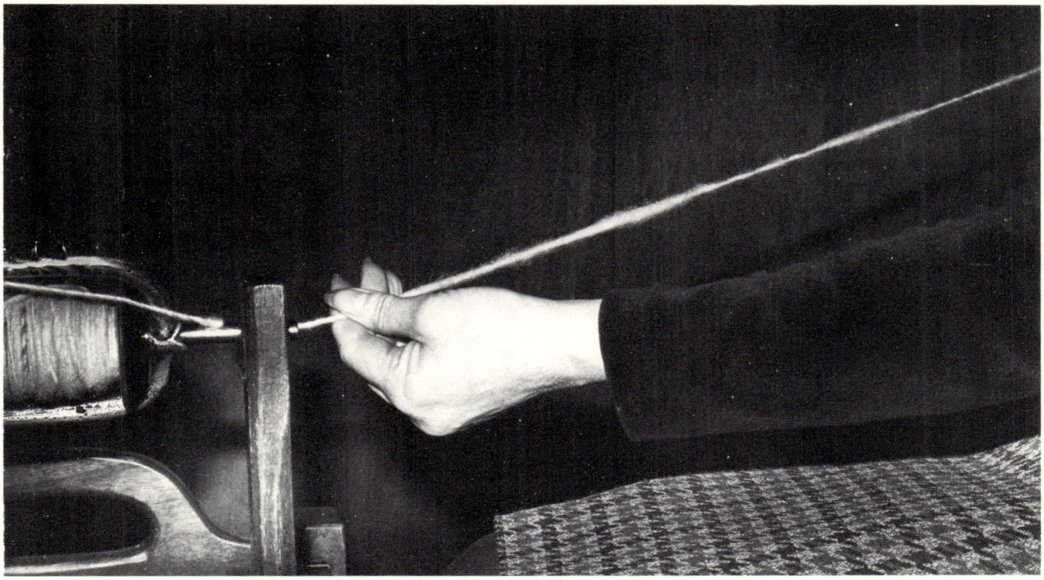

3. Schritt. Die Wolle weiter ausziehen, um gleichmäßige Garnstärke zu erzielen.

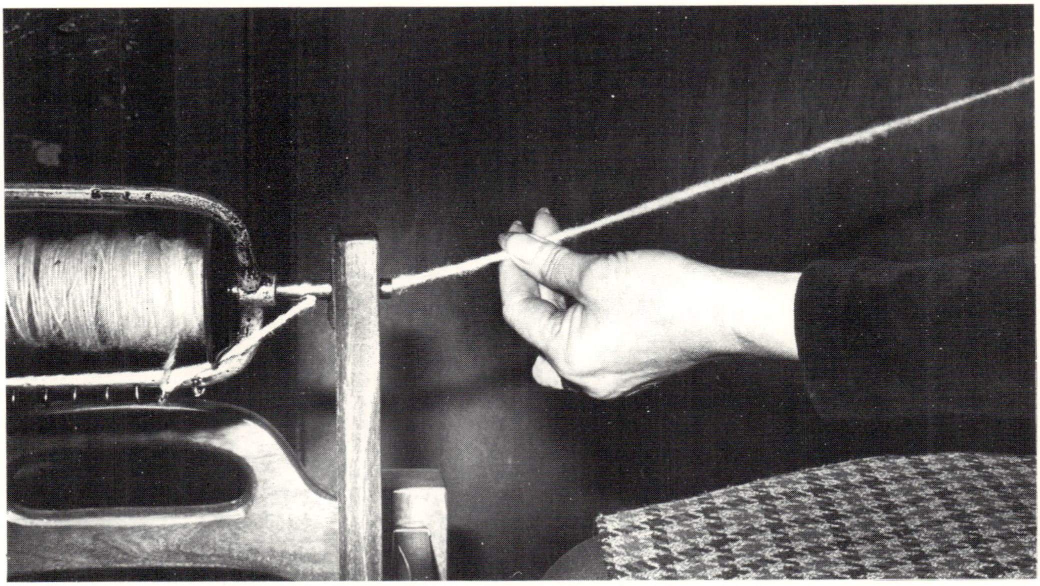

4. Schritt. Fertiger Auszug. Das Garn von gleichmäßiger Stärke und mit richtigem Drall ist nun fertig zum Aufspulen.

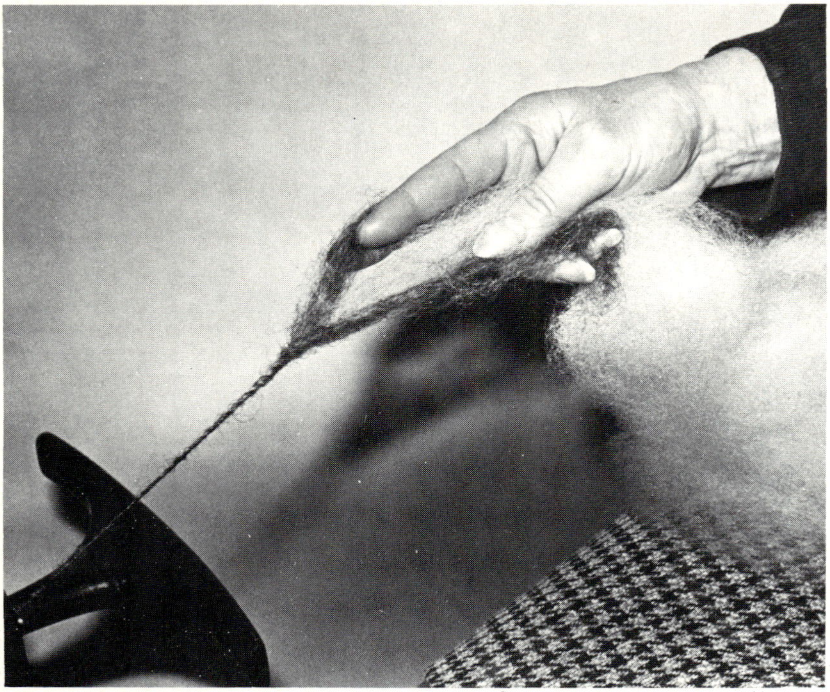

Abb. 47 *Das neue Vorgarn wird zwischen die restlichen, geteilten und ungesponnenen Fasern angesponnen.*

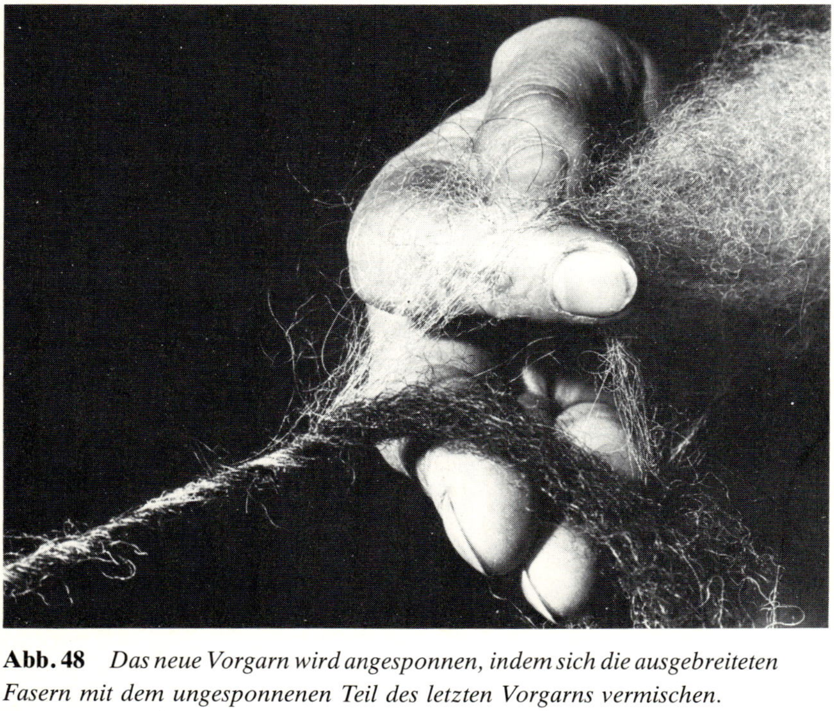

Abb. 48 *Das neue Vorgarn wird angesponnen, indem sich die ausgebreiteten Fasern mit dem ungesponnenen Teil des letzten Vorgarns vermischen.*

Mein Mann hat nach mir Spinnen gelernt, und ich erwartete, daß er die üblichen Anfängerprobleme beim Anspinnen haben würde. Aber, anstatt die letzten ungesponnenen Fasern auszubreiten und die neue Wolle anzuspinnen, trennte er sie in zwei Teile, legte das Ende des neuen Vorgespinstes dazwischen und zog sie ohne Schwierigkeiten zusammen aus. Das Verfahren scheint langsam zu sein, aber mein Mann benutzt die Methode immer noch, ohne Rhythmus oder Geschwindigkeit zu unterbrechen, und er spinnt einen außerordentlich kräftigen Kettfaden für seine Wolldecken, Jacken und Westen. Wenn Sie einen eigenen Spinnstil entwickeln, können Sie mit anderen Methoden des Anspinnens arbeiten. Zögern Sie nicht, zu experimentieren. (Mehr Information über Methoden des Anspinnens siehe Kapitel »Schnelles Spinnen«.)

Einheitliche Garnstärken

Wenn Sie das Spinnen gelernt haben und ein Projekt mit ihrer handgesponnenen Wolle planen, wird es nötig sein, mehrere Stränge von der gleichen Garnstärke zum Weben oder Stricken vorrätig zu haben. Dabei ist es eine große Hilfe, wenn Sie sich angewöhnen, alle Stränge gleich lang zu machen, z. B. fünfzig oder hundert Meter. Mit dem Haspelstock von 1 m oder 1,5 m ist dies kein Problem. Wenn Sie wissen, daß die Stränge gleich lang sind, können Sie das Gewicht der Wolle kontrollieren, um zu sehen, ob Sie eine gleichmäßige Garnstärke gesponnen haben.
Ich will damit nicht sagen, daß Sie immer die gleiche Garnstärke spinnen sollten, denn ein Teil der Herausforderung des Spinnens besteht darin, die Fähigkeit zu entwickeln, jede erwünschte Garnstärke in beliebiger Menge spinnen zu können.
Der gleichmäßige Rhythmus der Hand- und Fußbewegungen sowie die richtig eingestellte Spannung der Antriebsschnur werden Ihnen dabei helfen. Ich meine nicht, daß das Garn keine Unregelmäßigkeiten aufweisen darf, sondern daß Sie eine möglichst gleichmäßige Garnstärke anstreben sollten, wobei strukturelle Unterschiede kaum vermeidbar sind.

Bezeichnung der Garnstärke

Wenn Sie mehrere Garnstärken spinnen, um sie zu verkaufen, können Sie ihr eigenes System benutzen, z. B. Zahlen, Buchstaben oder Namen für jede Garnstärke. Wir benutzten am Anfang die Zahlen 1 bis 5 für unsere Verkaufsware, wobei wir die kleineren Zahlen für die feineren Garne nahmen. Ich wollte die Wollängen zuerst auch nach Gewicht einteilen, aber diese feine Unterscheidung war in der Praxis nicht nötig. Das Gewicht einer bestimmten Garnlänge ist unterschiedlich je nach Wollsorte und Festigkeit (Anzahl der Drehungen). Das Wichtigste ist, daß alle Garne zum Verkauf oder für ein Projekt eine einheitliche Länge und Stärke haben.

Wäsche und Einlaufen des Garns

Wenn Sie das Garn von der Spule auf den Nicker oder Haspelstock aufgewickelt haben, binden Sie den Strang an mehreren Stellen locker zusammen. Das verhindert die Bildung von Knoten bei der Wäsche. Um sicher zu gehen, daß das Garn nach dem Stricken oder Weben nicht einläuft, waschen Sie es vorsichtig in warmem Wasser, entweder mit Seife oder mit einem Reinigungsmittel. Falls Sie die Wolle im vollen Fett versponnen haben, ist jetzt eine Wäsche unbedingt notwendig. Aber auch ein sauberes Wollgarn braucht die zusätzlichen Ergebnisse einer Wäsche: das Entspannen und das Festigen des Dralls. Wenn Sie

ein ungewaschenes, kurzes Stück Garn vom Strang nehmen, müssen Sie es an beiden Enden festhalten, da es sich sonst aufdreht und den Drall verliert.
Verwenden Sie handwarmes Wasser und lösen Sie Seife oder ein mildes Reinigungsmittel darin auf. Ein Reinigungsmittel hat den Vorteil, daß es sich leichter ausspülen läßt. Wir fanden es nicht notwendig, spezielle Waschmittel zu kaufen. Borax im Waschwasser hilft jedoch, unangenehme Gerüche zu beseitigen, wie z. B. den charakteristischen Geruch eines Hammelvlieses, die Muffigkeit eines zu lange gelagerten Vlieses oder den auffälligen Geruch mancher Ölsorten. Waschen Sie das Garn von Hand, da es durch die Drehbewegungen der Waschmaschine verfilzen würde. Spülen Sie es in Wasser mit etwa der gleichen Temperatur. Der Schleudergang einer Waschmaschine entfernt das Wasch- und Spülwasser auf ideale Weise. Er schont die Fasern besser als das Auswringen und entfernt dabei mehr Wasser.

Strecken

Nach der Entspannung im warmen Wasser wird der Drall (unter mäßiger Spannung) durch Strecken ganz gefestigt, indem Sie das Garn so trocknen lassen. Legen Sie das feuchte Garn auf eine Haspel, entfernen Sie die Schnüre und wickeln Sie es auf einen Scherrahmen oder um die Rückenlehne eines Küchenstuhls oder stellen Sie den Garnstrecker her, der am Ende dieses Kapitels beschrieben wird.
Wenn Sie den feuchten Strang aufhängen und unten mit einem Gewicht beschweren, werden nicht alle Teile gleich stark gestreckt und einige bleiben verdreht. Dies gilt besonders dann, wenn überdrehtes Garn darunter ist. Das richtige Strecken kann einiges an Überdrehungen beseitigen. Garnüberdrehungen können auch dann vermindert werden, wenn das Garn direkt von der Spule auf einen Haspelstock oder Nicker aufgewickelt wird und etwa eine Woche lang darauf bleibt. Die gedrehten Fasern werden dabei aber nicht ausreichend entspannt (dazu sind Feuchtigkeit und Wärme nötig), das Garn fühlt sich nicht weicher an als gleich nach dem Spinnen, und es läuft dabei keineswegs ein, was für die weitere Verwendung günstig wäre.

Abb. 49 *Gewaschenes Garn auf einem Strecker, um bei gleichmäßiger Spannung zu trocknen.*

Wenn das Garn auf einem Haspelstock aus unbearbeitetem Holz liegt, können Sie es anfeuchten und so trocknen lassen. Obwohl diese Methode besser ist, als das trockene Garn eine Zeitlang auf dem Stock zu lassen, um der Verknotung entgegenzuwirken, läuft das Garn dabei nicht ein. Wenn das Garn auf dem Strecker getrocknet ist, kann der abgenommene Strang gleich zum Stricken, Häkeln oder Weben (als Schußgarn) verwendet werden. (Kettgarn, siehe Kapitel »Weben mit handgesponnener Wolle: Die Kette«.)

Zwirnen

Die normale Methode, das Garn zu zwirnen, besteht darin, daß Sie eine Spule voll Garn spinnen, diese vom Spinnflügel herunternehmen und durch eine leere Spule ersetzen. Spinnen Sie die zweite Spule voll, entfernen Sie auch diese, und zwirnen Sie das Garn der beiden Spulen auf eine dritte Spule zusammen. Setzen Sie beide vollen Spulen auf einen Faulenzer, eine Stange mit Haltern an beiden Enden. Manche Spinnräder haben eingebaute Faulenzer, um das Zwirnen zu erleichtern. Binden Sie die Garnenden von beiden vollen Spulen an den Anfangsfaden der leeren Spule. Um sie zusammenzuzwirnen, müssen Sie das Schwungrad *entgegengesetzt* der Spinnrichtung drehen. Zwei Einfachgarne mit Z-Drehung, im Uhrzeigersinn gesponnen, werden zu einem Garn mit S-Drehung gegen den Uhrzeigersinn zusammengezwirnt. (Wenn Sie die Garne in Spinnrichtung zwirnen, entsteht eine Art Kabelgarn, wobei die Einfachgarne zusätzlichen Drall bekommen. Dieses Garn ist schwer zu verarbeiten, wenn es nicht nach der Wäsche fest gestreckt wird.)
Halten Sie beide Garne in einer Hand, aber mit einem Finger dazwischen, damit sie keine Schleifen bilden oder sich verknoten und mit gleicher Spannung gehalten werden. Treten Sie gleichmäßig, damit sich im Zwirn keine unregelmäßige Drehung bildet.
Das Zwirnen zweier Garne kann dem Anfänger helfen, die zu dicken und zu dünnen Stellen beider Garne zu reduzieren und einiges an überdrehtem Garn auszugleichen. Ein überdrehtes Einfachgarn ergibt einen verzogenen Strickteil. Manche Spinner ziehen es vor, das Garn immer in der gleichen Stärke zu spinnen. Sie stellen Garn von einer gröberen Stärke her, indem Sie es zu einem Zweifach- oder Dreifachgarn verzwirnen. Diese Methode ist leichter zu lernen, und man kann eher ein gleichmäßiges Garn dabei herstellen. Es erfordert aber viel mehr Zeit als ein Einfachgarn der gewünschten Stärke – fein, mittel oder grob – zu spinnen.
Man sagt, daß ein handgesponnenes Einfachgarn nicht als Kettfaden zu verwenden sei, da es nicht so haltbar wie Zwirn sei. Ein Zweifachgarn ist zwar immer kräftiger als die zwei Einfachgarne (aus denen es besteht), aber das heißt nicht, daß Einfachgarne nicht dafür verwendet werden können. Da ein Kettfaden nur so kräftig ist wie die schwächste Stelle, ist das Ziel des Kettfadenspinnens ein gleichmäßig gesponnenes Garn ohne Schwachstellen. Es ist nicht nötig, Kettfäden zu zwirnen, und wir benutzen unsere handgesponnene Wolle für alle Kettfäden, sogar für unseren 2,5 m breiten Webstuhl für Decken. (Siehe Kapitel »Weben mit handgesponnener Wolle: Die Kette«.)
Es läßt sich ein viel weicheres Garn am Großen Schwungrad oder Wollrad als an einem Flügelspinnrad spinnen, weil das Schwungrad dabei keinen Zug auf das Garn ausübt. (Siehe Kapitel »Spinnen am Großen Schwungrad«.) Eine sehr ungewöhnliche Wirkung wird erreicht, wenn sehr weiches, feines Garn vom Großen Schwungrad gezwirnt wird. Das auf Seite 68 gezeigte Rad hat zwei Wickelhaspeln, die sich bei Bedarf auf die Schwungradachse montieren lassen, um das Garn von der Spindel abzuwickeln. Wenn zwei Haspeln voll sind, werden sie auf der Achse befestigt und das Garn ist von ihnen leicht zu verzwirnen.

Ein weiterer Grund zum Zwirnen ergibt sich, wenn Sie ein Spinnrad benutzen mit einem Spulen- und Schnurscheibenverhältnis, das nicht ausreicht, um das gewünschte, grobe Garn ordentlich zu spinnen. Hier können Sie gut gesponnene Einfachgarne herstellen und zu einer Stärke verzwirnen, die auf dem Spinnrad nicht so leicht zu erreichen ist. Stellen Sie dann beim Zwirnen die Antriebsschnurspannung fest ein, indem Sie das niedrige Scheibenverhältnis berücksichtigen.

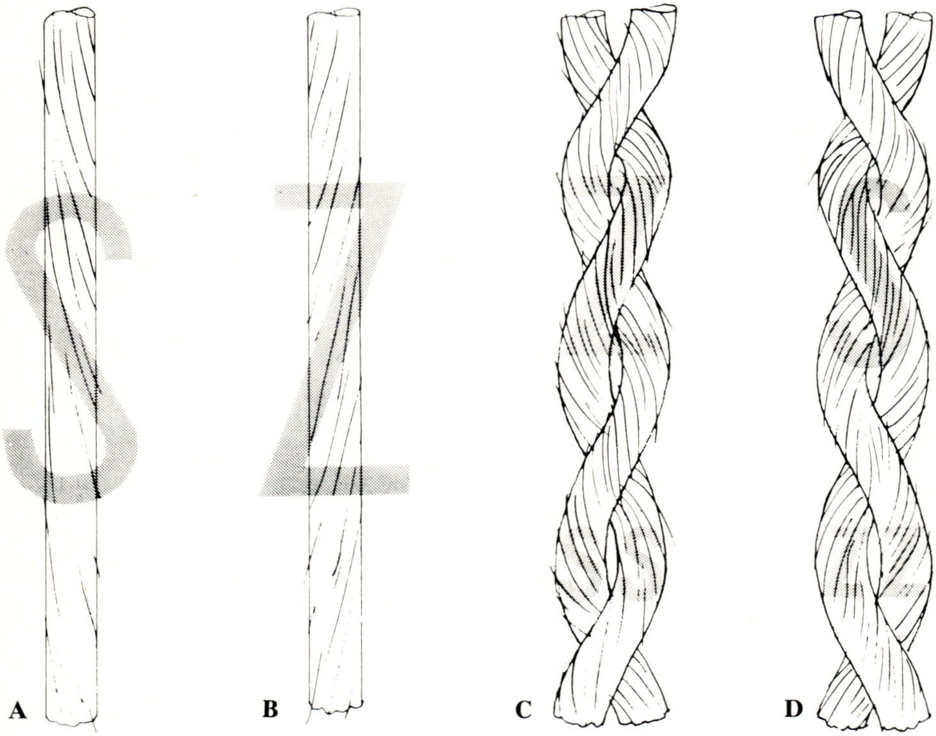

Abb. 50 *Drehungen*

A *Drehen Sie das Schwungrad gegen den Uhrzeigersinn, um diese S-Drehung zu spinnen.*

B *Drehen Sie das Schwungrad im Uhrzeigersinn, um diese Z-Drehung zu spinnen (die übliche Drehung für Einfachgarne).*

C *Hier werden zwei Einfachgarne mit S-Drehung zusammen in einer Z-Drehung gezwirnt.*

D *Hier werden zwei Einfachgarne mit Z-Drehung zusammen in einer S-Drehung gezwirnt.*

Effektgarne

Man kann durch Zwirnen viele Effektgarne herstellen. Das allereinfachste darunter wird aus zwei verschiedenfarbigen Einfachgarnen gezwirnt. Für die Herstellung von einem Garn mit Bouclé-Schlingen müssen Sie in jeder Hand ein Einfachgarn halten. Die Schlinge entsteht, wenn Sie ein Garn lockerer halten und dieses rasch vor und zurück bewegen. Wenn dieses Garn mehr Drall hat als das andere, ist die Schlinge einfacher herzustellen. Wenn Sie mit zwei Farben arbeiten, können Sie die Schlingen entweder in beiden Farben oder in einer Farbe gestalten.

Dochtgarn ist eine weitere Zwirnsorte. Um es herzustellen, halten Sie eins der Einfachgarne straff (meistens in der linken Hand) und das andere Garn etwas lockerer in der rechten Hand. Beim Zwirnen wickelt sich das locker gehaltene Garn um das andere. Der Drall im straffen Garn wird dabei erheblich vermindert, weshalb sich diese Methode gut eignet, stark überdrehtes Garn aufzubrauchen. Tatsächlich geht soviel Drall verloren, daß das umwickelte Garn geschwächt wird (falls es vorher nicht überdreht war). Manche Spinner gehen dazu über, gekauftes Garn als Zusatz zum umwickelten Garn zu zwirnen, um es zu verstärken. Diese »Umwickel«-Methode kann vielfältig variiert werden, um weitere ungewöhnliche Effektgarne herzustellen. Viele andere Effektgarne können durch Zwirnen entstehen, unter anderem »Katzenschnurrhaar-Büschel«, die durch Einsetzen von kurzen Wollschnipseln in den erwünschten Abständen zwischen den Fäden des Zwirns entstehen.

Abb. 51 *Zwirnen am Großen Schwungrad »Sarah« mit zwei Wickelhaspeln an der Nabe und einer Öse am Grundgestell.*

Strecken

Mehrfachgarn wie Einfachgarn läßt sich viel leichter verwenden, wenn es gewaschen und gestreckt worden ist. Vom Strecken müssen einige Sorten ausgenommen werden, wie z. B. zwei gezwirnte Dick-Dünn-Garne, bei denen das Strecken das lockere, flockige Aussehen der dicken Stellen etwas vermindert.

Pläne zur Herstellung eines Streckers

Material

Nr.	Bezeichnung	Menge	Material	Länge
1	Ende	2	2,0 cm x 35,6 cm Sperrholz	38,4 cm
2	Abstandstück	2	0,6 cm x 15,2 cm Sperrholz	
3	Strecker	6	2,5 cm x 3,8 cm Tannen- oder Kiefernholz	63,5 cm
4	Nabe	2	3,2 cm x 10,2 cm Tanne oder Kiefer	15,2 cm
5	Kurbel	1	3,2 cm x 7,6 cm Ahornholz	19,1 cm
6	Kurbelgriff	1	2,0 cm ∅ Rundholz, Ahorn	11,4 cm
7	Achse	1	2,5 cm ∅ Stahlrohr	74,3 cm
8	Riegel	3	0,6 cm starker Stahl mit Unterlagsscheiben	8,9 cm
9	Schrauben	12	8 mm ∅ Stahlschrauben	5,0 cm
10	Gestell		3,2 cm x 10,2 cm Tanne oder Kiefer	
11	Füße des Gestells	2	6,4 cm x 6,4 cm Tanne oder Kiefer	8,9 cm

Um dieses Gerät als Schärrahmen für einen kurzen Kettfaden zu verwenden, machen Sie das Gestell 8 cm höher; bohren Sie Löcher für die Rundhölzer an jedem Ende des Schärrahmens, und setzen Sie Rundhölzer von 8 cm Länge ein.

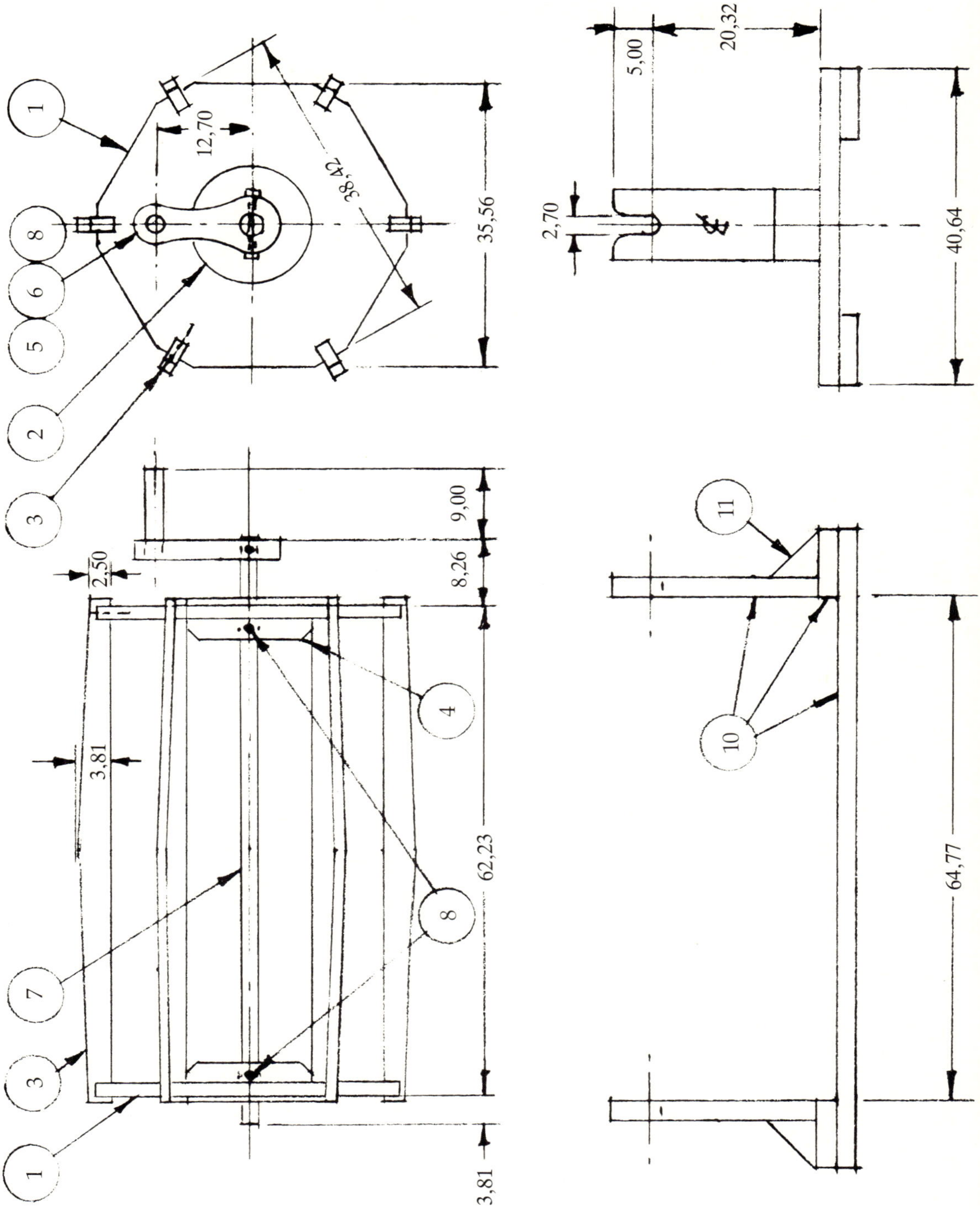

Abb. 52 *Garnstrecker*

Spinnen lernen am Großen Schwungrad

Das Große Schwungrad oder Wollrad wurde nach der Spindel und vor dem »Spinnrad mit Flügel und Trittplatte« erfunden. Der Anfänger heute lernt sehr wahrscheinlich am Spinnrad mit einer Trittplatte, aber immer mehr Leute interessieren sich für die Großen Schwungräder. Die ersten Großen Schwungräder wurden direkt angetrieben, das heißt, daß die Antriebsschnur vom Schwungrad die Scheibe an der Spindel dreht. Spinnräder dieser Art werden in den Appalachen und den Kentucky Mountains immer noch benutzt. Pläne zur Herstellung eines sehr einfachen, direkt angetriebenen Spinnrads finden Sie im Kapitel »Herstellung eines Spinnrads«.

Der kleine oder verzahnte Spinnkopf (nach seinem Erfinder »Minor's Head« benannt und um 1810 patentiert) ermöglichte schnelleres Spinnen mit weniger Anstrengung. Er hatte ein Beschleunigungsrad zwischen dem Schwungrad und der Spindel und wurde so beliebt, daß dieser Spinnkopf in Fabriken hergestellt und um 1860 bis 1875 überall auf dem Lande verkauft wurde. Der Spinnvorgang ist gleich, ob mit direktem Antrieb oder mit Beschleunigungsrad. Sind Sie noch Anfänger, bietet jedoch der direkte Antrieb einige Vorteile. Es ist schwierig, das Beschleunigungsrad langsamer zu stellen und dabei noch Rhythmus und Koordination beizubehalten.

Spinnen mit direktem Antrieb

Um mit direktem Antrieb zu spinnen, legen Sie die lange Antriebsschnur um das Schwungrad und um die Scheibe, welche die Spindel direkt antreibt. Falls Sie einen kleinen Spinnkopf haben, läßt sich die kurze Antriebsschnur zwischen dem Beschleunigungsrad und der Spule wahrscheinlich lösen, damit die Hauptantriebsschnur auf die Spindelscheibe gelegt werden kann. Für den Anfangsfaden befestigen Sie das Ende eines 60 cm langen Garns (gekauft oder handgesponnen) an dem Ende des Spinnstocks. Halten Sie das Garn im Winkel von 45° zur Spindel und drehen Sie das Schwungrad langsam im Uhrzeigersinn. Der Anfangsfaden wickelt sich spiralförmig um den Spinnstock, und ein Drall entsteht, wenn der Faden von der Spitze des Spinnstocks rutscht.

Falls die Antriebsschnur vom Schwungrad fällt, ist es entweder verzogen oder steht nicht im richtigen Winkel zum Spinnkopf. Das kann behoben werden, indem man die Radstütze dreht, um Schwungrad und Spindelscheibe in eine Linie zu bringen. Die meisten Großen Schwungräder haben mehrere Rillen an der Spindelscheibe. Die Rille, die mit dem Schwungrad in einer Linie steht, ist nicht unbedingt die gleiche, mit der die kleine Antriebsschnur mit dem Beschleunigungsrad verbunden wird.

Die Hersteller des Großen Schwungrads (Seite 68) empfehlen Anfängern, zunächst gekaufte Rohwolle zu verwenden, da man schneller lernt, wenn die Fasern gut vorbereitet und leicht zu verspinnen sind. Nehmen Sie von kardätschter Rohwolle ein Faserbüschel von ca. 10 cm Länge und legen Sie es im rechten Winkel um den Anfangsfaden. Sie können das auch mit gut kardätschter Wolle von der Trommelkarde

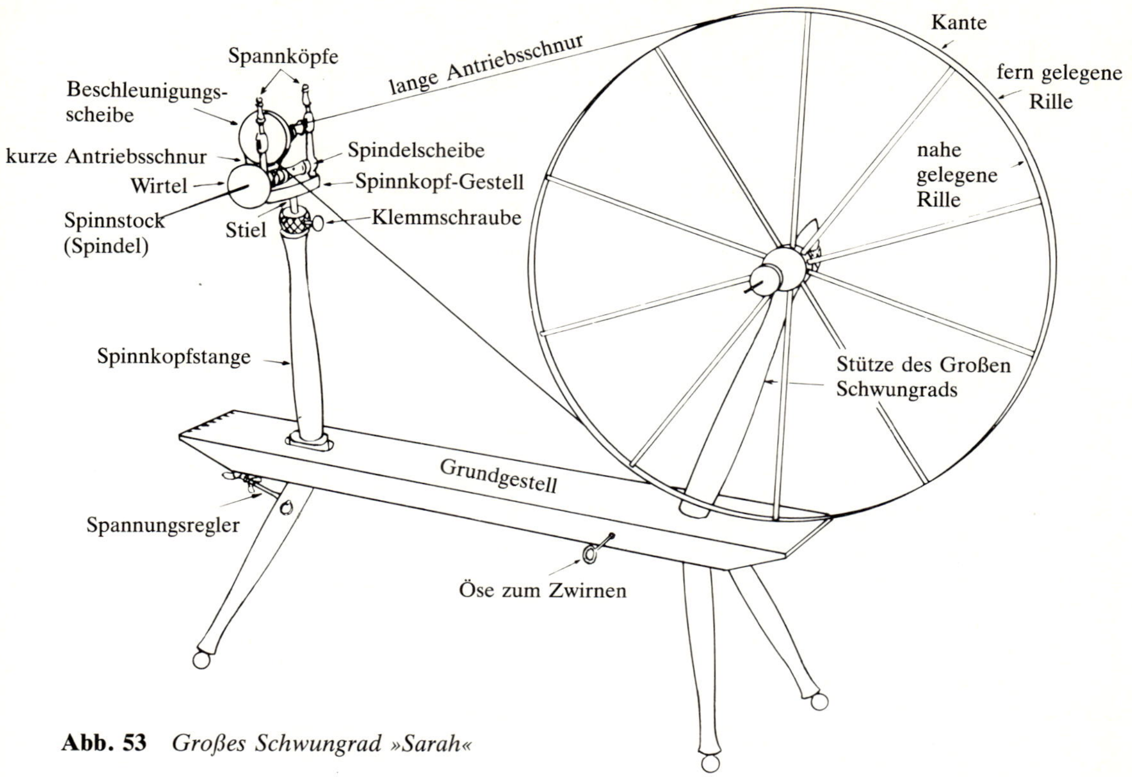

Abb. 53 *Großes Schwungrad »Sarah«*

machen. Halten Sie die Handvoll Fasern im Winkel von 45° zur Spindel. Drehen Sie das Schwungrad um etwa eine halbe Umdrehung im Uhrzeigersinn, damit Anfangsfaden und Fasern sich miteinander verbinden. Ziehen Sie die Hand vor dem Drall zurück, halten Sie die Wolle dabei nicht zu fest. Drehen Sie das Rad nochmals um eine viertel oder halbe Umdrehung und führen Sie dabei die Hand zurück, während der Drall die Fasern zu Garn zieht.

Drall

Wenn Sie auf diese Weise ca. 90 cm Garn gesponnen haben, prüfen Sie, wie stark es gedreht ist. Hat es zu wenig Drall, können Sie das Rad noch etwas drehen, ohne dabei mehr Garn auszuziehen. Diese Methode, den Drall ins Garn zu übertragen, nennt man *Spinnen am Kopf.* Sie ist dann nicht notwendig, wenn Sie mehr Erfahrung haben. Ist das Garn jedoch überdreht, drehen Sie das Schwungrad etwas zurück, um damit einen Teil des Dralls auszugleichen, oder ziehen Sie einige Zentimeter mehr Fasern aus, damit der überflüssige Drall darin aufgenommen wird.

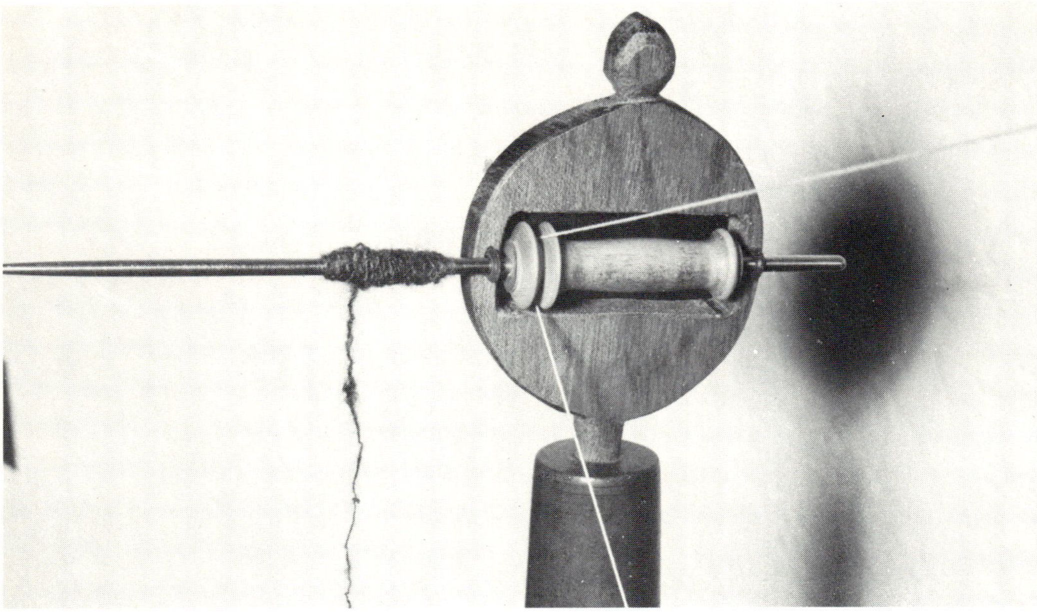

Abb. 54 *Direkt angetriebener Spinnkopf*

Abb. 55 *Kleiner oder verzahnter Spinnkopf*

Abb. 56 *Direkter Antrieb auf einem antiken Spinnrad mit kleinem Spinnkopf*

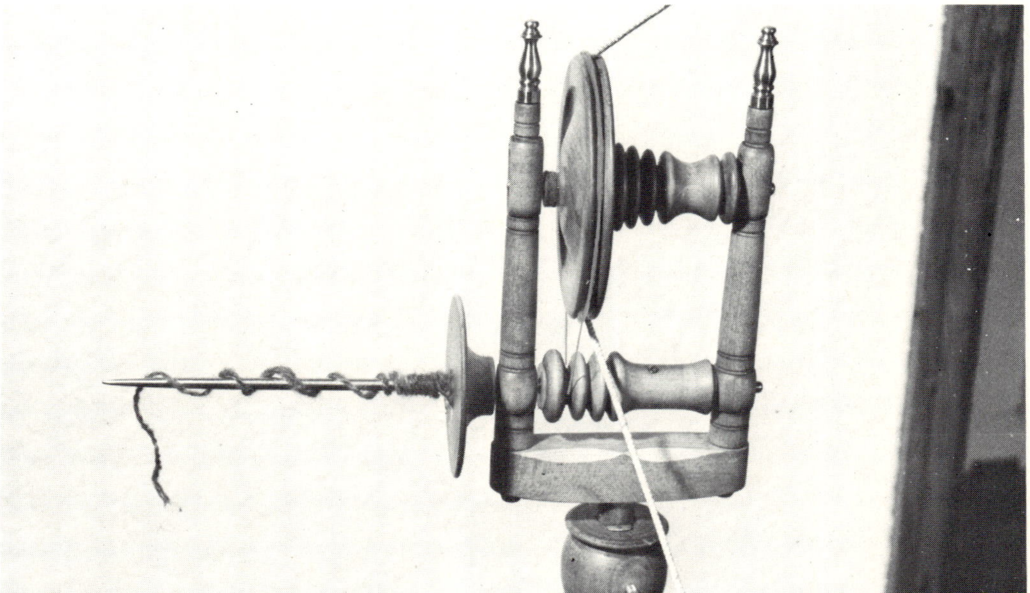

Abb. 57 *Beim Großen Schwungrad »Sarah« kann man zu direktem Antrieb übergehen, ohne den kleinen Spinnkopf abzumontieren, um die Antriebsschnur auf die Spindelscheibe zu legen. Da das Beschleunigungsrad zweifache Scheibenrillen mit großem Durchmesser hat, braucht man nur die lange Antriebsschnur zu lockern und auf die große Scheibe zu legen. Diese befindet sich direkt neben der großen Scheibe, welche die kurze Antriebsschnur hält, die mit der Spindel verbunden ist.*

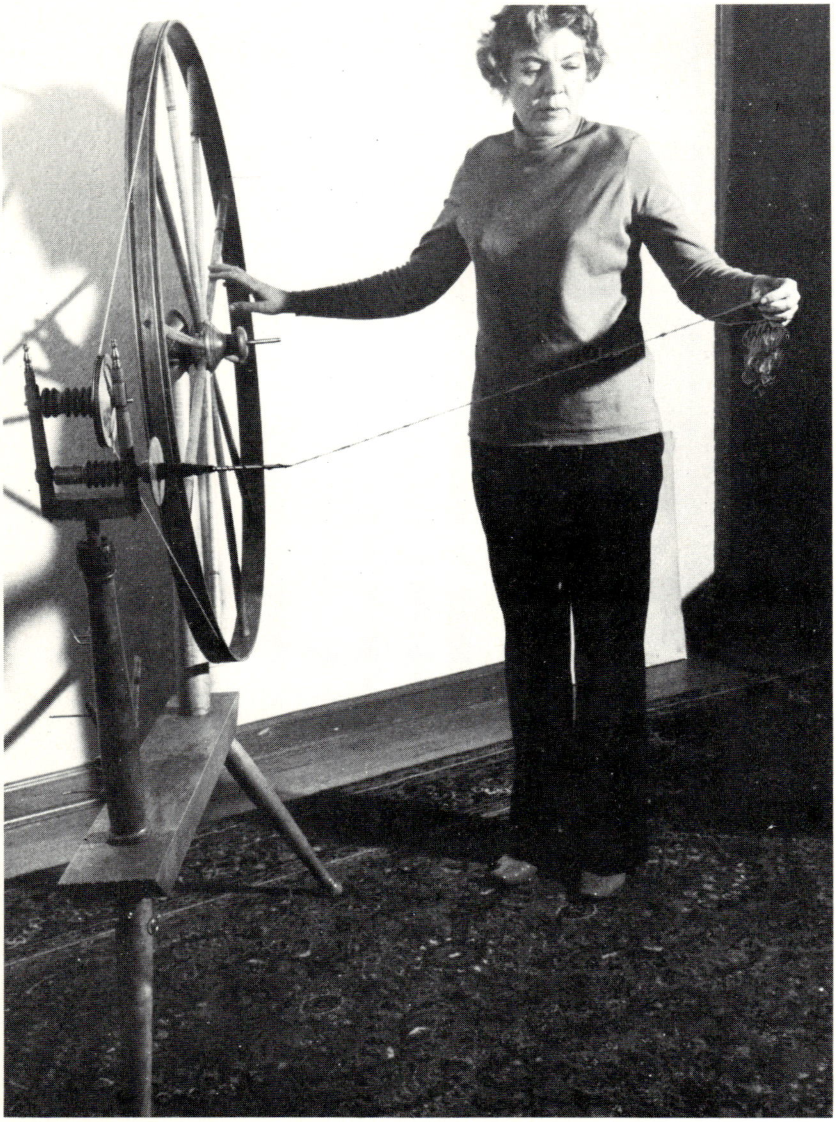

Abb. 58 *Spinnen im Winkel von 45° zur Spindel*

Aufwickeln

Das gesponnene Garn wird nun auf die Spindel gewickelt. Drehen Sie das Schwungrad gerade so weit zurück, um das Garn von der Spitze des Spinnstocks nehmen zu können. Bei direktem Antrieb müssen Sie das Schwungrad dazu etwas weiter zurückdrehen. Wenn die Spitze frei ist, bringen Sie die Hand nah an die Nabe des Schwungrads (mit dem Garn im rechten Winkel zur Spindel) und wickeln Sie das Garn auf den Spinnstock, indem Sie das Rad wieder im Uhrzeigersinn drehen. Das Garn sollte nah am Wirtel gewickelt werden und langsam eine Kegelform bilden, mit dem breiten Ende am Wirtel. Lassen Sie genug

Garn für eine Spirale zur Spitze des Spinnstocks und zusätzlich ca. 15 cm übrig. Die Hand mit der Wolle geht in die Stellung von 45° zur Spindel zurück und zieht die Fasern zu Garn aus, während Sie das Schwungrad langsam im Uhrzeigersinn drehen. Mehr Erfahrung führt zu gleichmäßigerem Ablauf.
Wenn Sie fast alle Fasern in Ihrer Hand versponnen haben, legen Sie ein neues Büschel um die ungesponnenen Fasern und beginnen Sie von neuem. Ein Großes Schwungrad erfordert besser vorbereitete Fasern als Spinnräder mit Fußantrieb. Das liegt teilweise daran, daß Sie das Garn nur mit einer Hand ausziehen und daß die Spindel keinen Widerstand leistet. Das Garn muß so leicht ausgezogen werden, daß Sie nicht gegen die Spindelspitze ziehen.

Spinnen mit dem kleinen Spinnkopf

Um diesen Spinnkopf zu benutzen, legen Sie die lange Antriebsschnur auf eine der kleinen Scheiben an der Achse des Beschleunigungsrades und die kurze Antriebsschnur auf die große Scheibe sowie auf die darunter liegende Spindelscheibe. Dieser Antrieb unterscheidet sich vom direkten Antrieb hauptsächlich darin, daß sich dabei die Spindel etwa fünfmal so oft wie das Beschleunigungsrad dreht. (Die genaue Übersetzung ist bei den verschiedenen Spinnrädern unterschiedlich.) Sie müssen das Schwungrad also langsamer drehen als bei einem Direktangetriebenen, es sei denn, daß Sie das Garn viel schneller ausziehen.
Wie beim direkt angetriebenen Spinnrad drehen Sie das Schwungrad im Uhrzeigersinn und ziehen das Garn im Winkel von 45° zur Spindel aus. (Wenn der ganze kleine Spinnkopf in einem etwas größeren Winkel als 90° zum Schwungrad steht, können Sie innerhalb eines etwas größeren Winkels arbeiten.)
Bevor Sie das Garn aufwickeln, drehen Sie das Schwungrad in umgekehrte Richtung so weit, daß das Garn von der Spitze des Spinnstocks abgewickelt ist. So läßt sich das Garn leicht zum Wirtel hin aufwickeln.

Abb. 59 *Garn aufwickeln. Die Hand befindet sich in der Nähe von der Nabe, und das Garn ist im rechten Winkel zur Spindel.*

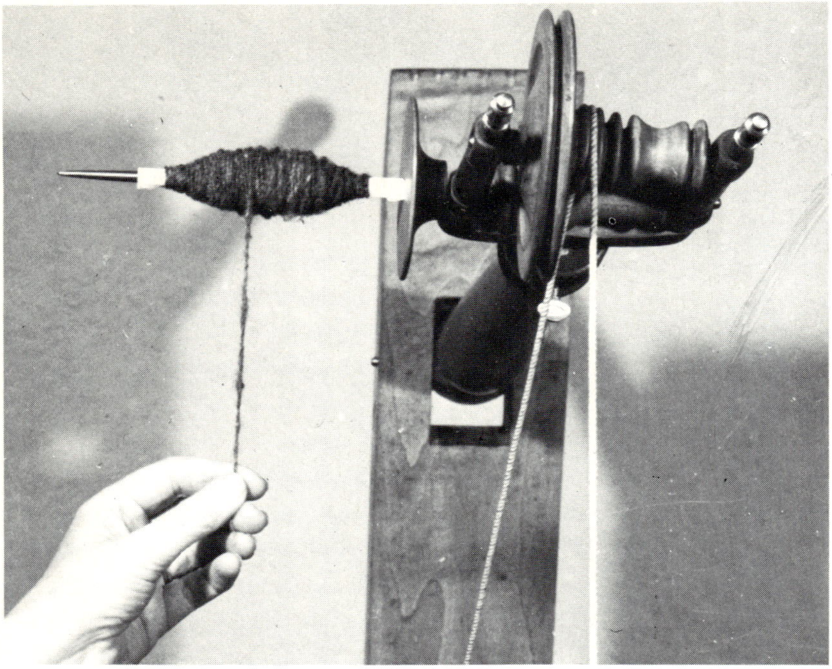

Haben Sie das Spinnen mit einem direkt angetriebenen Großen Schwungrad gelernt, werden Sie wahrscheinlich nur Schwierigkeiten haben, das Schwungrad in umgekehrte Richtung zu drehen, um die Spitze des Spinnstocks freizulegen. Hierbei ist es wichtig, nicht zu weit zurückzudrehen. Da der kleine Spinnkopf schneller und leistungsfähiger ist, können Sie feines Garn einfacher spinnen (das mehr Drall benötigt) als mit direktem Antrieb. Die meisten Leute wissen nicht, daß ein geübter Handspinner am Großen Schwungrad mit kleinem Spinnkopf genausoviel gutes, feines Garn spinnen kann wie an einem Spinnrad mit Tretantrieb. Denn die Qualität des Garns hängt genauso von der Qualität und von der Vorbereitung des Vlieses ab.

Wollvorbereitung

Kurzes, geöltes, an der Trommelkarde zweifach kardätschtes Vlies läßt sich gut zu feinem Garn verarbeiten. Ebenso auch kurze oder mittlere Fasern in sehr gutem Zustand, die man sanft wäscht, ölt und mit der Handkratze trennt. Die besten Teile von jedem seidenweichen, offenen Vlies können meist im vollen Fett versponnen werden. Wenn nötig, werden die Faserspitzen mit der Handkratze getrennt. Außerordentlich lange Wollfasern müssen für das Große Schwungrad besonders gut vorbereitet werden. Leichte, lockere Kardzüge, oder flache Wollpelze, von den Handkarden abgezogen, lassen sich besser als dichte, gut gerollte Kardzüge verspinnen. Wenn Sie jeweils nur kleine Wollmengen mit Aufwärtsbewegungen kardätschen und die kardätschten Pelze nicht zusammenrollen, erhalten Sie bessere Ergebnisse. Dies ist die »flockige Wolke«-Methode (siehe Kapitel »Kardätschen von Hand«).
Die Gleichmäßigkeit von Stärke und Drall des Garns ist von der Koordination von Schwungrad- und Auszuggeschwindigkeit abhängig, aber auch von der Länge des Auszugs im Verhältnis zur Schwungradumdrehung. Mit der Zeit werden Sie einen Rhythmus entwickeln, der Ihnen hilft, das Drehen des Schwungrads mit der Länge des Auszugs zu koordinieren, indem Sie beim Ausziehen zwei oder drei Schritte zurück und beim Aufwickeln zwei oder drei Schritte nach vorn gehen. Mir ist aufgefallen, daß ich meine Hand gewöhnlich die ganze Zeit an der gleichen Radspeiche halte, wobei ich nicht sicher bin, ob dies am Großen Schwungrad üblich ist.

Abb. 60 (oben) *Elliptische Form auf einem Papierröllchen aufgewickelt (von oben). Zur Lagerung oder als Webspule zu benutzen; eine gute Idee für direkt angetriebene Spinnräder ohne Wirtel.*

Abb. 61 (unten) *Kegelförmig aufgewickeltes Garn am Spinnstock*

Spinnen von feinem Garn

Die Herstellung von feinem Garn ist die leichteste Methode, Spinnen zu lernen. Die meisten Spinnräder sind für feines Garn gut geeignet, besonders die Nachbildungen alter Räder. Auch wenn sie keinen guten Spannungsregler haben, oder für grobes Garn nicht stabil genug sind, kann man mit ihnen feines Garn spinnen. Auch wenn das Scheibenverhältnis bei vielen Spinnrädern für grobes Garn zu niedrig ist, kann man leichtes, feines Garn spinnen, besonders aus kurzen Fasern.

Berührungspunkt-Methode

Weil sie schnell ist und Garnüberdrehungen verhindert, ist die Berührungspunkt-Methode, eine Variante des langen Auszugs, sehr nützlich. Es ist eine Spinnmethode, die sich praktisch mit einer Hand machen läßt. Dazu müssen die Fasern locker mit der hinteren Hand gehalten werden. Die andere Hand ist frei, um neue Wolle zu holen, oder um mehr Spannung für einen verlängerten Auszug zu ermöglichen, wenn Verdickungen oder Wollklumpen im Vorgarn erscheinen.

Bei dieser Methode zieht der Drall, der vom Schwungrad kommt, die Wolle aus dem Vorgespinst heraus. Dabei ziehen Sie die vordere Hand zurück, kurz bevor der Drall in die Fasern übergeht. Der Drall läuft fast bis zu den Fingern, die das Vorgespinst halten. Der Zug erfolgt in eine Richtung: Die Fasern werden an das Spinnrad herangezogen, während Ihre Hand dem Drall vorausläuft, ohne dabei am Garn zu ziehen.

Das daraus entstehende Garn wird schon während des Auszugs aus dem Vorgespinst weitgehend gesponnen. Im Idealfall braucht es nicht weiter verzogen zu werden. So gesponnenes Garn ist weniger elastisch und ist wenigstens theoretisch für Kettfäden nicht ganz so geeignet wie ein Garn, das gleichzeitig gedreht und ausgezogen wird (da hier Zug von beiden Enden aus auf die Fasern ausgeübt wird).

Als reine Technik läßt sich diese Methode nur bei Wolle mit kurzem oder mittellangem Stapel anwenden. Auch bei Wolle mit mittellangem Stapel ist es manchmal nötig, einen gewissen Auszug mit beiden Händen vorzunehmen. Halten Sie das Garn mit der vorderen Hand fest. Gegen den spürbaren Widerstand dieser Hand kann das Garn zu der entsprechenden Stärke gezogen werden.

Möglicherweise erweist es sich als nützlich, die Fasern in der aufwärts gedrehten Handfläche zu halten, wobei der Zeigefinger auf die sich drehenden Fasern deutet. Der Drall sollte von der Einlaßöffnung fast bis an die Spitze Ihres Zeigefingers reichen. Wenn der Drall nicht ausreichend ist, haften die zu wenig gedrehten Fasern nicht gut aneinander, und das Garn reißt. Geht der Drall an ihren Fingerspitzen vorbei bis in die gehaltenen Fasern hinein, können Sie das Garn nicht mehr ausziehen. Sie müssen dann langsamer treten und die Hand schnell nach hinten ziehen, um so den überschüssigen Drall aufzufangen.

Häufig wird das Garn bei schnellerem Spinnen zunehmend feiner (und diese Methode eignet sich gut für

Abb. 62 *Spinnen von feinem Garn*

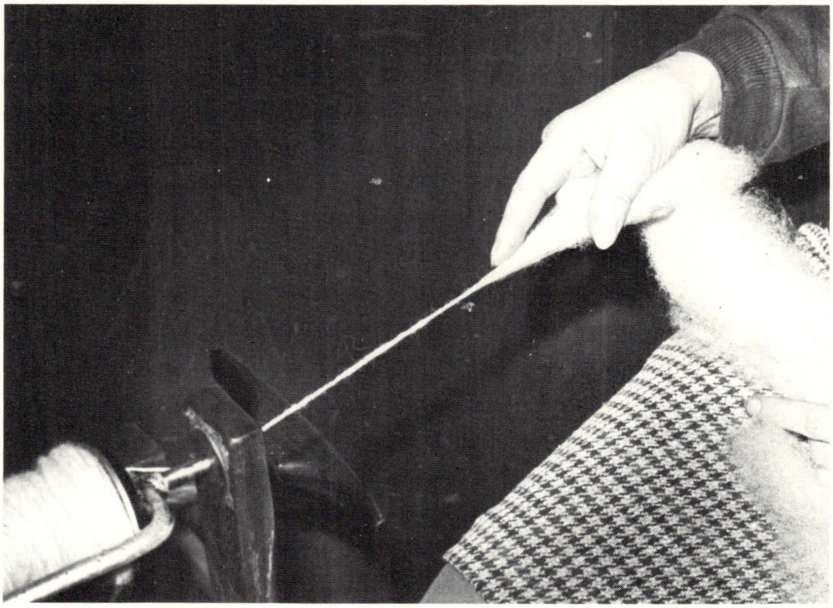

Abb. 63 *Bei der »Berührungspunkt-Methode« reicht der Drall im Garn fast bis zur Spitze des Zeigefingers. Beachten Sie das Faserdreieck (innerhalb der Hand), das vom Drall ausgezogen wird.*

schnelles Spinnen); wenn das passiert, treten Sie langsamer und spannen die Antriebsschnur etwas fester. Der Druck Ihrer Hand auf die leicht gehaltenen Fasern, die Geschwindigkeit des Tretens und die Spannung der Antriebsschnur sind die wichtigsten Faktoren zur Kontrolle der Garnstärke. Wer es damit probiert, wird die gewünschte Gleichmäßigkeit erhalten.

Feines Garn am Großen Schwungrad

Die Berührungspunkt-Methode ist eine gute Vorbereitung für das Arbeiten am Großen Schwungrad (siehe Kapitel »Spinnenlernen am Großen Schwungrad«), bei der eine Hand das Schwungrad dreht, während die andere spinnt. Beim Flügelspinnrad macht es nichts aus, wenn Sie von der Methode einmal abweichen und gegen den Zug ziehen, der durch den Drall des Schwungrads entsteht. Mit dem Großen Schwungrad ist eine noch leichtere Berührung nötig, da Sie beim langen Auszug immer knapp vor dem Drall bleiben müssen, um nicht an der Spitze des Spinnrads zu ziehen. Obwohl es möglich ist, am Großen Schwungrad Garne von fast jeder Stärke zu spinnen, eignet es sich am besten für feine Garnsorten, weil die hierfür nötige, lockere Handhabung am vorteilhaftesten ausgenutzt wird. Die Geschwindigkeit des kleinen Spinnkopfs erzeugt schnell den nötigen Drall. Da das Große Schwungrad (im Gegensatz zum Flügelrad) keinen Zug ausübt, werden auch die feinsten Garne nicht zu stark beansprucht.

Drall und überdrehtes Garn

Um ein möglichst stabiles Garn aus kurzstapeliger Wolle zu spinnen, ist mehr Drall nötig. Feines Garn braucht ebenfalls mehr Drall und außerdem ist der Winkel der Drehung wesentlich spitzer. Jede Garnüberdrehung (d. h. mehr Drall als für ein möglichst festes Garn nötig ist) schwächt das Garn ständig, weil die Fasern so gespannt werden, daß es reißt. Die Fasern der überdrehten Stellen in feinem Garn sind nicht kräftiger als die normal gedrehten, da sie durch den sehr spitzen Winkel der Drehung außerordentlich brüchig, knotig und hart sind.

Spannung der Antriebsschnur

Für ein weich gedrehtes, feines Garn muß die Antriebsschnur lockerer gespannt sein als für ein fest gedrehtes, das Sie beispielsweise als Kettgarn verwenden könnten. Wenn die Antriebsschnur zu fest ist, müssen Sie mehr Drall in die Fasern übergehen lassen, da das Garn sonst durch den starken Zug der Schwungradspannung reißt. Eine mit Wachs oder Harz behandelte Antriebsschnur könnte den Antrieb zu unnachgiebig gestalten, um ein weiches, feines Garn zu spinnen. Viele Spinner benutzen Wachs beim Spinnen von mittleren oder groben Garnsorten oder bei der Herstellung von feinem Garn mit festem Drall. Durch Wachsen wird die Antriebsschnur auch haltbarer.

Ich persönlich verwende eine sehr weiche Antriebsschnur aus schwerer Baumwolle, die so gut zieht wie eine gewachste Schnur, ohne dabei die Scheiben zu verkleben. Am Anfang und Schluß des Spinnvorgangs spricht die Schnur schnell an, zieht gleichmäßig, gleitet um die Spulenscheibe wie gewünscht, aber sie wird ziemlich schnell abgenutzt.

Zweifädiger Antrieb: Scheibenverhältnis

Die meisten zweifädig angetriebenen Spinnräder haben mindestens eine Spulenscheibe und zwei oder mehr Rillen in der Schnurscheibe. Um grobes Garn zu spinnen, benutzen Sie die größte Schnurscheibe zusammen mit der kleinsten Rille der Spulenscheibe; für feineres Garn jedoch ein geringeres Verhältnis. Um feines Garn herzustellen, ist mehr Drall nötig, und der Zug auf das Garn sollte sanfter sein. Wenn Sie also zwischen mehreren Spulen- und Schnurscheiben wählen können, probieren Sie die verschiedenen Scheibenkombinationen aus, um zu sehen, welche Ihnen am meisten zusagt. Dabei kann die Geschwindigkeit, mit der Sie spinnen, eine Rolle spielen.

Um feines Garn schnell zu spinnen, ist mir die Verbindung der größten Schnurscheibe mit der kleinsten Rille der Spulenscheibe am liebsten (das ergibt ein Verhältnis von etwa 2 : 1). Das Garn wird zügig aufgewickelt. Ich spanne die Antriebsschnur für feines Garn viel lockerer, damit die Fasern schnell, aber trotzdem sanft aufgewickelt werden.

Einfädiger Antrieb: Spannung

Das Zusammenwirken von Antriebsschnur- und Bremsspannung läßt sich für das Spinnen von feinem Garn leicht einstellen, wenn beide anfangs sehr locker sind. Stellen Sie zuerst die Spannung der Antriebsschnur ein und dann die der Bremse. Stellen Sie aber jeweils nur millimeterweise ein, bis Sie die richtige Spannung erreicht haben. Bei einfädigem Antrieb über die Spule ist eine Bremse nicht immer notwendig. Dieses System eignet sich jedoch nicht so sehr für feines Garn. Auch mit einem für hohe Geschwindigkeit konstruierten Spinnrad können sie den Vorgang bei diesem System nicht so fein regulieren, wie es hierfür nötig wäre.

Vorbereitung von langen Fasern für feines Garn

Ein feines Garn aus langen Fasern zu spinnen, stellt andere Probleme. Das ist abhängig von der Art des Kardätschens oder des Kämmens. Gerollte Kardzüge eignen sich am wenigsten dazu. Die Wolle läßt sich leichter verspinnen, wenn Sie sie mit Handkarden kardätschen und eher von Hand als mit der Karde abziehen: Heben Sie die Wolle ab und spinnen Sie von der Ecke des Pelzes aus. Kardätschte Wollstreifen von der Trommelkarde sind einfacher zu verspinnen. Wenn die langen Fasern vor dem Kardätschen gründlich auseinandergezogen werden, lassen sie sich zu einem Streichgarn (im Gegensatz zum Kammgarn) verspinnen, obwohl mehrere der langen Wollfasern beim Kardätschen geradegezogen werden. Bei Kammgarnsorten liegen die meisten Fasern parallel nach dem Kardätschen oder Kämmen und auch noch nach dem Spinnen. In einem Streichgarn kreuzen sich die Wollfasern. Um einen Kammgarneffekt zu erhalten, können die nicht verfilzten oder verknoteten Wollfasern der Länge nach in die Trommelkarde eingeführt werden, damit sie sich nicht vermischen, sondern nach dem Kardätschen immer noch parallel zueinander liegen.

Man kann diesen Effekt auch anders erreichen, z. B. mit der Handkratze (im Kapitel »Kardätschen von Hand« beschrieben) oder, wenn man Locken von guter Schweißwolle mit der Kammkarde kämmt, zu kleinen Streifen zieht und das Garn direkt daraus spinnt. Man kann gekämmte Locken zusammenlegen und aus der Mitte heraus verspinnen. Wenn ein Vorrat an schöner, langer Wolle vorhanden ist, sollten Sie mit verschiedenen Methoden experimentieren. Auch bei auseinandergezogenen Wollfasern erreicht man einen Kammeffekt, wenn die langen, kardätschten Fasern geschickt verzogen sind, so daß die meisten Fasern nur mit den Händen parallel ausgerichtet werden. Man muß die Hände dabei weit voneinander halten, um ein langes Vorgarn zu erhalten.

Spinnen von feinem Garn aus langfaseriger Wolle

Mit dem langen Auszug kann man die Stärke und Struktur von langfaseriger Wolle gut regulieren. Solange die gewünschte Stärke noch nicht ganz erreicht ist, darf nicht so viel Drall in die Wolle übergehen. Dadurch wird nämlich die Stärke des Garns festgelegt, so daß es nicht weiter verzogen werden kann. Der Drall, der vom Spinnrad erzeugt wird, reicht nicht unbedingt, um lange Fasern genügend zu drehen. Man muß ihn oft mit der vorderen Hand festhalten und gegen diese Hand ziehen, um die teilweise versponnenen Fasern zur gewünschten Stärke ausziehen zu können. Überdrehtes Garn wird auch reguliert, indem der Drall zurückgehalten wird, damit zusätzlicher Drall über eine weitere Garnlänge ausgezogen und somit ausgeglichen werden kann.

Hier wird die Spinnmethode von der Faserlänge und der erwünschten Garnsorte bestimmt. Achten Sie darauf, daß Sie die Hände beim Spinnen weit auseinander halten, sonst lassen sich die ungesponnenen Fasern nicht gut ausziehen. Sind die Hände beim Spinnen zu nah beieinander, kann es vorkommen, daß Sie oft an beiden Enden einzelner, langer Fasern ziehen, die infolgedessen nicht ausziehbar sind. Die Wolle soll schon vor dem Kardätschen und Spinnen gut geölt sein, damit man gründlich kardätschen und das Gleiten der Fasern besser regulieren kann, so daß das Garn nicht sprunghaft aufgewickelt wird. Ein wasserlösliches Öl vereinfacht den Auszug und das Regulieren von Ungleichmäßigkeiten oder Verdikkungen, wenn ein besonders gleichmäßig gesponnenes Garn (wie beispielsweise für feine Kettfäden) erwünscht ist.

Spinnen von grobem Garn

Das Spinnen von gröberem Garn hängt in erster Linie vom Spinnrad ab. Sie benötigen ein stabiles Spinnrad, weil die feste Spannung der Antriebsschnur, die hier notwendig ist, ein zerbrechliches Spinnrad belastet. Ein leichtes Spinnrad kann auf eine Gummimatte gestellt werden, die den Stoß des kräftigen Tretens etwas mildert und verhindert, daß ihnen das Rad beim Spinnen wegrutscht. Die Spule muß natürlich geölt werden und muß sich an der Achse des Spinnflügels frei drehen. Sonst stellt der Spinnflügel zuviel Drall her, und die Spule wickelt das Garn nicht gut auf.

Antriebsschnur

Eine weiche Antriebsschnur aus schwerer Baumwolle zieht gut und spricht schnell an. Abhängig von der Größe der Scheibenrillen können Sie eine Schnur aus Zwölf- bis Zwanzigfachgarn dafür nehmen. (Siehe Überlappen, Splissen und Montage der Antriebsschnur im Kapitel »Arbeiten mit dem Spinnrad«.) Wenn eine Antriebsschnur von 280 bis 335 cm Länge auf Ihr Spinnrad paßt, könnten Sie den Riemen von einer Zahnbohrmaschine verwenden, der etwas härter, aber gut zu regulieren ist und fast ein Leben lang hält. Diese Riemen gibt es in verschiedenen Größen. Sie eignen sich besonders gut für das Spinnen von grobem und von langfaserigem Garn. Da der Riemen endlos ist, läßt er sich nur auf zerlegbare Spinnräder montieren. Eine Antriebsschnur aus Wolle ist unpraktisch, weil sie auf Temperaturwechsel und Feuchtigkeit zu empfindlich reagiert.

Einlaßöffnung

Die Einlaßöffnung muß groß genug sein, um das Garn hindurch zu lassen. Eine geläufige Öffnungsgröße ist 1 cm, was für ziemlich grobes Garn (ca. 24,5 m pro 50 g) reicht, solange es nicht überdreht ist. Dann passen die verknoteten Stellen starker Überdrehung nicht hindurch. Um ein gröberes Garn zu spinnen, ist im allgemeinen eine Einlaßöffnung von 13 mm bis 16 mm geeigneter.

Zweifädiger Antrieb: Scheibenverhältnis

Wenn das Spinnrad auch mit sehr fest gespannter Antriebsschnur nicht gut genug zieht, um grobes Garn zu spinnen, könnte das Verhältnis zwischen den Schnur- und Spulenscheiben zu gering sein. Je größer das Scheibenverhältnis, um so stärker der Zug, mit dem die Spule das Garn aufwickelt. Wenn die Antriebsschnur jedoch schon über die größte Schnur- und die kleinste Spulenscheibe führt, kann es sein, daß ihr Spinnrad für grobes Garn nicht gut geeignet ist. Ich habe festgestellt, daß ein Verhältnis von 2 : 1 oder mehr (d. h. die Schnurscheibe hat den zweifachen Durchmesser der Spulenscheibe) sich am besten

Abb. 64 *Die große Einlaßöffnung, die hier gezeigt wird, ist typisch für Spinnräder, die speziell für grobes Garn hergestellt werden. Bei diesem Modell ist das vordere Flügellager offen. Wenn eine Bremse am Spinnflügel benutzt wird, besteht diese meistens aus einem Band, das um die Öffnung gelegt wird.*

eignet, um gröbere Garnsorten zu spinnen, denn dabei wird weniger Drall produziert und mehr Garn aufgewickelt. Für extrem grobes Garn ist ein größeres Verhältnis noch besser geeignet.
Wenn Ihr Spinnrad mit verschieden großen Rillen an der Spulenscheibe versehen ist, könnten Sie sich überlegen, ob ein Schreiner die kleinste Rille noch kleiner macht, damit ein Verhältnis von 2 : 1 erreicht wird.

Schwungrad

Manche der Spinnräder mit einem niedrigen Scheibenverhältnis sind auch mit einem sehr großen Schwungrad ausgestattet, wodurch sich eine hohe Antriebsübersetzung ergibt. Wenn Einlaßöffnung und Scheibenverhältnis stimmen, Sie aber trotzdem Schwierigkeiten haben, liegt es wahrscheinlich daran, daß Ihr Schwungrad eine etwas zu große Antriebsübersetzung für die übliche Verwendung bei grobem Garn hat, es sei denn, die Wolle wurde sehr gut vorbereitet. Für ein Schwungrad von 50 cm Durchmesser benötigt man eine Spulenscheibe mit ca. 5 cm Durchmesser für mittleres Garn. Spinnräder, die extra für das Spinnen von sehr grobem Garn entworfen sind, haben so niedrige Antriebsübersetzungen wie 4 : 1 oder 6 : 1.

Einfädig angetriebene Spinnräder für grobes Garn

Es gibt eine Reihe von Spinnrädern, die speziell für das Spinnen von grobem Garn entworfen sind. Einige werden im Kapitel »Arbeiten mit dem Spinnrad« vorgestellt. Allen ist eine große Einlaßöffnung gemeinsam. Aber auch Spinnflügel und Spule sind groß, und das Schwungrad hat gewöhnlich einen Durchmesser von 30 bis 35 cm, wodurch sich eine niedrige Übersetzung ergibt. Die meisten haben einfädigen Antrieb über die Spule (mit Bremsvorrichtung am Spinnflügel). Für wirklich grobes Garn ist das besser geeignet als zweifädiger Antrieb. Einige Spinnradhersteller bieten einen großen Spinnkopf als Zusatzausstattung an, der für grobes Garn anstelle des normalen Spinnkopfs benutzt wird.

Zusätzlicher Drall

Im Gegensatz zum Großen Schwungrad, wo beim Aufwickeln des Garns kein zusätzlicher Drall entsteht, wird das Garn beim Flügelspinnrad immer noch gedreht, während es durch die Einlaßöffnung geführt wird. Da grobes Garn weniger Drall als feines braucht, müssen Sie diesen Zusatzdrall berücksichtigen. Ein Garn, das beim Auszug richtig gedreht zu sein scheint, wird sonst, bis es auf die Spule aufgewickelt wird, zuviel Drall haben. Ein weich gesponnenes, grobes Garn muß schon auf die Spule zugehen, bevor es den endgültigen Drall erhält.

Wollmenge

Nehmen Sie genügend kardätschte Wolle, um grobes Garn gut zu spinnen. Sie können kein Garn herstellen, das stärker ist als die ausgezogenen, gedrehten Fasern. Das ist zwar logisch, aber gerade darin besteht in vielen Fällen das Problem. Man braucht am Anfang eine Menge Rohwolle, um die Fasern zu einem groben Garn auszuziehen. Es ist einfach, ein dickes Vorgespinst aus einem Pelz herzustellen, den Sie mit der Trommelkarde kardätscht haben oder den Sie gekauft haben. Wenn Sie handkardätschte Rohwolle benutzen, versuchen Sie, wenn nötig, zwei Pelze gleichzeitig zu verspinnen.

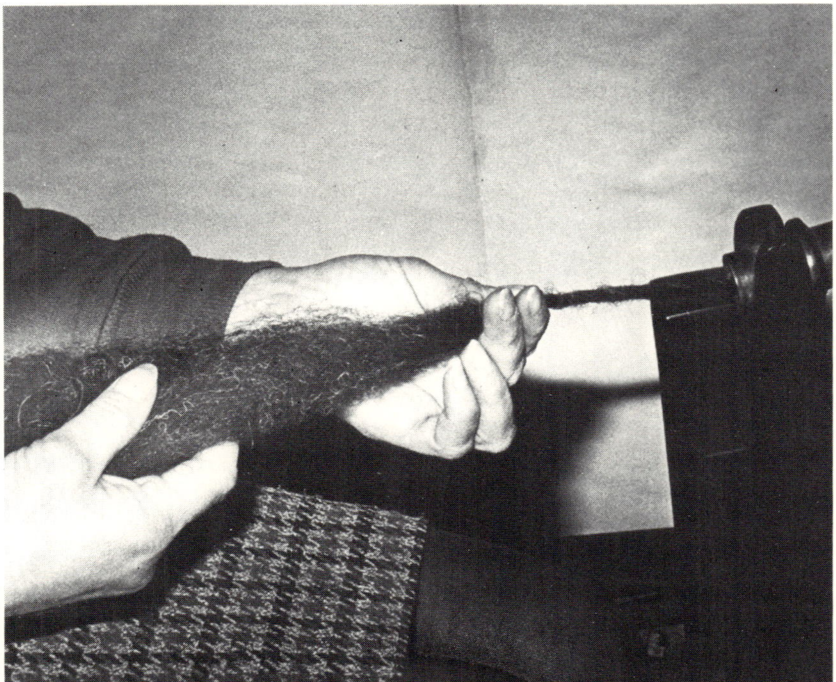

Abb. 65 *Nehmen Sie genügend Wolle, damit Sie sie gut ausziehen und dabei noch grobes Garn herstellen können.*

Ausziehen

Bei einem Spinnrad mit Großem Spinnflügel kommt man leicht in Versuchung, dem Rad einen langen Streifen kardätschter Wolle bloß zuzuführen und das Drehen und Aufwickeln dem Spinnrad zu überlassen. Obwohl dabei Garne mit ungewöhnlichen Effekten hergestellt werden können, ist es doch kein echtes, „handgesponnenes" Garn. Spinnen bedeutet die Herstellung eines Garns aus Fasern durch Ausziehen und Drehen. Die Dreh- und Aufwickelbewegung geht vom Spinnflügel und von der Spule aus, aber Sie selbst müssen die Fasern ausziehen. Wenn Sie grobes Garn ohne Auszug spinnen, können Sie die Struktur dabei nicht regulieren.

Auseinanderziehen und Kardätschen

Wie leicht Sie ein Garn spinnen und wie sehr Sie dessen Stärke und Struktur regulieren können, ist vor allem bei grobem Garn von den kardätschten Fasern abhängig. Anfänger haben Ärger mit unbeabsichtigten Verdickungen und Knoten, was sich nicht immer auf mangelndes Können zurückführen läßt. Samen in der Wolle verursachen ungeplante Verdickungen, es ist deshalb vorteilhaft, sie schon beim Auseinanderziehen zu entfernen. Sie sollten auch versuchen, die kleinen Knoten zu vermeiden, die durch übereiltes oder nicht ausreichendes Kardätschen verursacht werden, aber auch durch Kardätschen von nicht auseinandergezogener oder ungeölter Wolle.

Methode

Um ein gutes, grobes Garn herzustellen, können Sie entweder den kurzen oder den ungestützten langen Auszug anwenden (beide im Kapitel »Arbeiten mit dem Spinnrad« beschrieben). Die Methode, die ich »Berührungspunkt« nenne, eignet sich eher für ziemlich feines Garn.

Treten

Bei grobem Garn muß man langsamer treten, da weniger Drall benötigt wird als bei feinem. Weil die Antriebsschnur stärker gespannt sein muß, brauchen Sie beim Treten mehr Kraft. Es ist daher weniger anstrengend, grobes Garn an einem besonders dafür geeigneten Rad zu spinnen.

Überdrehtes Garn

Anfänger fragen oft, wie sich überdrehtes Garn vermeiden läßt. Eine der einfachsten Lösungen besteht darin, die Ursachen zu kennen.

Spinnrad

Oft trägt das Spinnrad zu diesem Problem bei, wenn es zuviel Drall hinzufügt, während es das Garn aufspult. Das läßt sich beheben:

1. Erhöhen Sie die Spannung der Antriebsschnur, damit das Rad einen stärkeren Zug auf das Garn ausüben kann. (Für grobes Garn braucht man eine stärkere Spannung als für feines Garn.)

2. Bei einem zweifädig angetriebenen Spinnrad wird das Garn schneller aufgewickelt, wenn das Verhältnis zwischen Spulen- und Schnurscheiben größer ist. Falls Sie eine Auswahl an Scheiben haben, benutzen Sie die größte Schnurscheibe und die kleinste Spulenscheibe, um das Garn besser aufzuwickeln.

3. Vergrößern Sie die Spannung bei einem Spinnrad mit einfädigem Antrieb über die Spule.

4. Vergewissern Sie sich, daß sich die Spule auf ihrer Achse frei dreht, da sie das gesponnene Garn sonst nicht richtig aufwickelt.

Spinner

Auch bei einem perfekt funktionierenden Spinnrad muß der Anfänger mit überdrehtem Garn rechnen. Die Probleme haben meist folgende Ursache:

1. Der Spinner tritt zu schnell und erhält mehr Drall als zur Garnbildung gut ist.

2. Die Hände lassen zuviel Drall ins Garn übergehen, bevor es genügend verzogen ist. Der Anfänger versucht dann, das Garn trotz der Überdrehung auszuziehen, wobei sich noch mehr Drall bildet.

3. Die Hand, welche die Wolle hält, führt das Garn nicht schnell genug auf die Spule, oder sie zögert zwischen dem Auszug und der Zufuhr des Garns auf die Spule.

4. Das Garn wird, bedingt durch den Spinner, zu langsam aufgewickelt. Wenn das gesponnene Garn sich nicht frei aufwickeln kann, sondern zurückgehalten wird, rutscht die Antriebsschnur auf der Spulenscheibe, und das Garn kann erst dann wieder aufgewickelt werden, wenn dieser Zug nachläßt.

A *Dieses verknotete Garn ist stark überdreht.*

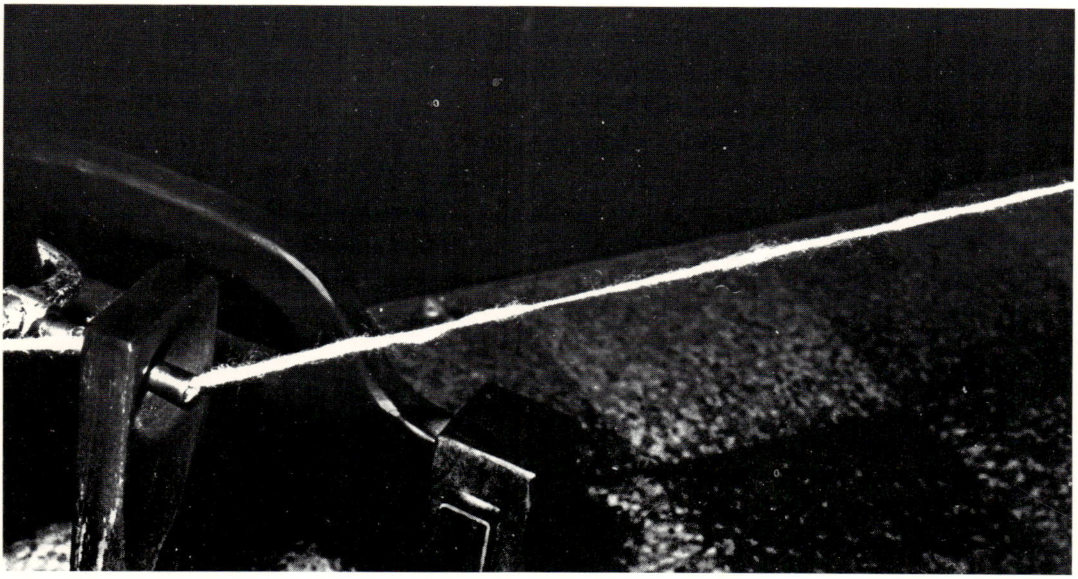

B *Der Drall wird über eine längere Garnsträhne verteilt, indem Sie mehr Fasern ausziehen, in die der Drall übergehen kann.*

Abb. 66 *Überdrehtes Garn*

Treten

Da Treten einfacher ist als Garn herzustellen, neigt der Anfänger dazu, die Trittplatte mehr als notwendig zu bedienen. Sie können feststellen, wieviel Garnüberdrehung von zuviel Treten kommt, indem Sie folgendes versuchen (bedienen Sie das Schwungrad dabei mit der Hand): Halten Sie die Rohwolle am letzten Stück des gesponnenen Garns mit der vorderen Hand fest, und lassen Sie den Rest herunterhängen. Halten Sie den Drall noch fest und machen Sie mit der anderen Hand eine ganze Schwungradumdrehung.

Nehmen Sie das Vorgarn in die Hand, und ziehen Sie die Fasern zu einem sehr feinen Faden aus (bei feinem Garn etwa 15 cm, bei gröberem bis zu 20 cm). Lassen Sie nun den Drall in diese Faserlänge übergehen. Dabei sollte ein schönes, weiches Garn entstehen. Es wird kaum zuviel Drall darin sein, auch wenn Sie ein großes Schwungrad haben. Fehlt noch etwas Drall, so daß das Garn nicht kräftig genug ist, um auf die Spule aufgewickelt zu werden, drehen Sie das Schwungrad noch eine halbe Umdrehung weiter, jetzt mit der Hand, die den Drall zurückgehalten hat. Dies müßte reichen, es sei denn, Ihr Schwungrad ist ziemlich klein. Machen Sie, wenn nötig, noch eine halbe Umdrehung und lassen Sie das Garn locker hängen. Wenn es sich nur langsam spiralförmig zurückdreht, hat es einen mittleren Drall. Wenn es sich an zu vielen Stellen verknotet, ist das Garn überdreht.

Machen Sie eine weitere Schwungradumdrehung. Dabei soll sich das Garn auf die Spule aufwickeln. Wenn die Spannung der Antriebsschnur und das Scheibenverhältnis stimmen, müßte eine Umdrehung ausreichen, um das Garn aufzuspulen. Sehen Sie jetzt, wie wenig man treten muß, um so viel Garn zu spinnen?

Korrigieren von überdrehtem Garn mit der Hand

Zuviel Drall im Garn, bevor es ausreichend dünn aufgezogen ist, kann noch korrigiert werden. Hören Sie auf zu treten, ziehen Sie mehr Fasern aus und lassen Sie den Drall in diese übergehen, damit etwas vom zusätzlichen Drall aus dem gesponnenen Teil des Garns aufgenommen wird. Mit diesem verminderten Drall müßten Sie die ganze Garnlänge zur gewünschten Stärke ausziehen können, indem Sie gegen die vordere Hand ziehen, die das Garn zu diesem Zweck festhält.

Wenn das Garn fast die richtige Stärke hat und nur etwas überdreht ist, wird die Überdrehung durch die Verteilung des Dralls auf die zusätzlichen Fasern vermindert, und das ganze Garn kann nun aufgespult werden. Wenn es noch einige Klumpen hat, die das einfache Aufwickeln verhindern, wickeln Sie das Garn mit der Hand auf die Spule, und vergessen Sie für dieses Mal die Garnstruktur. Mit etwas Übung werden Sie die überdrehten Stellen auf diese Weise verteilen, ohne das Spinnrad anzuhalten, und damit werden Sie das ganze Problem gelöst haben.

Weiches Garn

Um nicht nur offensichtlich überdrehte Stellen zu vermeiden, sondern auch, um ein wirklich weiches Garn zu erhalten, sorgen Sie dafür, daß das Garn aufgespult wird, bevor es den maximalen Drall hat. Dieser Punkt ist erreicht, wenn Sie es beim Ziehen gegen die festgehaltenen Fasern in der anderen Hand nicht weiter ausdehnen können. Sonst wird das Garn durch den zusätzlichen Drall des Spinnflügels nicht mehr weich sein, bis es auf der Spule liegt; dies ist eine Sache der Zeiteinteilung. Das Garn muß der Spule zugeführt werden, bevor es den gewünschten, endgültigen Drall erreicht.

Die Gefahr des Überdrehens ist größer, solange der Auszugsvorgang nicht abgeschlossen ist, da beim Aufwickeln des Garns auf die Spule mehr Drall entsteht. Darauf müssen Sie besonders achten, wenn Ihr Spinnrad etwas weniger als das ideale Scheibenverhältnis hat.

Spinnen mit einer Hand

Eine gute Möglichkeit, überdrehtes Garn auszuschließen, ist die »Berührungspunkt-Methode«, die in den Kapiteln »Spinnen von feinem Garn« und »Schnelles Spinnen« beschrieben wird. Die hintere Hand zieht das Vorgespinst so aus, daß sie dem Drall etwas vorauseilt. Die vordere Hand, die normalerweise den Drall korrigiert, wird so wenig wie möglich eingesetzt. Die Fasern werden durch die Dreh- und Ziehbewegungen des Spinnrads ausgezogen. Der Drall muß unbedingt vor Ihrer Hand bleiben und darf sie keinesfalls erreichen. Obwohl dies die schnellste Spinnmethode ist, üben Sie sehr langsam, ohne Rücksicht auf Stärke und Struktur des Garns, bis Sie sich an das Ausziehen der Fasern aus der Hand gewöhnt haben. Wenn Sie die Fasern immer vor dem Drall halten, wird überdrehtes Garn vollständig vermieden. Falls Sie doch vom Drall eingeholt werden, wird dadurch das Gleiten der Fasern aus der Hand verhindert und der Spinnvorgang unterbrochen. Mit einiger Übung gewöhnen Sie sich an das Herausgleiten der Fasern und werden auch bei anderen Spinnmethoden überdrehtes Garn verhindern können.

Einheitliche Garnstärke – einheitlicher Drall

Ein weich und gleichmäßig gesponnenes Garn weist nicht so viele Überdrehungen auf wie ein Garn, das mit verschiedenen Stärkevarianten gesponnen wird. Der überflüssige Drall in einem ungleichmäßigen Garn geht natürlich in die dünneren Stellen über. Diese werden ziemlich stark verknotet, und der Drall wird in die stärkeren Stellen überhaupt nicht übertragen.

Waschen und Strecken

Fällen Sie kein endgültiges Urteil über Ihr Garn, bis Sie es gewaschen und gestreckt haben. Der Drall wird durch die Wäsche entspannt. Das Strecken oder Trocknen des Strangs unter gleichmäßiger, leichter Spannung hilft, die Nachteile von teilweise überdrehtem Garn zu vermindern. Dadurch läßt sich das Garn einfacher stricken oder weben. Das Trocknen des Wollstrangs mit einem Gewicht daran streckt nicht alle Teile des Garns gleichmäßig (siehe »Strecken« und »Pläne zur Herstellung eines Streckers« im Kapitel »Arbeiten mit dem Spinnrad«).

Zwirnen

Das Zwirnen in umgekehrte Spinnrichtung hilft, Garnüberdrehungen auf ein Mindestmaß zu reduzieren (siehe Kapitel »Regulieren von Unregelmäßigkeiten«). Wenn Sie ein feines Garn überdreht haben, können Sie es durch Zwirnen brauchbar machen.

Regulieren von Unregelmäßigkeiten

Unregelmäßigkeit kann vieles bedeuten: Unbeabsichtigte Verdickungen, Klumpen und Knoten oder beabsichtigte Varianten in Stärke, Struktur und Farbe – bewußte Ungleichmäßigkeiten. Da sich mehr Spinner über zuviel Unregelmäßigkeit beklagen als über zu wenig, sollten die Ursachen überprüft werden. Es liegt nicht nur an den Spinnmethoden, sondern es läßt sich auch auf frühere Phasen der Wollbearbeitung zurückführen. Während Sie die Ursachen studieren, denken Sie daran, daß nicht das komplette Fehlen von Unregelmäßigkeiten erstrebenswert ist, sondern daß die Unregelmäßigkeiten kontrollierbar bleiben.

Klumpen mit Kern

Es bilden sich oft Klumpen um Unkrautsamen oder um Kletten, um Strohstückchen oder große Knoten und zweifach geschnittene Stellen, die in der kardätschten Wolle noch vorhanden sind. Mit sauberer Wolle werden im voraus einige Schwierigkeiten vermieden. Nicht alle Samen und Pflanzenreste führen zu Fehlern, und es ist ohnehin unmöglich, alles zu entfernen. Viele sehr kleine Samen fliegen beim Spinnen aus der Wolle, vor allem beim schnellen Spinnen von feinem Garn. Einige Strohreste bleiben im Garn haften und können mit den Fingernägeln entfernt werden, während das Garn zur Spule geführt wird.

Fehler durch Methode

Unter anderem können Klumpen durch fehlerhaft angesponnene Rohwolle verursacht werden. Ein Kettfaden kann an einem so entstandenen Klumpen reißen. Wenn beim Spinnen zu kurz ausgezogen wird, können zurückgedrehte Fasern und unansehnliche Knoten entstehen, die sich nicht weiter ausziehen lassen. Fehler werden auch dadurch verursacht, daß die Rohwolle versehentlich zurückgeschoben statt ausgezogen wird, was gelegentlich beim Anfänger vorkommt. Dabei entsteht ein ähnlicher Effekt wie beim Toupieren der Haare. Der Rest der zurückgestoßenen Fasern wird zunehmend verfilzt und läßt sich nur schwer zu einem gleichmäßigen Garn verspinnen.

Verdickungen

Hier sind kleine Büschel von mehr oder weniger parallelen, zusammengedrückten Fasern gemeint, die während des ganzen Kardiervorgangs zusammengeblieben sind. Weitere Verdickungen werden durch ungleichmäßiges Verziehen verursacht, oder sie entstehen, wenn der Drall auf eine solche Weise in die Fasern übergeht, daß sie sich nicht mehr ziehen lassen. Es könnte auch sein, daß es übermäßige

Schwankungen in den Stapellängen gibt, daß die Fasern nicht gut gemischt sind, oder daß Öl oder Feuchtigkeit nicht ausreichend verteilt ist.
Es können sich auch verfilzte Stellen beim Färben bilden. Sie erscheinen dann als parallele Faserbüschel, die sich beim Spinnen zusammenziehen. Lange oder spitz zulaufende Verdickungen um Fremdkörper sind ebenso häufig wie ausgezupfte Fäden von Säcken, in denen die Wolle eingepackt war. Auch Hanf-, Jute- oder Kunststoffasern vom Zwirn, mit dem die Wolle zusammengebunden war, sind nicht selten (sie sollte gerade deswegen nur mit Papierzwirn gebunden werden). Lange Strohstückchen zählen ebenfalls zu den häufigsten Übeltätern, die das Gleiten der Fasern verhindern.
Garn mit Verdickungen, das für einen dekorativen Zweck oder für einen Struktureffekt verwendet wird und weiche, ungedrehte Stellen von verschiedenen Stärken aufweist, ergibt ein gutes Schußgarn. (Das Spinnen davon wird noch in diesem Kapitel behandelt.)

Knoten

Knötchen aus wirren Fasern werden oft zu größeren Knoten. Obwohl sie erst beim Kardätschen entstehen, stammen sie von wirren Stellen in der Wolle, wenn diese der Trommelkarde oder den Handkarden zugeführt wird. Die gewaschene Wolle an sich (aber auch die ungewaschene Wolle) enthält keine echten Knoten. Sie sind nach dem Kardätschen sichtbar, wenn der dünne Pelz gegen das Licht gehalten wird. Die Knoten sind im Gegensatz zu den sie umgebenden Fasern als kleine, dichte Stellen zu erkennen. Wenn die Wolle verzogen wird, erscheinen sie als kleine Faserspiralen mit einem ausgeprägten Kern. Entwirrt und gemessen sind die einzelnen Knotenfasern immer viel kürzer als die Durchschnittslänge der kardätschten Fasern. Dies bedeutet nicht, daß die Fasern von kurzer Stappellänge sich leichter verknoten; vielmehr reißen sie nach dem Verknoten durch ein zu kräftiges Auseinanderziehen. Diese Knoten können Sie teilweise vermeiden:

1. Indem Sie das Vlies sorgfältig waschen – reiben Sie es nicht, wringen Sie es nicht zu fest aus, und drehen Sie es nicht übermäßig.
2. Indem Sie das Wasser nicht direkt auf die Wolle laufen lassen.
3. Indem Sie die Fasern vor dem Kardätschen sorgfältig und gründlich auseinanderziehen.
4. Indem Sie vor dem Kardätschen Öl und Feuchtigkeit (gemischt) zur Wolle geben, um dadurch die Dehnbarkeit zu verbessern und das Reißen zu vermindern. Einige der schon bestehenden Knötchen werden hierbei geölt und lassen sich auseinanderziehen. Einzelne Fasern werden dehnbarer.
5. Indem Sie eine Ruhezeit zwischen Wäsche, Auseinanderziehen und Kardätschen einlegen.

Haarige Fasern

Haarigkeit ist manchmal ein erwünschter Effekt, der durch Bürsten des fertigen Tuchs hervorgerufen wird. Herausragende Fasern können aber einen unsauberen Kettfaden ergeben und stören das Fach, sind also in einem Kettgarn selten erwünscht.
Haariges Garn kommt vom Verspinnen kardätschter Wolle, wobei die Fasern vor- oder nachher nicht verzogen werden, was nur einen Drall in den Fasern bewirkt. Dabei werden kaum so viele Faserenden aufgefangen und eingezogen, als wenn sie zuerst ausgezogen und gedreht worden wären. Spinnräder für grobes Garn verleiten zu dieser Art von Drehen-und-Spinnen; strengen Sie sich also besonders an, die Fasern gut auszuziehen, wenn Sie an einem solchen Rad spinnen.
Bei Bewegungen des Glättens, die automatisch zum Spinnen gehören sollten, werden lockere Faserenden zu den sich drehenden Fasern gebracht. Diese Bewegung ist bei schnellem Spinnen besonders wichtig, um

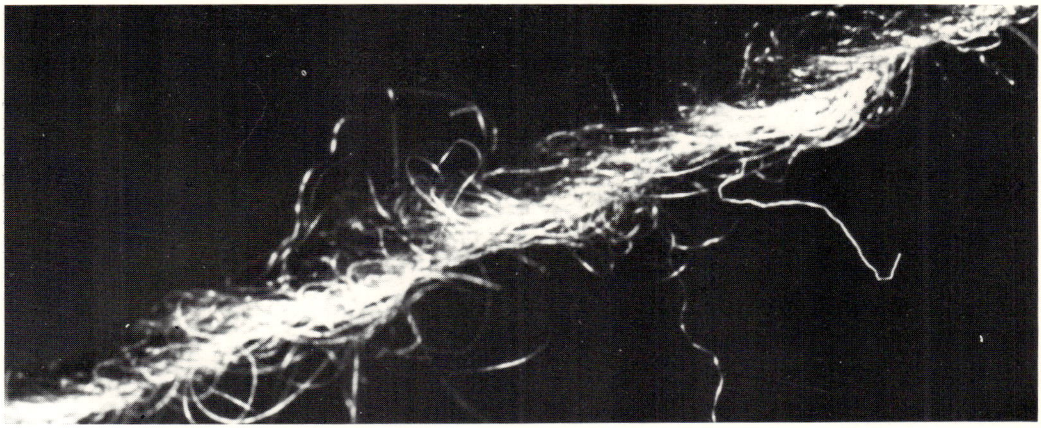

A *Extrem haarig*

B *Kurz gehalten, werden die Fasern in den Drall aufgenommen.*

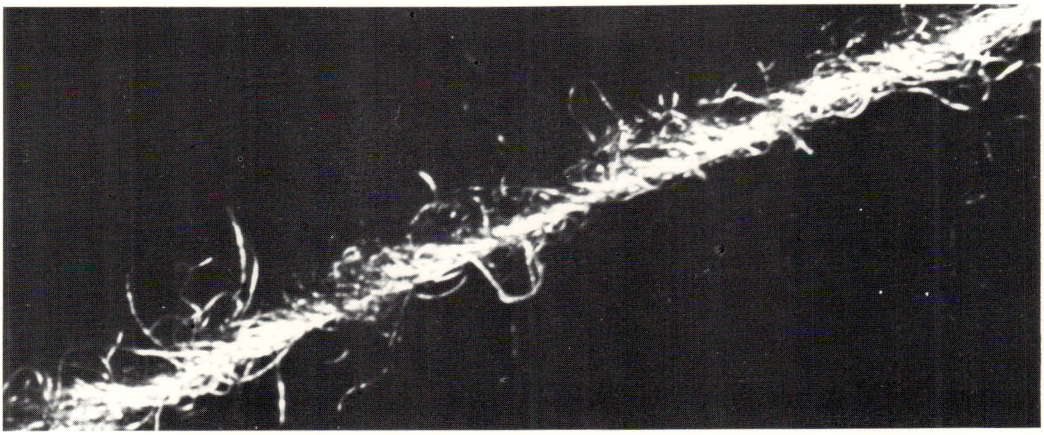

C *Dies schließt die zu haarige Stelle im Garn aus.*

Abb. 67 *Haariges Garn*

ein gutes Garn herzustellen. Während das Garn auf das Spinnrad gezogen und auf die Spule aufgewickelt wird, geht noch etwas Drall ins Garn über. Dieser Drall kann herausragende Fasern einfach aufnehmen, wenn das Garn mit der vorderen Hand leicht geglättet wird. Die Finger bewegen sich am Garn entlang und glätten die kaum sichtbaren Haare, während das Garn noch in Bewegung ist. Sie zupfen alle pflanzlichen Reste ab, die noch an der Garnoberfläche hängen und fangen große, sichtbare Wollstückchen auf, die aus dem Garn herausragen. Das kurze Halten des Wollbüschels verzögert es lange genug, damit die haarigen Fasern teilweise in den Drall übernommen werden.

Dünne Stellen

Sehr dünne Stellen, vor allem in feinem Garn, reißen leicht unter dem Zug einer Überdrehung, der sich auf die dünnsten Stellen auswirkt. Dies geschieht häufig bei zwei dünnen Stellen mit einer kurzen Verdickung dazwischen. Bis zu zwanzig Prozent der Fasern gehen frei durch die Verdickung und werden an den dünnen Stellen eng gedreht. Diese wenigen Fasern tragen die ganze Spannung, unterstützt durch die Verdickung. So wird die Verdickung am Platz festgehalten. In vielen Fällen besteht der Kern einer kurzen Verdickung aus einem Fremdkörper, z. B. einer Klette oder einem größeren Knoten. Wenn der Fremdkörper schon während des Auszugs auffällt, früh genug, bevor das Garn maximal gedreht ist, kann er noch entfernt werden.

Stärkenabweichungen

Abweichungen von der Garnstärke werden auch Unregelmäßigkeiten genannt. Für Garnstränge, die als Kett- oder Schußfaden oder als Strickgarn verwendet werden, benötigt man eine gleichmäßige Garnstärke. Dabei müssen Abweichungen vom Durchschnitt berücksichtigt werden, passend zur späteren Verwendung.
Während die Industrie Elektrogeräte benutzt, um die Garnstärke zu regulieren, kann sich der Handspinner an einem einheitlichen Stranggewicht orientieren. Wenn jeder Strang eine vorbestimmte Länge hat, z. B. zwischen fünfzig und hundert Metern, und sorgfältig gewogen wird, kann die durchschnittliche Stärke von Strang zu Strang kontrolliert werden.

Zwirnen

Das Zwirnen kann Unregelmäßigkeiten beseitigen, weil die dicken und dünnen Stellen ausgeglichen und die schwachen Stellen des Einfachgarns, das sonst für manche Zwecke nicht zu verwenden wäre, verstärkt werden. Die Drehung beim Zwirnen eines Zweifachgarns erfolgt meist in umgekehrte Spinnrichtung, indem das Schwungrad sich in die entgegengesetzte Richtung dreht. So gezwirnt, liegen die Oberflächenfasern fast parallel zur Garnachse und drehen sich in die gleiche Richtung.
Wenn in gleiche Spinnrichtung gezwirnt wird, liegen die Fasern fast rechtwinklig zur Garnachse. Diese Art zu Zwirnen ergibt harte, hochgedrehte Effekte von großer Dehnbarkeit, und steigert sogar den ursprünglichen Drall der Einfachgarne. Benötigen Sie so ein Garn, z. B. zum Teppichweben, sollten Sie es nach der Wäsche strecken und bei mäßiger Temperatur trocknen lassen. So behandelt, neigt es nicht so sehr dazu, sich zu verknoten oder sich aufzudrehen (siehe »Strecken« im Kapitel »Arbeiten mit dem Spinnrad«).

Überdrehung und Unregelmäßigkeit

Bedingt durch die ungleichmäßige Natur von handgesponnener Wolle, ist der Winkel der Drehung wichtiger als die Anzahl der Drehungen pro Zentimeter. Der Winkel der Drehung ist entlang einer Garnlänge verschieden – ein kleiner Winkel an Verdickungen und ein größerer Winkel an dünnen Stellen. Im allgemeinen braucht ein dünnes Garn mehr Drall um zusammenzubleiben, und ein grobes Garn weniger. Das gilt meist auch für ungleichmäßig gesponnene Garne – die dünnen Stellen sind diejenigen mit dem meisten Drall.

Ungleichmäßiges Garn kann korrigiert werden, bevor Sie es aufspulen. Wenn Sie ein gleichmäßigeres Garn brauchen, können Sie die Verdickungen immer noch verziehen, wenn Sie aufhören zu treten und den Drall weiter in die ungedrehten, aber ausgezogenen Fasern übergehen lassen. Mit anderen Worten: Wenn der erste Auszug zu viele Stärkenunterschiede enthält, können Sie dies durch Verteilung des Dralls über eine größere Länge beseitigen. Das Garn kann dann ausgezogen werden, was dem Spinner die Gelegenheit gibt, die erwünschte Wirkung zu erzielen. Die vordere Hand gibt die feste Stütze bei der Dehnung des Auszugs.

Garnüberdrehung ist relativ. Die ideale oder erwünschte Menge an Drall ändert sich je nach Verwendungszweck. Kettgarn braucht genügend Drall, um den Anforderungen des Webens gerecht zu werden. Andererseits kann das Schußgarn, das beim Weben weniger strapaziert wird, etwa so weich sein wie das fertige Stück. Für strapazierfähiges Teppichgarn braucht man viel Drall, bei weicherer Oberfläche genügt mittlerer Drall. Für Pullover, die auf der Haut getragen werden, nehmen Sie Strickgarn mit leichtem Drall, Pullover für draußen benötigen festeren Drall. Mittlerer Drall ergibt beständige Qualität, leichter Drall dagegen mehr Komfort beim Tragen.

Unerwünschte Glätte

Gekämmte Wolle oder Kardzüge werden manchmal gekauft, wenn gute, saubere Vliese schwer zu bekommen sind. Spinner beklagen sich aber dann über mangelnde Ungleichmäßigkeit und ein zu glattes Garn. Diese Glätte kann vermindert werden, wenn Sie die Wollstreifen auseinanderreißen, sie vermischen und dann auseinanderziehen. Oder schlagen Sie die auseinandergezogene Wolle leicht mit einer biegsamen Gerte. Dabei erhält die gesponnene Wolle einen leichten Griff und eine ungleichmäßige Struktur. Möchten Sie eine ungleichmäßige Wolle, so können Sie das glatte Aussehen der maschinell kardätschten Rohwolle am besten vermeiden, indem Sie diese noch einmal mit anderer Wolle zusammen kardätschen.

Während gekämmte Rohwolle die gleichförmigste Art verarbeiteter Fasern darstellt, fehlen einem gebleichten Vorgespinst manche Kennzeichen eines handgesponnenen Garns, es sei denn, daß es besonders behandelt wird. Sie können das Aussehen verändern, indem Sie die Rohwolle färben, auseinanderziehen oder noch einmal kardätschen. Das Garn verändert sich weniger, wenn Sie es erst nach dem Spinnen färben.

Absichtliche Ungleichmäßigkeit

Um absichtlich dicke und dünne Garnstellen zu produzieren, gibt es eine recht unübliche Methode, dem Garn einen »Wackel-Effekt« zu geben, ein Kniff der geübten Spinner. Sie machen einfach einen Knoten in die Antriebsschnur, je größer, um so besser. Bei jeder Umdrehung um die Spulenscheibe werden die Fasern plötzlich fester gezogen, was die Gleichmäßigkeit des gesponnenen Garns beeinträchtigt.

Um besonders ungleichmäßige Garnstruktur zu erhalten, benutzt man eine gut auseinandergezogene unkardätschte Wolle. Je schneller das Spinnen, desto ungleichmäßiger das Garn. Dieser Effekt kommt bei einem pflanzlich gefärbten oder bei einem Naturvlies gut heraus, wenn Farbvarianten und Handspinnen sich zu einem attraktiven Garn mit absichtlich ungleichmäßiger Struktur verbinden. Werden zwei verschiedene Wollsorten zusammen kardätscht, ergibt sich eine Mischung, die dazu neigt, Verdickungen zu bilden. Bei einer solchen Wollmischung ist es aber etwas schwieriger, die genauen Abstände der Verdickungen zu regulieren.

A *Richtige Form einer Verdickung aus kurzer Wolle*

B *Zu langsame Abstufung der Verdickung aus kurzer Wolle*

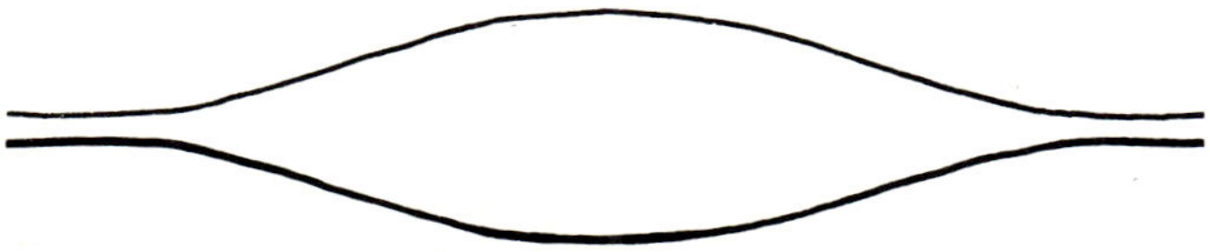

C *Richtige Form der Verdickung aus langer Wolle*

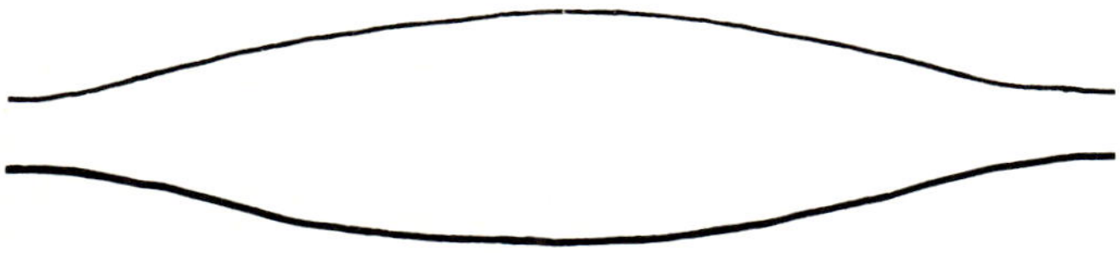

D *Zu langsame Abstufung der Verdickung aus langer Wolle*

Abb. 68 *Verdickungen*

Absichtliche Verdickungen: Dockengarn

Ein Dockengarn ergibt ein nützliches Schußgarn für das Weben von Schals, Stolas, Kissen, Mantelstoff und anderem Tuch, das eine interessante Struktur benötigt. Dazu braucht man ein Spinnrad mit einer ziemlich großen Einlaßöffnung (ca. 2 cm), um eine flaumige Verdickung durchzulassen. Ein Vlies mit mittellangem Stapel eignet sich am besten für dieses Garn. Aus einer kurzstapeligen Wolle lassen sich nur sehr kurze Verdickungen herstellen mit feinem Garn dazwischen, weil das Garn sonst reißt. Sehr langstapelige Wolle läßt sich nur zu sehr langen Verdickungen verarbeiten, die sich wiederum recht schwer verarbeiten lassen.

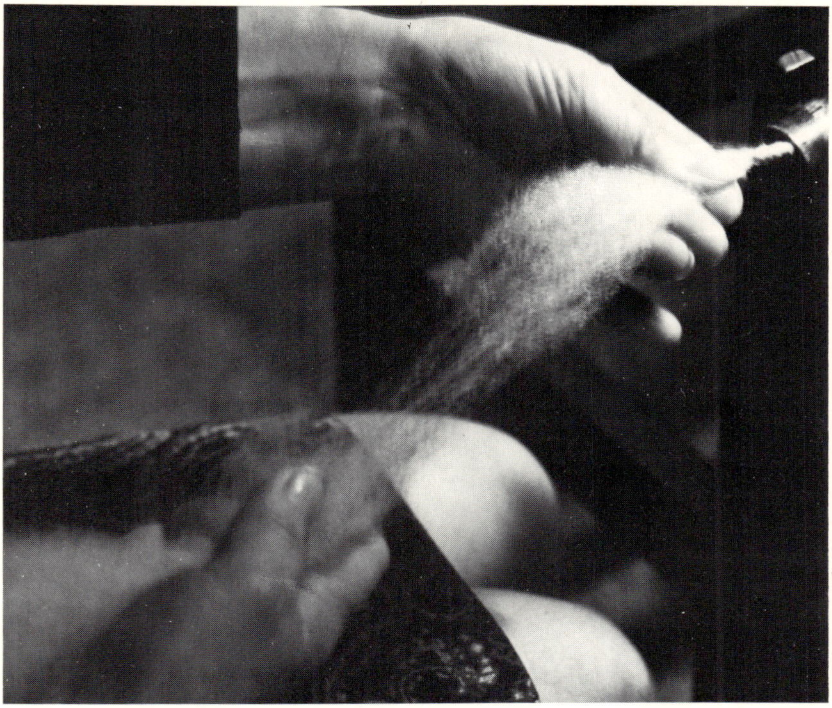

1. Schritt. Ein flacher Garnklumpen wird mit der vorderen Hand gehalten, während die Wolle dahinter sehr dünn ausgezogen wird.

2. Schritt. Der Drall ist in die dünne Wolle übergegangen und bildet das Garn zwischen den Verdickungen.

Abb. 69 *Verdickungen*

3. Schritt. Das Garn zwischen den Verdickungen kann wie gewünscht gesponnen werden, bis zur nächsten Verdickung.

Die Herausforderung besteht nicht nur darin, ein Dockengarn herzustellen, sondern auch weiche Verdickungen herzustellen, die mit schön gesponnenem, nicht überdrehtem Garn verbunden werden. Es sollten keine zufälligen Klumpen sein, sondern eine wohl überlegte Struktur, bei der die Größe und der Abstand der Verdickungen vom Spinner selbst bestimmt werden. Ich schlage vor, daß Sie dieses Garn erst dann spinnen, wenn Sie Ihr Garn nicht mehr überdrehen, denn die Verdickungen sind nicht sehr attraktiv, wenn sich zwischendrin überdrehte, verknotete Stellen befinden. In so einem Fall hilft der letzte Waschgang überhaupt nicht, Knoten zu reduzieren, außerdem wird Dockengarn meist nicht gestreckt.

Beim Spinnen muß die vordere Hand auch einiges an Arbeit leisten. Halten Sie mit dieser Hand einen Teil der Fasern kurz nach dem gesponnenen Garnteil fest, und lassen Sie keinen Drall dorthin übergehen. Dahinter sammelt sich etwas Drall, während Sie mit der anderen Hand (in der Sie die Rohwolle halten) die Fasern zu einem dünnen Band ausziehen. Lassen Sie dann den Drall frei. Er läuft an der Verdickung vorbei (er »springt« über) bis zur dünn gezogenen Stelle und hinterläßt eine ungedrehte Verdickung mit dünnem Garn an beiden Seiten. Die Stärke ihres Vorgespinstes bestimmt den maximalen Durchmesser der Verdickungen, ähnlich wie deren Länge durch den Wollstapel begrenzt wird.

Gleiten Sie mit den Fingern über die Verdickung, während Sie den Drall loslassen, um haariges Garn zu vermeiden. Spinnen Sie nun die gewünschte Garnlänge zwischen den Verdickungen. Wiederholen Sie den Vorgang, indem Sie eine weitere Verdickung, eine weitere Länge an feinem Garn spinnen, usw.

Größe und Form der Verdickungen

Schrägen Sie die Verdickung nicht zu langsam ab. Vermindern Sie die Garnstärke so plötzlich, daß die Fasern der Verdickung fest genug sind, um zusammen zu bleiben. Je kürzer die Fasern, um so plötzlicher sind Anfang und Ende der Verdickung. Je größer das festgehaltene Wollstückchen, desto größer die Verdickung, je nach Wollsorte. Mit etwas Übung werden Sie sowohl die Größe der Verdickung als auch Stärke und Länge des Garns dazwischen regulieren können.

Drall

Experimentieren Sie etwas, um festzustellen, wieviel Drall unbedingt nötig ist, um ein kräftiges Zwischengarn zu drehen. Das ist je nach Wollsorte verschieden. Zusätzlicher Drall macht die Verdickungen nicht kräftiger; der ganze Drall bleibt zwischen den Verdickungen.

Aufgelöste Verdickungen

Wenn sich eine absichtliche Verdickung ausziehen und zu einem glatten Garn verspinnen läßt, dann hat es wahrscheinlich folgende Gründe:

1. Die Wolle war zu kurz, um die Verdickung zu erzeugen.
2. Die Verbindung von einer zu kurzen Wolle und einer zu fest gespannten Antriebsschnur.
3. Sie zogen das Garn neben der Verdickung nicht rechtzeitig fein genug aus.
4. Die Verdickung war zu lang und/oder die Abstufung erfolgte zu langsam.

Vorbereitung der Wolle

Der Pelz von einer Trommelkarde eignet sich besser zur Herstellung von Dockengarn als eine handkardätschte Locke. Sie brauchen ein ziemlich breites Vorgespinst, um Verdickungen im Garn zu erzielen. Für die Herstellung der dünnen Stellen können Sie dünneres Vorgespinst machen.

Handtechnik

Wollen Sie eine größere Menge Dockengarn auf einmal spinnen, müssen Sie vielleicht Ihre Handtechnik ändern. Statt die Fasern, wie üblich, mit dem Daumen und den beiden nächsten Fingern zu halten, fassen Sie nun die Rohwolle mit der ganzen Hand, die Handfläche nach oben. Ich gebe zu, daß diese Methode nicht so geschickt ist und außerdem noch lustig aussieht, aber wollen Sie einen wunden Daumen haben, wenn Sie einige Stunden lang Dockengarn spinnen? Besonders wichtig ist das eben erwähnte, wenn Sie eine Wolle benutzen, die etwas mehr als »mittellang« ist, und sich daher schwieriger zu Verdickungen ziehen läßt.

Wäsche

Wenn das fertige Dockengarn von der Spule zu Strängen aufgewickelt wird, binden Sie jeden Strang locker an fünf oder sechs Stellen. In mancher Hinsicht ist es schade, das Garn waschen zu müssen, weil es ungewaschen so gut aussieht. Wenn die Wäsche fehlt, wissen Sie aber nicht, wie der gewaschene Artikel aussehen wird, den Sie aus dem Garn herstellen wollen. Ein gewaschenes Garn ist auch einfacher zu verarbeiten, und die Enden neigen nicht so sehr dazu, sich aufzudrehen. Die Stränge sollten vorsichtig gewaschen und gespült werden. Wenn das Vlies schon gut gewaschen wurde, können Sie den Vorgang abkürzen, indem Sie die Stränge nicht waschen, sondern nur ausspülen, danach aber nicht auswringen. Wenn Sie den Schleudergang einer Waschmaschine benutzen, wird das Wasser sorgfältig entfernt. (Mehr Spaß macht es aber, wenn Sie die Stränge in einem Netz über dem Kopf herumschleudern.) Hängen Sie die Stränge auf, ohne sie zu strecken oder mit einem Gewicht zu belasten. So kommt das Flauschige an den Verdickungen zur Geltung.

Schnelles Spinnen

Wenn Sie den Eindruck haben, daß Sie das Spinnen beherrschen, dann werden Sie sicherlich schneller spinnen wollen, um in weniger Zeit mehr Garn herzustellen. Wie bei überdrehtem Garn, ist ein langsamer Spinnvorgang nicht immer vom Spinner abhängig.

Rohwolle

Um schnell spinnen zu können, braucht man Wolle von guter Qualität. Sie sollte nicht zu sehr verwittert oder so spät im Jahr geschoren sein, daß sie klebrig ist. Sie darf auch nicht zuviel pflanzliche Substanz enthalten, da sonst unbeabsichtigte Verdickungen und Klumpen entstehen. Hierdurch können die Fasern oft nicht gleichmäßig ausgezogen werden.
Richtiges Vorbereiten ist notwendig. Ein gutes Vlies, das schlecht kardätscht wird, ist oft nicht besser als ein minderwertiges, aber geöltes und gut kardätschtes Vlies. Öl kann bewirken, daß die Fasern beim Auszug gleiten. Gründliches, gleichmäßiges Kardätschen ist auch nötig, wenn Sie gleichmäßig und ununterbrochen spinnen wollen. Zu jedem Vlies paßt eine bestimmte Garnstärke. Falls keine bestimmte Garnstärke gewünscht wird, verspinnen Sie jedes Vlies zu der Stärke, die sich am leichtesten Spinnen läßt (dies geht auch am schnellsten). Die richtige Garnstärke läßt sich durch etwas Experimentieren feststellen.

Geschwindigkeit des Spinnrads

Schnelles Spinnen ist auch von der Ausrüstung abhängig. Deshalb sollte ihr Spinnrad folgende Eigenschaften aufweisen:

1. Gutes Gleichgewicht, weil das Rad sonst wackelt, was den Verschleiß fördern würde. Das Vibrieren eines unausgewuchteten Spinnflügels kann die Geschwindigkeit stören und schließlich die Achse beschädigen.
2. Ein schweres Schwungrad. Das ergibt ein großes Drehmoment.
3. Ein gut ausgewuchtetes Schwungrad mit stabilem Radlager. Ein unausgewuchtetes Schwungrad treibt die Spule ungleichmäßig an.
4. Ein großes Schwungrad und/oder hohe Schwungradübersetzung. Die Schwungradübersetzung bestimmt, wie schnell Sie treten müssen, um schnell zu spinnen. (Die Schwungradübersetzung wird errechnet, indem man den Raddurchmesser durch den Spulenscheibendurchmesser teilt, bei Antrieb über die Spule, oder durch den Schnurscheibendurchmesser bei Antrieb über den Spinnflügel.) Das schnelle Spinnen von feinem Garn benötigt eine höhere Schwungradübersetzung als bei mittlerem

Garn. Denken Sie daran, daß die meisten Anfänger ein Spinnrad mit hoher Schwungradübersetzung nicht handhaben können.

5. Ausreichendes Scheibenverhältnis. Wenn eine der Schnurscheiben etwa zweimal so groß ist wie der Durchmesser der Spulenscheibe, kann ein kräftiger Zug auf die Wolle ausgeübt werden. Obwohl Sie für feines Garn im allgemeinen ein niedriges Scheibenverhältnis benötigen, könnten Sie eine lockere Antriebsschnur und eine größere Übersetzung ausprobieren (bis zu 2 : 1), um schnell zu spinnen.
6. Große Garnkapazität. Eine lange Spule und ein breiter Spinnflügel bedeuten, daß Sie das Spinnen nicht so oft unterbrechen müssen, um Stränge aufzuwickeln.
7. Ölen Sie Radlager, Ledergamaschen und Antrieb nach den Anleitungen des Herstellers. Um unnötigen Verschleiß zu verhindern, entfernen Sie das alte Öl, bevor Sie neues hinzugeben. Nehmen Sie leichtes Öl für schnellbewegliche Teile und schweres Öl für langsamere Teile. Für langsam bewegte Holzteile eignet sich auch Vaseline.

Anspinnen

Das Anspinnen von neuen Fasern kann schnelles Spinnen stören. Üben Sie die Abfolge von Anhalten – Anspinnen – Anfangen so, daß sie in eine fließende Bewegung übergeht. Der Anfänger braucht zuerst beide Hände sowie ein großes Überlappen des Vorgarns.

Geschwindigkeit verlangt nicht nur mehr Geschicklichkeit, sondern auch einige kleine Änderungen in der Methode. Beim Anspinnen werden z. B. die Fasern (der Abschluß des letzten und der Anfang des neuen Vorgarns) mit einer Hand ausgebreitet und mehr innerhalb der Hand reguliert als davor. Daumen, Zeigefinger und Mittelfinger kontrollieren das noch nicht angesponnene Vorgarn, Ringfinger und kleiner Finger dagegen die letzten ungesponnenen Fasern des alten Vorgespinstes. (Wenn es Ihnen leichter fällt, können Sie das neue Vorgarn mit Ringfinger und kleinem Finger regulieren, während die anderen drei Finger den ungesponnenen Teil des alten regulieren.) Die Fasern müssen sich über mehrere Zentimeter zusammendrehen können. Die nötige Garnlänge hängt von Garnstärke und Faserlänge ab.

Gutes Anspinnen erfolgt nur zwischen ungesponnenen Faseren. Beachten Sie z. B., wie leicht sich das Garn von der Verbindungsstelle zum (fertig gesponnenen) Anfangsfaden löst, wenn Sie einen Strang aufwickeln.

Häkchen wechseln

Das Wechseln des Garns von einem Häkchen zum nächsten, um die Spule gleichmäßig zu füllen, kann die Geschwindigkeit stören. Wechseln Sie die Häkchen beim Lernen nicht gerade dann, wenn Sie das neue Vorgarn anspinnen. Um die neue Wolle immer während des Spinnens anspinnen zu können, wechseln Sie die Häkchen dann, wenn Sie anhalten oder langsamer spinnen müssen, um z. B. Samen aus der Wolle zu entfernen.

Es gibt eine Methode, die Häkchen zu wechseln, ohne die Hände zu benutzen, wenn Sie am Anfang das Garn durch alle Häkchen führen und die Spule vom hinteren Ende her auffüllen. Vermindern Sie Ihre Geschwindigkeit geringfügig, lassen Sie das Schwungrad für einen Augenblick rückwärts laufen (das ist nur bei einem Rad mit doppelt wirkender Trittplatte möglich), damit es, wenn das Garn etwas schlaffer hängt, vom letzten zum nächsten Häkchen gleitet. Während dies geschieht, ziehen Sie das Garn wieder straff, so daß es nicht von weiteren Häkchen abrutscht. Wenn das Schwungrad zu weit rückwärts läuft oder wenn das Garn zu schlaff ist, fällt das Garn von allen Häkchen herunter. Üben Sie diesen Vorgang zunächst bei niedriger Geschwindigkeit, bis er jedesmal gelingt.

Abb. 70 *Die Fasern des letzten und des neuen Vorgarns werden in einer Hand ausgebreitet, damit sich eine perfekte Verbindung ergibt, die so kräftig wie der Rest des Garns ist.*

Halten Sie ihre Rohwolle in Reichweite, damit Sie weder Geschwindigkeit noch Schwung verlieren, wenn Sie danach greifen. Ein Tisch oder eine Bank neben Ihnen, ein Korb für das Vorgespinst, ermöglichen Ihnen das Spinnen eines ganzen Strangs, ohne daß Sie durch ungünstig plazierten Wollvorrat an Geschwindigkeit verlieren müssen.

Springendes Garn

Bei einem Spinnrad ohne Flügel tritt dieses Problem nicht auf, aber bei einem Flügelspinnrad neigt das Garn bei hoher Geschwindigkeit dazu, in die Luft zu fliegen und beim Aufspulen schleifenförmig aus den Häkchen am Arm des Spinnflügels zu springen. So kann das Garn auf die Häkchen herunterfallen und sich darin verfangen. Dies ist manchmal zu verhindern, indem das erste Häkchen neben dem Querloch zu einer fast geschlossenen Schleife gebogen wird.

Bei Spinnrädern mit einem dünnen Flügelarm (wie der Spinnflügel aus Metall auf Seite 77) können Sie das Garn so anbringen, daß es durch die Einlaßöffnung geführt wird, über den Rückenteil des Spinnflügels und herunter durch nur ein Häkchen, an der Stelle, wo es sich an die Spule aufwickeln soll. Dies geht aber nur dann, wenn sich das Querloch zwischen der Einlaßöffnung und dem Spinnflügelarm in der Nähe des Flügelarmes befindet, oder in einer geraden Linie dazu.

Es gibt Spinnräder mit einem verschiebbaren, geschlossenen Garnführer, so daß das Garn gar nicht springen kann. Bei auf Bestellung hergestellten Spinnrädern können Sie auch darum bitten, daß das Querloch für diesen Zweck in einer geraden Linie zum Spinnflügelarm steht.

Abb. 71 *Das Garn wird von hinten über den Arm des Spinnflügels geführt, damit es bei hoher Geschwindigkeit nicht hochspringt.*

Herstellung von feinem Garn

Es ist vorteilhaft, die Spinnmethode dem Rohstoff und der erwünschten Garnstärke anzupassen. Deswegen sollte man verschiedene Spinnmethoden beherrschen. Die »Berührungspunkt-Methode« (im Kapitel über feine Garnsorten beschrieben) ist die schnellste Art, feines Garn zu spinnen. Hände und Füße arbeiten schneller, aber sie müssen auch zusammenarbeiten, damit der Drall jederzeit bis kurz vor die Rohwolle reicht. Wenn das Garn überdreht ist, kann man bei dieser Methode nicht weiter spinnen, denn der Schlüssel zu dieser Art des Spinnens ist, daß man »vor dem Drall« bleibt.

Sie können gelegentlich das Garn kurzfristig gegen die vordere Hand ziehen, wenn ein weiteres Verziehen nötig ist, z. B. um Verdickungen auszuziehen. Sie arbeiten ja mit einer Antriebsschnurspannung, die nicht so hoch ist, daß sie dagegenziehen kann (vor allem bei Wolle mittlerer Länge ist das manchmal nötig. Diese Methode eignet sich daher am besten für kurze Wollsorten.

Feines Garn aus mittellanger Wolle läßt sich durch den langen Auszug einfacher herstellen. Hierbei können Sie das Garn häufiger gegen die vordere Hand ausziehen. Diese Hand bildet einen Widerstand, gegen den die Fasern zu der endgültigen Stärke ausgezogen werden. Die Fasern werden bis zum letzten Augenblick des Auszugs vorsichtig behandelt (siehe Kapitel »Spinnen von feinem Garn«).

Methoden der Herstellung von grobem Garn

Um grobes Garn schnell zu spinnen, benutzen Sie den langen oder den ungestützten langen Auszug. Letzterer ist bei gut vorbereiteter Wolle die schnellere Methode (siehe Kapitel »Spinnen lernen am Spinnrad«). Beim ungestützten langen Auszug müssen die Fußbewegungen mit der Garnbildung gut übereinstimmen. Das Ausziehen der Fasern hängt davon ab, daß genug Drall in sie übergeht. Es darf aber nicht soviel Drall entstehen, daß ein Ausziehen der dicken Stellen als Ausgleich zu den dünnen nicht mehr möglich ist. Wenn über- oder unterdrehtes Garn entstanden ist, werden Sie immer mehr Schwierigkeiten bekommen, je schneller Sie spinnen. Für den kurzen Auszug sind zu viele Handgriffe nötig, als daß man mit dieser Methode schnell spinnen könnte. Mehr Information finden Sie im Kapitel »Spinnen von grobem Garn«.

Standhaspel

Zur Herstellung von 180 cm langen Strängen.

Schneller arbeiten können Sie auch dann, wenn das Garn rascher aufgewickelt wird. Das geht mit einer einfachen Standhaspel, für welche die Pläne nachfolgend beschrieben sind. Mit 50 cm langen Stangen können Sie Stränge von 137 cm Länge herstellen.

Material

Arme:	2 Leisten – 3,8 x 1,3 x 66 cm
	4 Rundhölzer – 2,5 cm ∅, 12,7 cm lang (Querhölzer)
	7 Holzstücke – 0,6 x 3,2 x 3,2 cm (Abschlüsse für Querhölzer)
Nabe:	1 Holzstück – 5 x 5 x 10 cm
Achse:	1 Rundholz – 2,5 cm ∅, 20 cm lang
Gestell:	1 Holzstück – 5 x 10 x 61 cm
	2 Holzstücke – 2,5 x 10 x 46 cm
	1 Holzstück – 2,5 x 5 x 46 cm

Abb. 72 *Standhaspel*

A *Gestell*

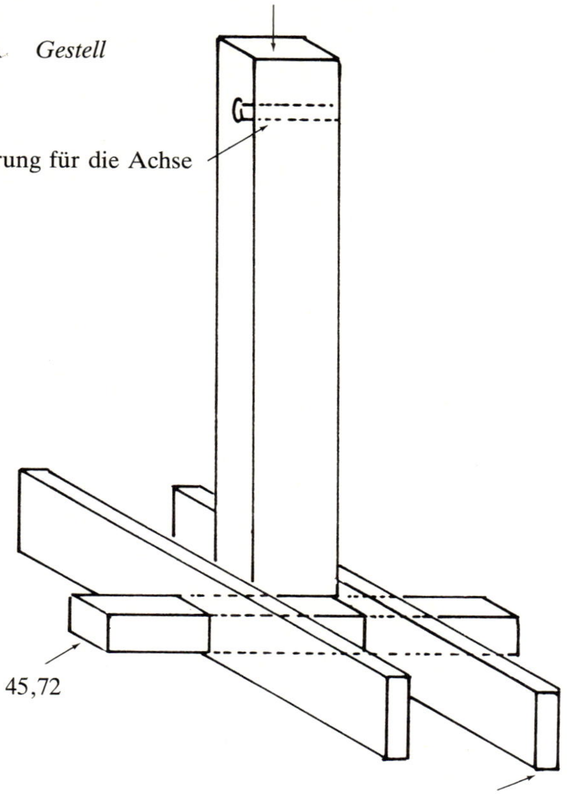

B *Nabe*

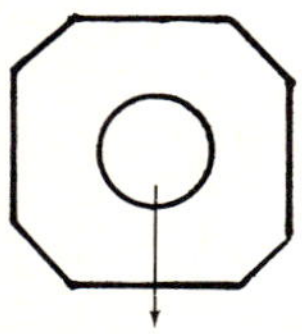

C *Bohren Sie mehrere Löcher von 1,27 cm Durchmesser. Arbeiten Sie dann einen Schlitz, durch den der Arm paßt. Machen Sie einen entsprechenden Schlitz, um den anderen rechtwinklig dazu einzupassen.*

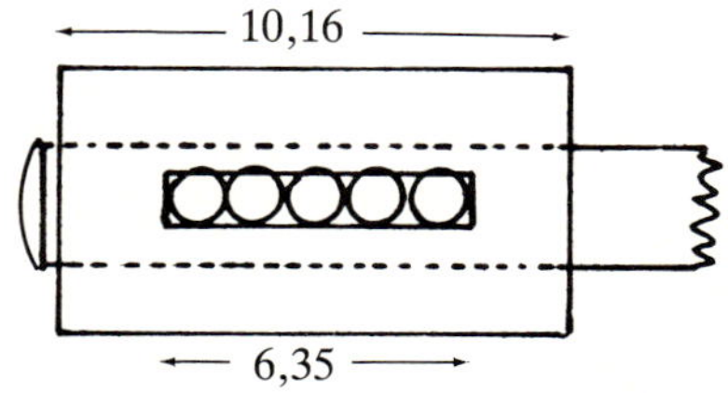

D *Nabe*

G *Nabe*
Führen Sie einen Arm durch den Schlitz in der Nabe und den anderen Arm durch den zweiten Schlitz, bis die Einkerbungen ineinander passen. Schieben Sie die Arme zu einer überfalzten Verbindung zusammen. Setzen Sie einen Keil in den Schlitz, um die beiden Arme zusammenzuhalten. Befestigen Sie dann die Querhölzer an jedem Armende, und daran wiederum die Abschlußstücke (wobei ein Ende frei bleibt).

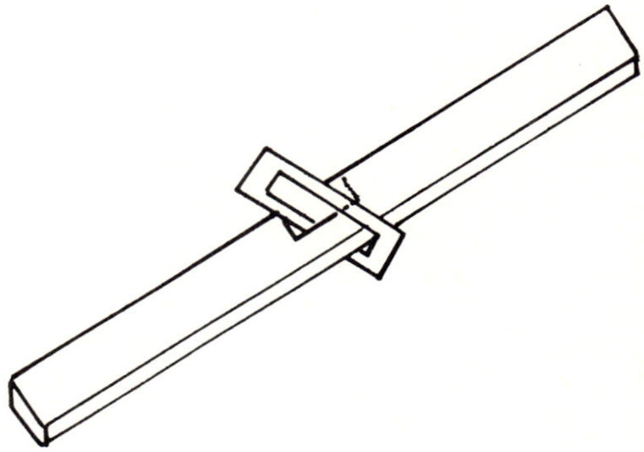

E *Abschlüsse für Arme und Querhölzer*
Querhölzer: 2,50 cm x 12,70 cm. Machen Sie einen Einschnitt von 1,27 x 3,81 cm. Festschrauben oder dübeln.

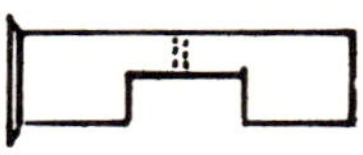

F *Arme*
2 Stangen: Leisten von 3,81 x 1,27 cm, 66,00 cm lang

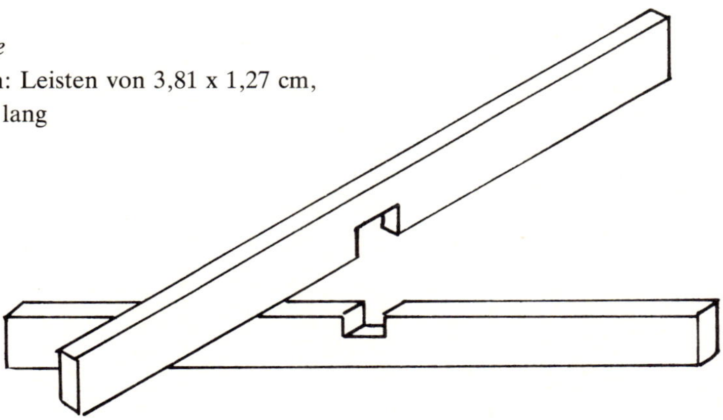

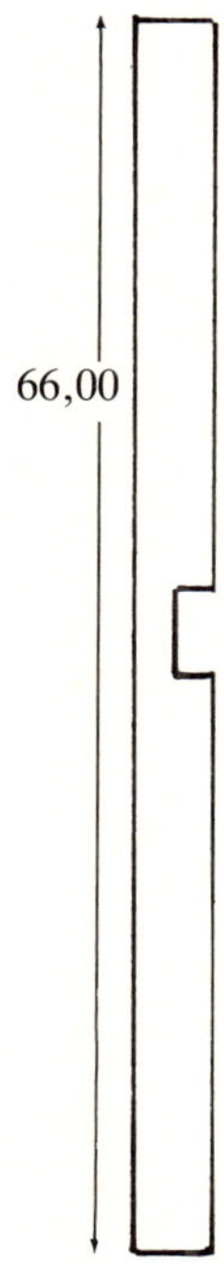

Herstellung eines Spinnrads

Es ist möglich, einfache Spinnräder mit normalem Handwerkszeug aus preiswertem Material herzustellen. Eines dieser Spinnräder ist ein direkt angetriebenes Spindelrad, das ca. 500 v. Chr. in China oder Indien entstand und in manchen Gebieten von Indien und Thailand heute noch in Gebrauch ist. Der Spinnvorgang ist der gleiche wie beim Großen Schwungrad (siehe Kapitel »Spinnen lernen am Großen Schwungrad«), außer daß das Schwungrad mit einer Kurbel gedreht wird. Das Rad übt, wie alle Spindelräder, keinen Zug aus, deswegen läßt sich ein ungewöhnlich weiches Garn spinnen. Die Garnstärke wird nicht durch die Größe einer Einlaßöffnung oder durch Häkchen begrenzt. Das Spinnrad eignet sich eher zur Herstellung eines leichten, feinen Garns, da Sie mit einer Hand kurbeln und mit der anderen das Garn ausziehen müssen.

Der Hauptvorteil gegenüber der Handspindel liegt darin, daß das Spindelrad beim Spinnen und beim Aufwickeln des gesponnenen Garns schneller ist. Leichtes Spinnen ist von der Garnvorbereitung abhängig. Mit dem Spindelrad kann man auch das Garn auf Papierröllchen zum Weben aufspulen.

Spindelrad

Material

Schwungrad: 8 Holzlatten – 61 x 1,9 x 2,5 cm

Nabe: 1 Stück Holz – 10 x 10 x 9 cm.
- 1 Nagel – 7,6 cm lang

Achse und Kurbeln: 1 Stahlstange – 1 mm ∅, 46 cm lang
- 1 Rundholz – 2,5 cm ∅, 5 cm lang

Grundgestell: 2 Holzstücke – 5 x 5 x 43 cm
- 2 Holzstücke – 5 x 5 x 25,4 cm
- 1 Holzstück – 2,5 x 7,6 x 76 cm
- 2 Rundhölzer – 2,5 cm ∅, 30,4 cm lang

Spindel und Scheibe: 1 kräftiger Schnürsenkel aus Leder
- 1 Stahlstange 6 mm stark, 46 cm lang
- 1 Rundholz – 2,5 cm ∅, 2,5 cm lang (für die Scheibe)
- 1 Rundholz – 2,5 cm ∅, 2,5 cm lang (für den Knopf am Spindelende)
- 1 Schranktürknopf aus Holz – 5 cm ∅ (als Wirtel an der Spindel)

Abb. 73 *Einfaches Spinnrad mit Spindel*

Das Schwungrad Nehmen Sie 8 Holzlatten – 61 cm lang, 1,9 cm stark und 2,5 cm breit. Bohren Sie ein Loch von 6 mm Stärke, 1,9 cm von jedem Lattenende entfernt. Die Enden können abgeschrägt werden, damit das Schwungrad besser aussieht, aber das ist nicht unbedingt notwendig. Pressen Sie die Latten fest mit Schraubzwingen zusammen und bohren Sie ein Loch von 1 mm Stärke genau im Zentrum durch alle Latten hindurch. Schieben Sie eine 1 mm starke Stahlstange durch zwei Latten, legen Sie diese rechtwinklig zueinander hin und markieren Sie die Stellen, an der sich die beiden Hölzer kreuzen. Bei 2 Lattenpaaren sägen Sie an diesen Stellen ca. 0,6 cm tief ein und entfernen dann das Holz zwischen den Einschnitten mit Messer oder Meißel, um eine Einfalzung herzustellen. Machen Sie den Einschnitt bei den nächsten beiden Lattenpaaren 1,3 statt 0,6 cm tief. Entfernen Sie das Holz dazwischen wie vorher. Leimen Sie jeweils eine 0,6 cm tief geschnittene mit einer 1,3 cm tief geschnittenen Latte zusammen. Schieben Sie die Latten beim Leimen auf die Stahlstange, damit das Loch garantiert zentral liegt. Latten und Stange dürfen jedoch nicht zusammenkleben. Wenn der Leim getrocknet ist, legen Sie jeweils zwei Lattenpaare mit den breiten Seiten der Einschnitte nebeneinander zusammen. Dabei sollen die Paare noch auf der Stange sein. Ordnen Sie die Holzlatten so an, daß sie jeweils auf Lücke liegen. Markieren Sie an jedem Kreuzpaar jede Seite. Sägen Sie an diesen Stellen wieder 0,6 cm tief ein und meißeln sie wie vorher eine Einfalzung aus dem Holz heraus. Werden jetzt die beiden Kreuze miteinander verbunden, entstehen 2 getrennte Räder mit jeweils 8 Speichen.

Nabe Nehmen Sie ein Holzstück von 10 x 10 cm Stärke und 8,9 cm Länge. Markieren Sie den Mittelpunkt der gemaserten Seite, indem Sie von Ecke zu Ecke die Diagonalen ziehen. Bohren Sie ein 1 cm starkes Loch durch das Zentrum. Halten Sie dabei die Bohrmaschine senkrecht (mit einem Bohrständer können Sie hier genauer arbeiten). Um eine achteckige Nabe für die Räder zu erhalten, sägen Sie die Ecken ab.

Kurbel Nehmen Sie nun die 1 cm starke Stahlstange heraus und stellen Sie daraus die Kurbel her. Biegen Sie, 28 cm vom Ende entfernt, die Stange um 90° um. Biegen Sie sie etwa 10 cm dahinter noch ein zweites Mal um 90°. Befestigen Sie den Griff an dem 7,6 cm langen Ende. Der Griff besteht aus einem 2,5 cm starken, 5 cm langen Rundholz mit einer Bohrung von ca. 1 cm Durchmesser. Der Griff wird mit einem Sicherungsstift und einer Unterlegscheibe befestigt.

Abb. 74 *Spindelrad*
Die Maße sind in cm angegeben, wenn nicht anders vermerkt und können auf- oder abgerundet übernommen werden.

A *Rad*

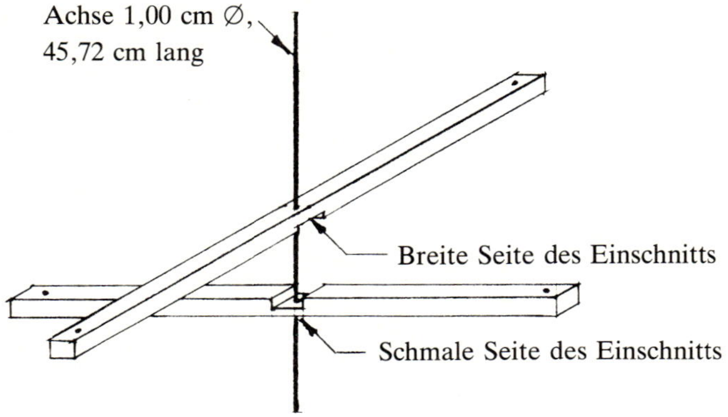

B *Gestell*

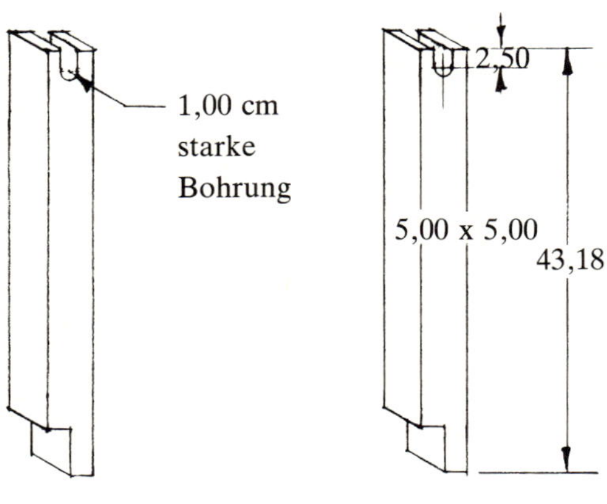

C *Gestell*

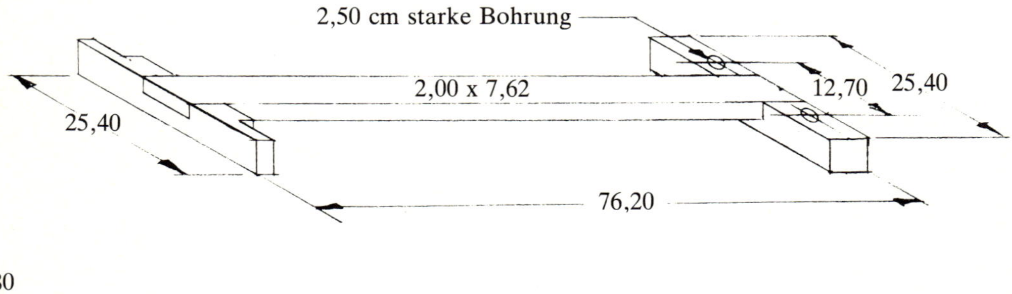

D *Nabe*

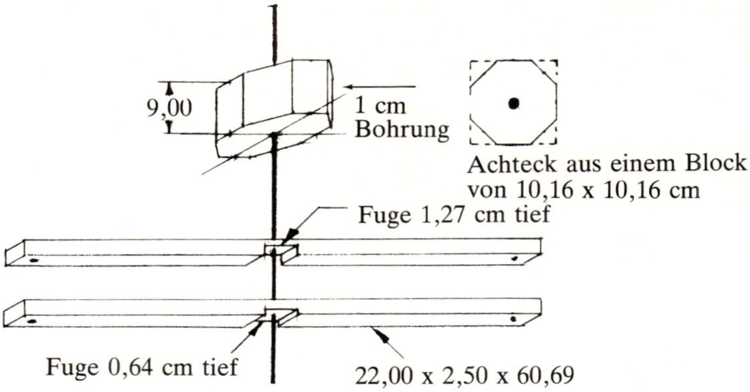

E *Kurbel*

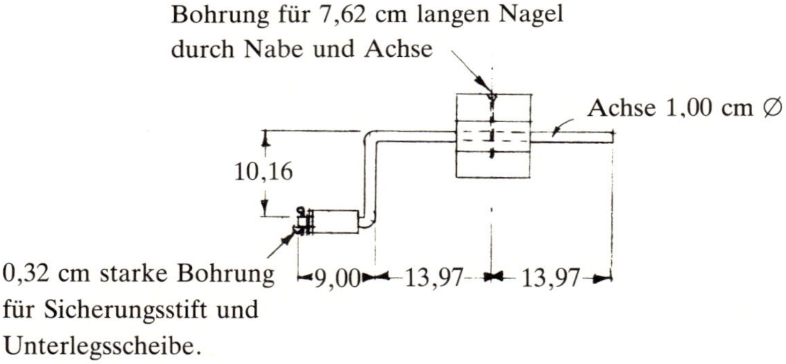

F *Stellung der Latten*

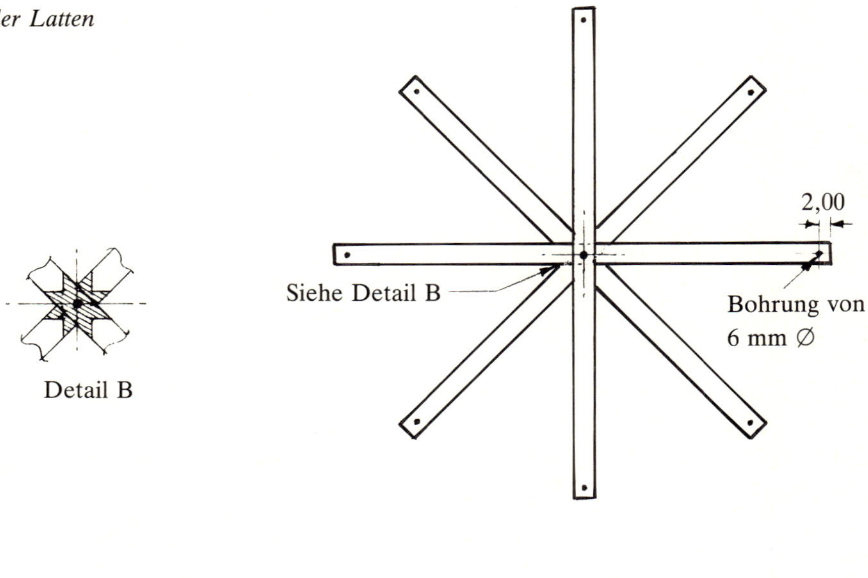

G *Spindellager*

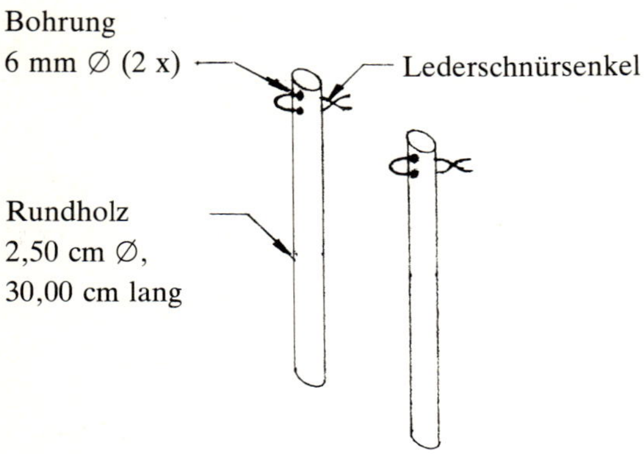

H *Knopf/Scheibe*

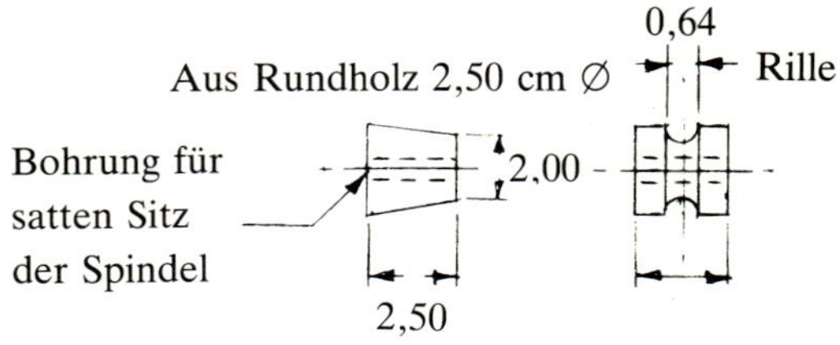

I *Spindel*

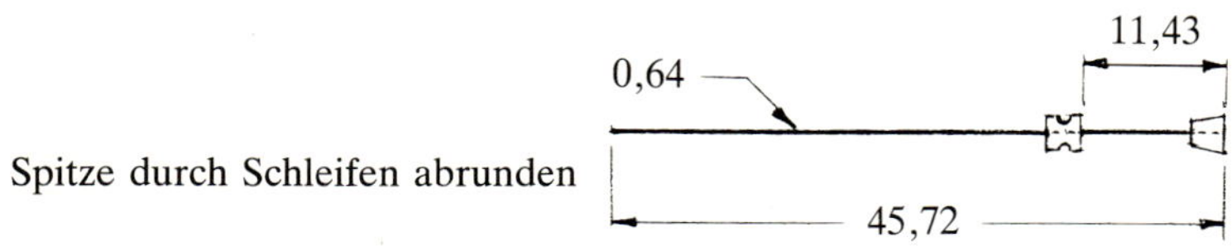

Grundgestell des Spindelrads Legen Sie die Holzstücke von 5 x 5 x 25 cm nebeneinander. Markieren Sie darauf, jeweils in der Mitte, die Breite des 2,5 x 7,6 cm Holzstücks, um es rechtwinklig befestigen zu können, nachdem Sie in die beiden Querhölzer entsprechende Kerben eingeschnitten haben. Eines davon muß noch durchbohrt werden: Jeweils 6,3 cm rechts und links von der Mitte bohren Sie ein Loch von 2,5 cm Durchmesser.

Leimen und zapfen oder schrauben Sie dieses Querstück mit dem langen Holz kantengenau zusammen. Bevor Sie das zweite Querstück (das ohne Bohrungen) befestigen, sollten Sie die Einschnitte für die Radstützen machen, genauso wie in die Radstützen selbst. Dazu wird jedes der beiden 5 x 5 x 43 cm Bretter am unteren Ende gefälzt, wie in Abbildung 74 B gezeigt.

Vor der Montage der Radstützen müssen die Kerben, in denen sich das Rad drehen soll, eingearbeitet werden. Dazu bohren Sie ein 11 mm starkes Loch durch die gesamte Längsseite beider Stützen 3,8 cm unterhalb vom Ende. Sägen Sie nun einen 1 cm breiten Schlitz bis zu jeder Bohrung herunter, um die Achse einzusetzen. Montieren Sie die Radstützen ans Grundgestell und befestigen Sie diese mit Leim und Zapfen oder Schrauben.

Spindellager Das Spindellager wird aus den 30 cm langen Rundhölzern hergestellt. Bohren Sie zwei 6 mm starke Löcher, die 3,8 und 6,3 cm vom oberen Ende entfernt sind. Setzen Sie die Rundhölzer in die Bohrungen im Grundgestell so ein, daß sich die Löcher oben parallel zur Längsachse des Gestells befinden.

Radmontage Legen Sie Speichen und Nabe des Rads provisorisch auf der Achse zusammen. Setzen Sie die Achse in die Schlitze der beiden Radstützen. Zwischen Rad und Stützen sollten an jeder Seite noch ca. 12 mm Freiraum bleiben. Markieren Sie diese Stelle an der Achse. Nehmen Sie das Rad mit der Achse von den Radstützen. Entfernen Sie die Speichen. Setzen Sie die Nabe an die markierte Stelle an der

Achse. Bohren Sie ein kleines Loch für den Nagel durch die Nabe und in die Achse hinein, aber nicht durch diese hindurch. Das läßt sich ohne Bohrständer nicht leicht machen, aber wir haben es mit einem Handbohrer fertiggebracht.

Montieren Sie alles wieder auf die Achse. Schlagen Sie jetzt den Nagel in das Loch durch Nabe, Achse und Nabe an der anderen Seite ein. Das geht einfacher, wenn Sie die Stelle des Lochs in der Achse vorher mit einem Stück Draht suchen.

Spindel Runden Sie das Ende einer 6 mm x 46 cm Stahlstange ab.

Scheibe Schneiden Sie eine Rille in der Mitte eines 2,5 cm starken Rundholzes. Formen Sie diese möglichst gleichmäßig ca. 3 mm tief. (Es ist leichter, wenn Sie ein längeres Stück Rundholz verwenden und dann die 2,5 cm breite Scheibe absägen.) Bohren Sie ein 6 mm starkes Loch durch die Mitte. Schieben Sie die Scheibe vom unbearbeiteten Ende aus 10 cm weit auf die Spindel. Befestigen Sie noch einen Rundholzknopf an diesem Ende.

Wirtel Bohren Sie ein 6 mm starkes Loch durch die Mitte eines hölzernen Türknopfs und schieben Sie diesen vom spitzen Ende aus 23 cm weit auf die Spindel.

Spindellager Fädeln Sie einen ledernen Schnürsenkel durch die zwei Löcher der Rundhölzer (Abbildung 74 G). Befestigen Sie damit die Spindel. Schneiden Sie die überstehenden Lederstücke ab. Die Spitze der Spindel sollte sich auf der gleichen Seite befinden wie die Kurbel. (Somit kann man mit der linken Hand kurbeln und mit der rechten spinnen oder umgekehrt.)

Schnurführung des Rads Befestigen Sie eine kräftige Baumwollschnur auf den Radspeichen, so daß Sie im Zickzack von einem Rad zum anderen läuft. Ziehen Sie eine Schlinge mit einer Häkelnadel durch das Loch zur Außenseite und führen Sie die Schlinge über die Speiche zurück. Wiederholen Sie den Vorgang

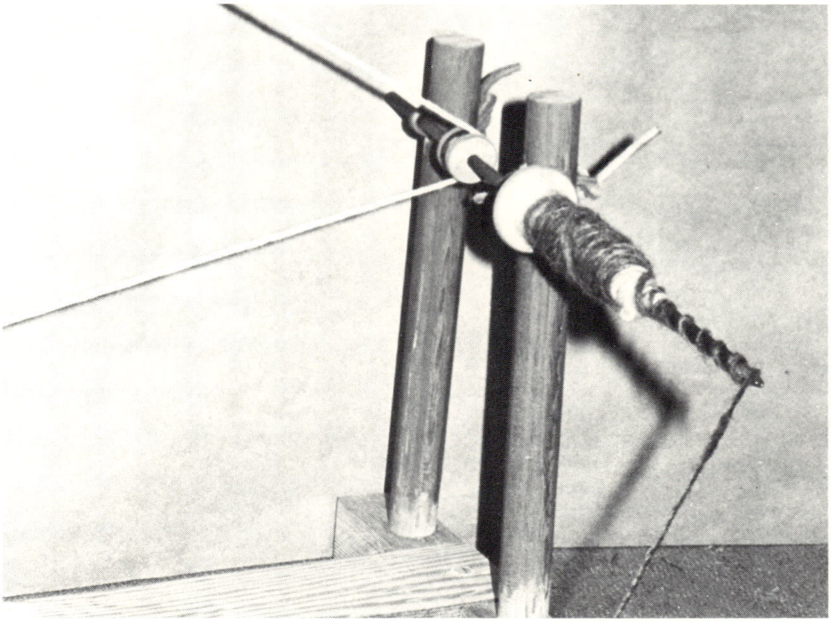

Abb. 75 *Spindelhalter*

Abb. 76 *Jedes Speichenrad wird mit vier 3,8 cm langen Metallschrauben an der Nabe befestigt. Wer will, kann auch noch leinem und/oder gehren. Beachten Sie die Schnurführung auf dem Rad.*

bei den anderen Speichen. Verbinden Sie die Räder auf diese Weise zickzackförmig; ziehen Sie die Schnur fest, aber nicht zu straff, an.

Antriebsschnur Führen Sie eine Antriebsschnur von der genannten Schnurart um das Rad und um die Scheibe an der Spindel. Binden Sie sie ziemlich fest, mindestens so fest, daß sich die Spindel dreht. Sie kann nach Bedarf stärker angezogen werden, wenn sich eine der Schnüre beim Spinnen dehnt.

Fahrrad-Spinnrad

Es gibt eine weitere Möglichkeit, selber ein Spinngerät herzustellen, bei dem das Rad eines Fahrrads als Schwungrad verwendet wird. Obwohl es hier mit zweifädigem Antrieb, Spinnflügel und Spule gezeigt wird, ist die Herstellung eines Spinnrads mit Spindel noch einfacher, da nur eine einfädige Antriebsschnur nötig ist. Beachten Sie bei einem Spinnrad mit Flügel und zweifädigem Antrieb, daß die Arme des Spinnflügels (mit Häkchen, um das Garn zu führen) an der Spindelachse befestigt sind, und daß sich die Spule auf dieser Achse frei drehen muß. Die Rille der Spulenscheibe muß kleiner sein als die der Schnurscheibe. Ein Scheibenverhältnis von etwa 2: 1 eignet sich für mittelstarkes Garn und ein Verhältnis von etwa 1,5 : 1 für feines Garn.

Sie können Scheiben herstellen, indem Sie pro Scheibe drei Kreise aus Sperrholz aussägen und fest zusammenleimen. Der mittlere Kreis ist kleiner und bildet dadurch die Rille. Die Sperrholzscheiben können mit einem speziellen Sägeglocke-Vorsatz für die Bohrmaschine herausgeschnitten werden. Die Spulenscheibe kann mit dem 2,5 cm- und dem 3,8 cm-Vorsatz hergestellt werden, die Schnurscheibe mit den 5 cm- und 6,4 cm-Größen.

Dieses Spinnrad kann auch mit einfädigem Antrieb über die Spule hergestellt werden, wobei die einfädige Antriebsschnur nur die Spule bewegt. Der Spinnflügel kann mit einer verstellbaren Bremse

Abb. 77 *Fahrrad-Spinnrad*

Abb. 78 *Die Spannung der Antriebsschnur kann durch Drehen der Flügelmutter, die den ganzen Spinnflügel bewegt, eingestellt werden.*

Abb. 79 *Die Angel am Spinnflügel ermöglicht ein zusätzliches, feines Nachstellen der Antriebsschnurspannung durch Verwendung eines Keils.*

versehen sein, ähnlich wie bei einigen Spinnrädern für grobes Garn, die im Kapitel »Spinnradtypen« gezeigt werden. Die Bremse kann entweder auf einer Schnurscheibe oder über den Vorderteil der Achse in der Nähe der Einlaßöffnung befestigt werden. In beiden Fällen übt sie einen Zug auf den Spinnflügel aus, so daß das Garn um die Spule aufgewickelt wird.

Achten Sie auf die Flügelmutter und den Schlitz in Abbildung 78. Dadurch wird der Bereich, innerhalb dessen die Spannung des Schwungrads verändert werden kann, vergrößert. Der Spinnflügel ist auf einer Angel montiert. Ein Keil wird benutzt, um eine feinere Einstellung der Antriebsschnur zu erreichen, wie z. B. dann, wenn etwas mehr Spannung benötigt wird, solange die Spule erst halb gefüllt ist.

Webausdrücke

Ich habe die Webausdrücke in der Reihenfolge aufgeführt, in der Sie sie im allgemeinen brauchen werden, um die nachfolgenden Kapitel über Weben zu verstehen.

Kette

Die Kette besteht aus einer Reihe von Fäden, die in Längsrichtung laufen. Durch diese Fäden wird gewebt. Jeder dieser langen Fäden, die parallel zu den Seiten des Webstuhls verlaufen, führt durch eine Litze und ein Riet des Webblatts hindurch (siehe unten »Webblatt«). Überlegen Sie zuerst, welche Kettenlänge Sie wünschen. Wickeln Sie die Fäden zu genau dieser Länge auf ein Schärbrett oder einen Schärrahmen (siehe Kapitel »Herstellung eines Standwebstuhls und eines Schärrahmens«). Die Länge der Kette ist entscheidend für die Menge an Tuch, das gewebt werden kann.

Webblatt

Ein kammartiger Einsatz in der Blattlade. Es wird benutzt, um den Abstand zwischen den Kettfäden beizubehalten und um jeden Schlußfaden anzuschlagen. Die Riete sind die Zwischenräume zwischen den senkrechten Zähnen. Ein Webblatt wird nach der Anzahl der Riete auf 10 cm bezeichnet. Dies muß mit der Anzahl der Kettfäden übereinstimmen. Im Normalfall wird ein Kettfaden pro Riet benutzt. Wenn Sie 32, 40 oder 48 handgesponnene Kettfäden aus feinerem Garn auf 10 cm benutzen, können Sie zwei Fäden pro Riet nehmen. Dadurch entsteht mehr Raum, durch den Verdickungen oder verknotete Stellen im Kettgarn hindurchgehen können.

Blattstecher

Ein dünner Haken aus Metall oder Plastik, mit dem die Kettfäden beim Aufbringen der Kette auf den Webstuhl durch das Webblatt gezogen werden. Sie können einen Blattstecher aus einem kurzen Lineal, aus Metall oder Plastik herstellen, wenn Sie die Form ausschneiden und dann die Kanten glätten. Behalten Sie ihn in Reichweite, denn Sie werden ihn brauchen, wenn Sie einen gerissenen Faden ersetzen müssen.

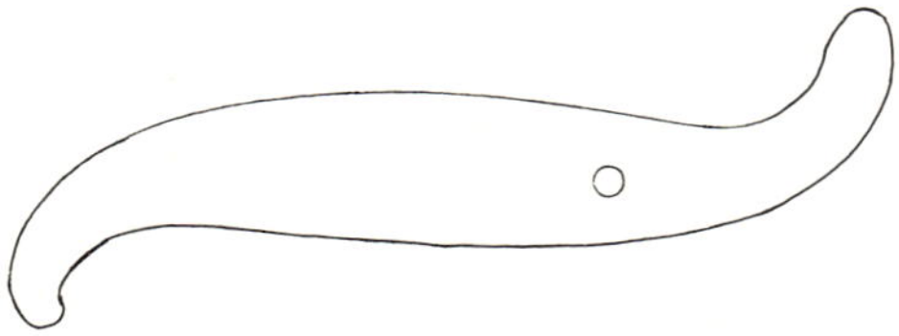

Abb. 80 *Blattstecher*

Das Fach

Als Fach wird der Raum zwischen zwei Schichten von Kettfäden bezeichnet, der entsteht, wenn die Litzenschäfte durch die Tritte gehoben oder gesenkt werden. Das Schiffchen wird durch das Fach gegeben, um einen Schußfaden herzustellen.

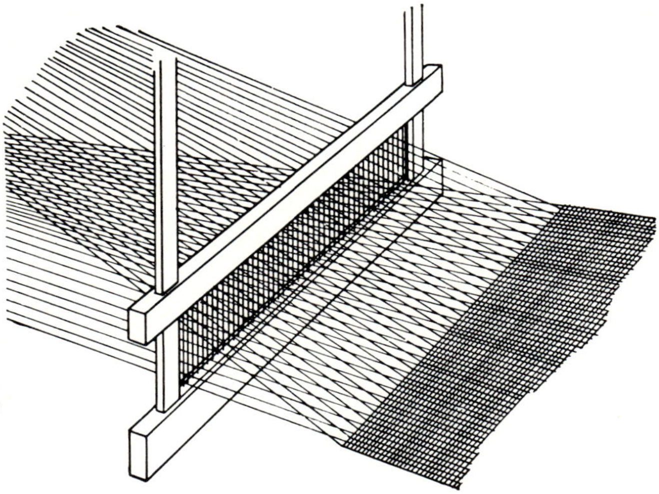

Abb. 81 *Das Fach*

Schuß

Der Schuß bildet den Querfaden des Tuchs, der durch die Kette gewebt wird, um das Gewebe herzustellen. Um einen Schußfaden einzulassen, drücken Sie die Tritte nieder und öffnen eins der beiden Fächer einer Leinenbindung. Bei einem Rollenzugwebstuhl mit vier Tritten drücken Sie die Tritte 1 und 3. Führen Sie das Garn tragende Schiffchen durch das offene Fach. Ziehen Sie die Blattlade nach vorn, um den Faden in der Kette anzuschlagen. Während die Blattlade den Schuß anschlägt, wechseln Sie das Fach (indem Sie die Tritte 2 und 4 niedertreten). Es gibt gute Gründe für den Wechsel der Fächer gerade zu diesem Zeitpunkt:

1. Der Schuß wird an der richtigen Stelle festgehalten, an der Sie ihn gerade angeschlagen haben.
2. Die Blattlade kann das neue Fach von möglicherweise verknoteten Garnfasern befreien, während sie zurückgeführt wird.
3. Der Schuß kann nach dem Fachwechsel notfalls zweimal angeschlagen werden, ohne daß die Blattlade die Kette zu sehr strapaziert. Beim zweiten Mal muß die Blattlade nur einige Zentimeter bewegt werden.

Der Schuß muß gleichmäßig angeschlagen werden, was durch rhythmische Bewegung erleichtert wird. Ungleichmäßiger Abstand der Schußfäden fällt als Strich im Gewebe auf, besonders bei einfarbigem Tuch.

Blattlade

Die Blattlade ist ein beweglicher Rahmen, der das Webblatt hält. Sie wird an das Gewebe gezogen, um jeden Schußfaden anzuschlagen. Halten Sie die Blattlade in der Mitte, um einen ungleichmäßigen Druck gegen das Gewebe zu vermeiden. Wenn Sie die Blattlade immer rechts von der Mitte hielten, würde das Gewebe rechts enger angeschlagen werden.

Litzen

Litzen sind Schnüre oder Drahtstücke mit einem Auge oder einer Öse in der Mitte, wodurch ein Kettfaden paßt. Sie hängen am Litzenschaft oder am Litzenstab zwischen dem Webblatt und dem hinteren Teil des Webstuhls. Durch die Tritte werden sie gehoben oder gesenkt. Das Einfädeln der einzelnen Kettfäden durch die Litzenaugen an verschiedenen Schäften bestimmt, was für ein Muster gewebt werden kann. Für eine handgesponnene Kette eignen sich Litzen aus Schnur besser als aus Draht, weil sie weniger Verschleiß verursachen. Mit Wadezwirn oder Vierfachgarn für Teppichkettgarn kann man Litzen selbst herstellen.

Herstellung von Schnurlitzen

Ein Litzengestell kann aus festmontierten Rundhölzern auf einem zurechtgeschnittenen Holzstück hergestellt werden (Abbildung 82). Diese Maße gelten für den Webstuhl, der im Kapitel »Herstellung eines Standwebstuhls und eines Schärrahmens« gezeigt wird. Die Maße können geändert werden, um Drahtlitzen einer anderen Größe herzustellen. Messen Sie die Schnurlängen ab, indem Sie die Schnur um den Fuß des Gestells wickeln, wenn Sie eine große Anzahl an Litzen herstellen wollen. Wickeln Sie den Zwirn immer längs um den Fuß und schneiden Sie mit einer Rasierklinge alle an einem Ende durch. Binden Sie jede Litze, wie gezeigt, mit drei einfachen Knoten fest. Gleichzeitig lassen sich zwölf oder mehr herstellen. Streifen Sie alle zusammen vom Gestell ab und legen Sie sie auf zwei Rundhölzer, damit sie nicht durcheinander geraten, bevor sie auf dem Schaft befestigt werden.
Ein Gerät zur Herstellung von Litzen auf dem Schaft wird im folgenden Kapitel gezeigt.

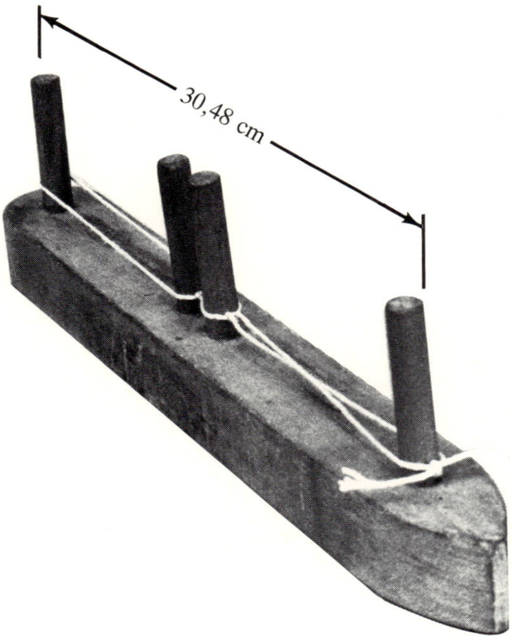

Abb. 82 *Litzengestell mit einer Litze darauf*

Tritte

Damit sind die Pedale gemeint, mit denen die Schäfte eines Standwebstuhls niedergedrückt werden; diese öffnen dabei ein Fach, durch welches das Schiffchen gebracht wird. Die Pläne in diesem Buch zur Herstellung eines Standwebstuhls zeigen einen Rollenzugwebstuhl mit vier Schäften und vier Tritten. Jeder Tritt ist mit einem Schaft verbunden. Es wird mit beiden Füßen gleichzeitig gearbeitet. Die Tritte 1 und 3 werden beide heruntergedrückt, um ein Fach für einen Schußfaden zu öffnen. Dann werden die Tritte 2 und 4 niedergedrückt, um das andere Fach für den nächsten Schußfaden zu öffnen. Durch abwechselndes Betätigen der Trittpaare weben Sie eine Leinenbindung. Durch die Trittfolge 1 und 2, 2 und 3, 3 und 4, 4 und 1, weben Sie eine Köperbindung.

Um die Hand- und Fußbewegungen beim Weben einer Leinenbindung zu koordinieren, gibt es eine gebräuchliche Methode, das Schiffchen gleichzeitig mit der Trittbewegung zu führen. Das Schiffchen kommt von links, wenn Sie die Tritte 1 und 3 drücken und von rechts, wenn Sie 2 und 4 drücken. Obwohl das keinerlei Auswirkung auf das Gewebe hat, wissen Sie dadurch eher, wie Sie zu weben haben. Wenn das Schiffchen rechts liegt, müssen die Tritte 2 und 4 bedient werden. Ein Webstuhl mit sechs Tritten wird häufiger benutzt. Er ist mit zwei Tritten für Leinenbindung versehen, die mit jeweils zwei Schäften verbunden sind. Die übrigen vier Tritte werden mit den Schäften kombiniert, um eine Köperbindung oder, je nach Kette, eine beliebige andere Bindung herzustellen. Bei einem solchen Webstuhl wird das Schiffchen von links geführt, wenn der linke Tritt benutzt wird, und von rechts, wenn der rechte Tritt benutzt wird.

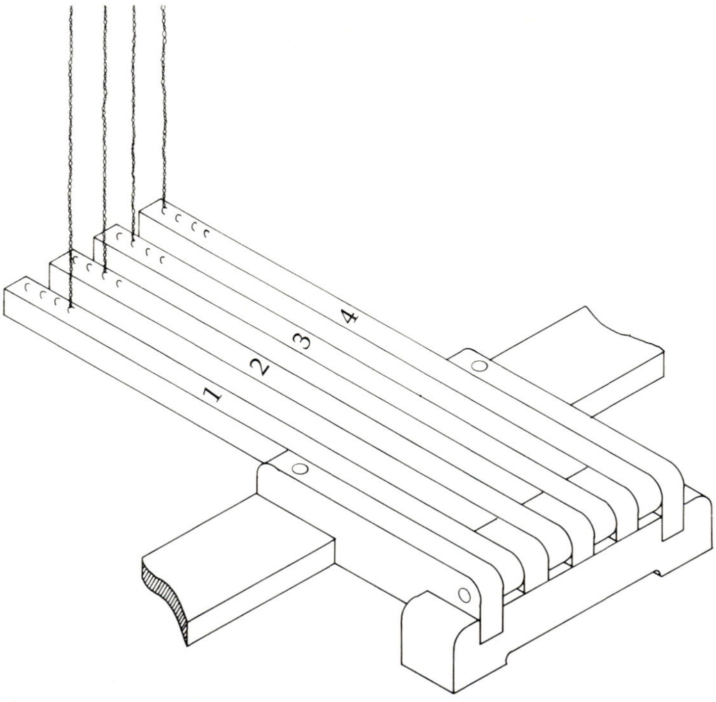

Abb. 83 *Tritte, numeriert*

Seitenschwingen

Die Seitenschwingen sind Hebel, welche die Litzenschäfte bewegen. Sie befinden sich zwischen den Tritten und Schäften, mit denen sie verbunden sind. Sie ermöglichen, daß jeder Tritt mit der Mitte des Schafts (bzw. der Schäfte) verbunden wird, den er betätigt.

Webkanten

Die Fäden an den Rändern des Gewebes bilden die Webkanten. Ordentliche Webkanten kennzeichnen den gewandten Weber. Wenn die Kanten zu stark eingezogen werden, strapaziert das Webblatt sie zu sehr, so daß sie ausfasern und reißen. Andererseits hinterläßt ein lockerer Schußfaden Schlingen am Rand, welche unordentliche Webkanten bilden. Um die goldene Mitte zu finden und gute Webkanten zu machen, führen Sie den Schußfaden durch, ziehen ihn an der Webkante, von der das Schiffchen kam, eng an und gleichen den Schuß auf halbem Weg zwischen den beiden Kanten aus, damit ein großzügiger Bogen entsteht.

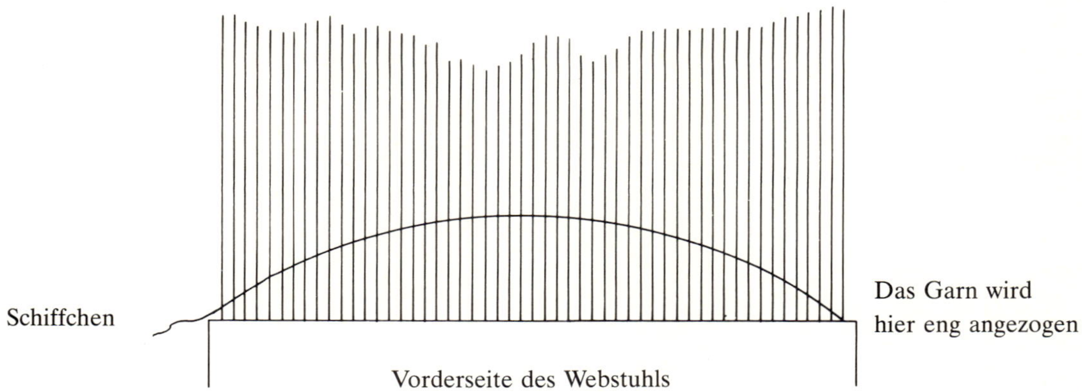

Abb. 84 *Webkanten*

Fadenkreuz

Eine geflochtene 8, die an einem Ende des Schußfadens beim Schären gebildet wird. Das Kreuz wird abgebunden, um die Fäden beim Aufbringen auf den Webstuhl in Ordnung zu halten.

Schärbrett

Ein Rahmen oder Brett mit Pflöcken, um die Kettfäden zur richtigen Länge aufzuwickeln und um sie in der gewünschten Reihenfolge zu halten. Das Schärbrett läßt sich leichter herstellen als der Schärrahmen, ist jedoch nicht so schnell und nicht so praktisch. Die Merkmale des Schärbretts sind die Pflöcke, um die das Garn kreuzweise gewickelt wird, damit man die erwünschte Kettenlänge erhält, und die Pflöcke, um die das Fadenkreuz an einem Ende der Kette gebildet wird. Es ist wichtig, das Fadenkreuz zu binden und beizubehalten, denn es verhindert, daß die Fäden beim Aufbringen der Kette auf den Webstuhl sich verwirren.

Abb. 85 *Schärbrett*

Abb. 86 *Schärrahmen*

Dauerkette

Eine kurze Kette (ca. 2 m lang) aus Teppichkettgarn (Baumwolle). Sie ist auf dem Webstuhl befestigt, und das handgesponnene Kettgarn wird daran festgeknüpft. Dadurch muß nicht jeder nachfolgende Kettfaden durch die Litzen und das Webblatt eingefädelt werden. Die handgesponnene Kette wird an der Dauerkette befestigt, dann durch die Litzen und das Webblatt gezogen, während sie auf den Kettbaum aufgerollt wird. Es gibt weniger Abfall von handgesponnenem Garn, weil Sie dabei bis zum Ende jeder Kette weben können. Um beim Aufbringen der Kette die Fäden bequemer zählen und kontrollieren zu können, vor allem bei einer breiten Kette, können Sie ein Zweifarbensystem benutzen, z. B. jeweils zwanzig Fäden in schwarz und zwanzig in weiß. Sie können dann jeweils zwanzig handgesponnene Kettfäden schären, die mit der Einteilung der Dauerkette übereinstimmen. Auf diese Weise sehen Sie, ob ein Faden fehlt, wenn die Zwanzigergruppen nicht miteinander übereinstimmen.

Kopfstück

Das Kopfstück besteht aus schmalen Stoffstreifen. Bevor Sie anfangen, mit Garn zu weben, wird das Kopfstück am Anfang eingewebt, um die zusammengebundenen Kettfäden parallel zu stellen. Normalerweise werden zwei oder mehr schmale Streifen benutzt, am besten aus Wolle. Das Kopfstück entfernt man, wenn das Gewebe vom Webstuhl heruntergenommen wird.

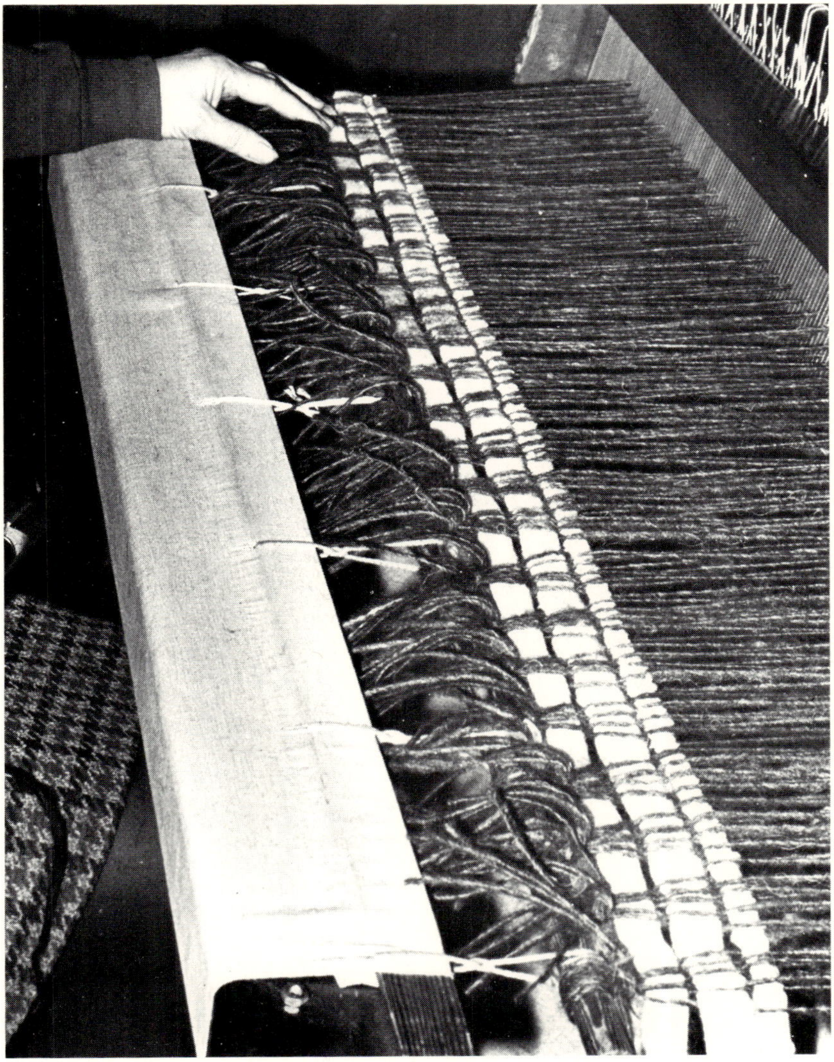

Abb. 87 *Kopfstück aus drei Streifen (vor Beginn des Webens)*

Schürze

Die Schürze wird aus schwerem Segeltuch oder Leinwand hergestellt. Ein Ende wird am Warenbaum befestigt und das andere Ende an einer Stange aus Holz oder Metall. Daran werden die Kettfäden nach dem Aufbringen der Kette gebunden. Manchmal wirde eine zweite Stange vor der Schürzenstange mit Schlingen angebracht oder geschnürt. Dadurch wird das Festbinden der Kette vereinfacht. Der Kettbaum kann auch eine Schürze haben, aber meistens befindet sich hier nur eine Stange aus Holz oder Metall, an der die Kette befestigt wird. Mehr Information darüber finden Sie in »Herstellung eines Standwebstuhls und eines Schärrahmens« (Abbildung 115).

Sperrad

Ein Sperrad ist nötig, um die Spannung zu verstellen und um den Kettbaum und den Warenbaum festzuhalten. Während des Webens wird das hintere Sperrad gelockert, damit man die Kette nach vorn wickeln kann, indem man das vordere Sperrad anzieht. Ein kräftiges Spannungsgerät wird benötigt, um mit einer handgesponnenen Kette zu weben, wegen der ungewöhnlichen Elastizität dieses Garns. In den Arbeitspausen sollte die Spannung der Kette gelockert werden, indem die Spannung am Warenbaum gelöst wird. Wenn das Weben für mehrere Tage unterbrochen wird, ist es gute Praxis, die letzten beiden Schußfäden herauszuholen und wieder einzuführen. Schlagen Sie beide an und weben Sie dann weiter. Dadurch wird ein sichtbarer Streifen an dieser Stelle vermieden.

Leinenbindung

Die einfachste Bindung ist die Leinenbindung. Schußfäden führen über und unter aufeinanderfolgende Fäden, wie beim Stopfen.

Abb. 88 *Leinenbindung aus handgesponnenem Garn*

Köperbindung

Der Köper ist eine weitere Grundbindung, bei der die Schußfäden ein schräg verlaufendes Muster bilden und gleichzeitig über und unter zwei Kettfäden führen. Dies wird ermöglicht, indem die Kettfäden wie für eine Leinenbindung eingefädelt werden und eine Tretfolge für die Köperbindung benutzt wird (siehe »Tritte«). Abwechselnde Schußstreifen von Leinen- und Köperbindung können eine attraktive Struktur ergeben, doch man muß dabei aufpassen. Da eine Köperbindung viel stärker einzieht als eine Leinenbindung, muß bei jedem Schußfaden ein breiter Bogen gemacht werden.

Schiffchen

Das Gerät, mit dem der Schußfaden durch die Kette getragen wird.

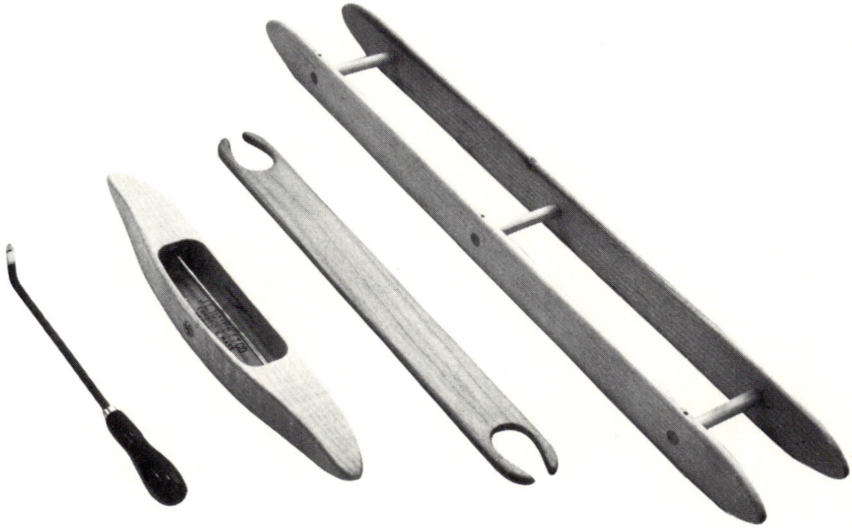

Abb. 89 *Von links nach rechts: Einziehhaken, Handschützen (oder Schiffchen), Schiffchen (oder Webnadel), Teppichnadel*

Spule

Die Spule (oder das Röllchen), die im Weberschützen den Schußfaden trägt. Die Röllchen werden an einem Handspulrad aufgewickelt.

Haspel

Ein verstellbares Gestell, das einen Garnstrang trägt, der zu Knäueln zum Stricken oder Röllchen zum Weben aufgewickelt wird. (Eine andere Haspelart, die einfach herzustellen ist, wird am Ende des Kapitels »Weben mit handgesponnener Wolle: Der Schuß« gezeigt.)

Abb. 90 *Handspulrad. Das Garn wird auf das Papierröllchen aufgewickelt.*

Abb. 91 *Schirmhaspel, am Tisch festgeklemmt*

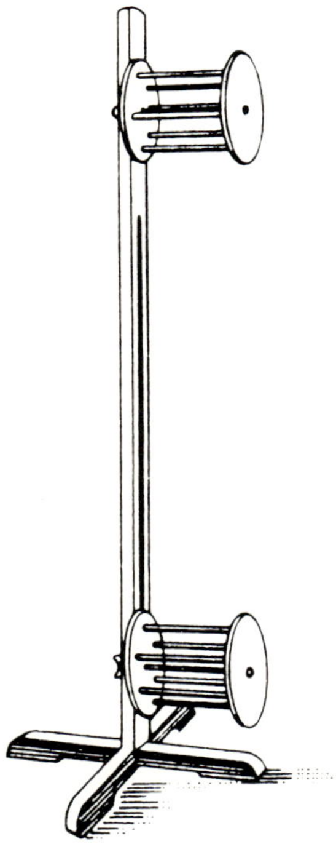

Abb. 92 *Rollenhaspel*

Weben mit handgesponnener Wolle: Die Kette

Ein handgesponnenes Garn, das als Kette benutzt wird, muß sorgfältiger gesponnen werden als Schußgarn. Fehlerhaft angesponnene Garnenden neigen dazu, beim Weben auseinanderzugehen (was durch Leimen verhindert werden kann). Verdickungen oder ungleichmäßige Stellen können in den Litzen hängenbleiben oder verursachen, daß das Garn durch das Webblatt gerissen wird.

Ihr erstes Projekt

Da weniger Probleme mit einer kurzen Kette entstehen, sollte Ihr erstes Projekt kurz und nicht zu breit sein. Es könnte ein Kissen sein, mit den ersten paar Strängen klumpigen Garns als strukturisierter Schuß, es könnte auch ein Schal sein. Mit dieser kurzen Kette bekommen Sie Erfahrung und Mut in der Verwendung von handgesponnener Wolle. Sie lernen dabei, welche Probleme zu erwarten (und zu vermeiden) sind.

Kettenlänge

Wegen der natürlichen Elastizität des handgesponnenen Garns, dem Längenschwund beim Webvorgang, dem Entspannen von nicht gestreckten Kettfäden und dem Einlaufen bei der Wäsche des fertigen Teils, sollten Sie die Kettenlänge wesentlich höher ansetzen, als die erwünschte Länge des fertigen Gewebes. Sie können bis zu 20 % der ursprünglichen Kettenlänge dazurechnen ab dem Zeitpunkt des Aufwickelns am Schärbrett oder Schärrahmen. Wenn die Kettfäden überdreht sind, rechnen Sie eher 25 % hinzu. Wenn Sie Wolle aus Knäueln statt von Strängen auf einer Haspel nehmen, erhalten Sie einige Zentimeter mehr Wolle bei der gleichen Anzahl von Umdrehungen am Schärrahmen. Sie verlieren Wolle durch die plötzliche Entspannung, wenn die Kette vom Schärrahmen heruntergenommen wird, weil das Garn beim Schären gedehnt wird. Wenn Sie sich die Kettenlänge genau notieren und mit der fertigen Gewebelänge vergleichen, werden Sie wissen, wieviel Kette Sie in Zukunft nehmen müssen.
Denken Sie daran, daß mindestens 15 cm Kette vor dem Weben an die vordere Schürze gebunden wird. Soviel ist für das Weben des Kopfstücks nötig. Lassen Sie ebensoviel Kette für das Ende des Gewebes übrig. Insgesamt gibt es weniger Abfall, wenn eine Dauerkette verwendet wird (wie später beschrieben). Falls Sie einen Schal weben, entstehen die Fransen aus diesen Anfangs- und Schlußfäden.

Kettenbreite

Die Kettfäden werden pro 10 cm Webbreite berechnet. Eine einfache Methode, mit welcher der Anfänger die benötigte Fadenzahl errechnen kann, besteht darin, etwas Kettfaden um ein Lineal zu wickeln. Nehmen Sie aber nicht ebensoviele Kettfäden pro 10 cm, weil diese sonst zu eng aneinander liegen, zusammenhaften und das Weben behindern werden. Benutzen Sie die Hälfte dieser Fadenzahl pro 10 cm (oder sogar bis zu vier Fäden weniger). Die Anzahl an Kettfäden sollte dann der Zahl an Rieten pro 10 cm entsprechen, wenn Sie für jedes Riet einen Kettfaden vorsehen (siehe »Webblatt« im vorigen Kapitel). Es ist wichtig, daß die handgesponnenen Kettfäden nicht zu eng nebeneinander gesetzt werden, da sie sonst zusammenh aften und zerfasern könnten. Ein Leimen der Kettfäden kann hier etwas vorbeugen, aber es ist sicherer, eher zu wenige als zu viele Kettfäden pro 10 cm zu haben. Sie können als Schußfaden ein grobes oder sogar ein viel gröberes Garn verwenden, damit das fertige Tuch nicht zu locker wird. Durch Längenschwund und Einlaufen in Kette und Schuß ist das fertige Gewebe schmaler, als es während des Webens erscheint.

Abb. 93 *Das Wickeln von Garn um ein Lineal hilft dem Weber, die Anzahl der Kettfäden auf 10 cm zu berechnen.*

Litzen aus Schnur

Wenn Sie häufig handgesponnene Kettfäden benutzen wollen, rate ich Ihnen, Litzen aus Schnur zu nehmen, da diese das Garn viel weniger strapazieren. Drahtlitzen, die sich schon am Webstuhl befinden, können Sie austauschen. (Siehe Litzengestell, Abbildung 82, oder das Gerät zur Herstellung von Litzen am Schaft, Abbildung 94.)

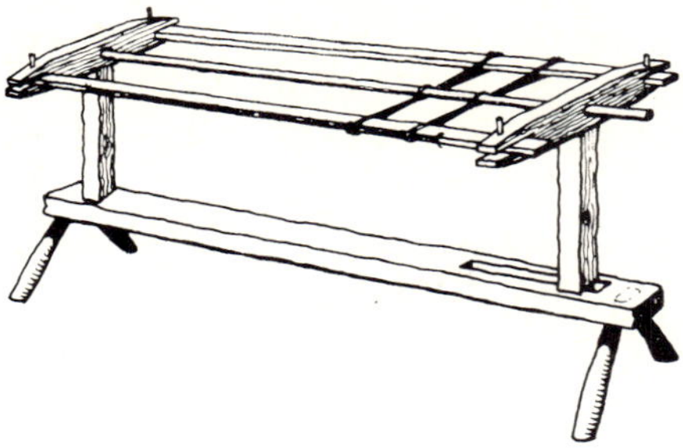

Abb. 94 *Gerät zur Herstellung von Litzen auf dem Schaft. Die Litzen werden um die Stäbe geknotet. Diese werden dann als Schaftstäbe verwendet. Wird der mittlere Stab entfernt, so bleiben die Litzen an den anderen Stäben, die auf den Webstuhl passen.*
(Aus: Marion L. Channing's »The Textile Tools of Colonial Homes«, *Massachusetts 1969)*

Dauerkette

Die Dauerkette ist eine kurze Kette aus kräftiger Baumwolle (normalerweise Teppichkettgarn) von etwa 1,5 bis 2,0 m Länge. Sie wird durch die Litzen und das Webblatt richtig eingefädelt mit der passenden Anzahl an Fäden auf 10 cm für Ihr Vorhaben. Die Dauerkette ist beim Weben von handgesponnenem Garn ausgesprochen nützlich. Im Vergleich zu anderen Methoden hat die Verwendung einer Dauerkette einige Vorteile:

1. Das handgesponnene Kettgarn wird nicht verschwendet.
2. Das Aufbringen der angesponnenen Kette auf den Webstuhl wird vereinfacht.
3. Bei jeder nachfolgenden Kette der gleichen Breite entfällt das Einfädeln durch die Litzen und das Webblatt.
4. Sie fangen eher ein neues Projekt an, wenn Sie wissen, daß der langwierige Vorgang des Einfädelns nicht wiederholt werden muß.

Nach dem Leimen und Trocknen werden die handgesponnenen Kettfäden an die Dauerkette gebunden, die nach dem Einfädeln aus der Vorderseite des Webblatts heraushängt. Von hier wird die handgesponnene Kette durch das Webblatt und die Litzen auf den Kettbaum aufgewickelt. Dabei bleibt eine ausreichende Länge davon, welche an die vordere Schürze gebunden wird, vor dem Webblatt.

Schären der Dauerkette

In der Dauerkette wird die gleiche Anzahl an Fäden verwendet, wie in der Breite der handgesponnenen Kette, aber die Fäden der Dauerkette sollten nur etwa 2 m lang sein. Bei dieser Garnlänge aus Baumwolle ist das Fadenkreuz nicht so wichtig wie bei einer längeren Wollkette, aber die Herstellung eines Fadenkreuzes läßt sich dabei gut üben. Es wird benutzt, um die Geleseleisten am Platz festzuhalten. Wenn Sie einen Schärrahmen benutzen, messen Sie ungefähr 2 m von dem Pflock aus, an dem das Fadenkreuz entsteht, und zurück um den Rahmen herum bis zu der Stelle am anderen Ende, an der ein Pflock die Länge markiert.

Am Schärbrett messen Sie die Entfernung von der hinteren Seite des Kreuzes, dann hin und her über die Pflöcke, bis Sie die nötige Länge haben. Es ist recht nützlich, den Verlauf mit einer farbigen Schnur zu markieren. Beginnen Sie mit der Kette an dem Pflock, der sich am entgegengesetzten Ende vom Fadenkreuz befindet. Wickeln Sie das Garn von hier aus zu den Pflöcken, an denen das Fadenkreuz (immer in die gleiche Richtung) gewickelt wird, und dann zurück. Wickeln Sie hin und zurück, bis Sie die nötige Anzahl von Kettfäden haben. Falls es so aussieht, als würden nicht so viele Fäden auf den Schärrahmen passen, teilen Sie die Dauerkette in zwei Teile auf. Wenn Sie das Garn das letzte Mal zum Anfangspunkt zurückbringen, schneiden Sie die Schnur ab, aber lassen Sie einige Zentimeter übrig. Binden Sie dieses Ende an das Anfangsstück, und die Dauerkette ist fertig.

Das Fadenkreuz wird gebunden

Bevor die Kette vom Rahmen oder Brett heruntergenommen wird, ist es wichtig, das Fadenkreuz festzubinden (Abbildung 95). Das hält die Fäden in der richtigen Reihenfolge und verhindert dadurch ein Verknoten, was sonst bei einer längeren Kette oder einer Kette aus Wolle passieren könnte. Machen Sie auch am anderen Ende einen Knoten, um die Kettfäden in der Nähe des Anfangspflocks zusammenzubinden. Entfernen Sie diesen Pflock und durchschneiden Sie die Schlinge.

Wenn die Kette länger wäre, müßten Sie an diesem Ende anfangen, sie zum Zopf zu flechten. Der Zopf wird folgendermaßen geflochten: Machen Sie eine lockere Schlinge von Kettfäden, greifen Sie hindurch, um mit den Fäden eine weitere Schlinge zu bilden. Ziehen Sie auf diese Weise immer mehr Schlingen durch.

Abb. 95 *Ein Fadenkreuz wird in der Kette am Schärrahmen gebunden, bevor die Kette zum Zopf geflochten und vom Schärrahmen abgenommen wird.*

Abb. 96
Flechten des Zopfs

A *Eine Schlinge wird durch die erste Schlinge in der Kette gezogen, um einen Zopf zu bilden.*

B *Benutzen Sie die Hände abwechselnd, um ein Verdrillen der Kettfäden zu vermeiden, und ziehen Sie immer eine Schlinge durch die vorhergehende.*

Aufbringen der Dauerkette auf den Webstuhl

Wenn Sie die nötige Anzahl an Fäden für die Dauerkette gewickelt und zum Zopf bzw. zu Zöpfen geflochten haben, können Sie anfangen, sie auf den Webstuhl aufzubringen. Ist die hintere Schürze oder der Streichbaum mit einer Stange versehen, an der Sie die Kette befestigen können, kann diese Stange durch die hintere Schlinge des gebundenen Kreuzes geschoben werden. Das hält alle Kettfäden am Streichbaum.

Damit die Fäden der Dauerkette in der richtigen Reihenfolge bleiben, was den nächsten Schritt des Einfädelns durch die Litzen vereinfacht, schieben Sie jeweils eine Geleseleiste durch die Fäden an jeder Seite des Fadenkreuzes. Wenn die Geleseleisten am Platz sind, um das Kreuz festzuhalten, kann die Schnur, mit der das Kreuz zusammengebunden ist, gelöst werden. Die Schlingen des Zopfes sollten sich in der Mitte der Stange befinden und von dort aus zu ungefähr der Breite aufgefächert werden, die Sie weben wollen.

Die Geleseleisten werden in ihrer Stellung gehalten, indem man sie an jedem Ende zusammenbindet. Sie werden dann an der Kette nach vorn gebracht, bis sie sich gerade über dem hinteren Teil des Webstuhls befinden, und zwar dort, wo sie beim Weben sein sollten. Während man die Dauerkette und die daran gebundene Wollkette auf den Kettbaum aufwickelt, sollten die Geleseleisten jedesmal, wenn die Kette nach hinten gewickelt wird, nach vorn gebracht werden. Wenn Sie die Kette beim Weben weiter nach vorn bringen, sollten diese Leisten wieder zum hinteren Teil des Webstuhls geschoben werden, damit sie das Fach nicht stören. Die Kettfäden werden durch die Leisten gut auseinander gehalten, während sie nach vorn an die Litzenschäfte kommen und so das Weben von handgesponnenem Garn vereinfachen.

Abb. 97 *Die Geleseleisten halten das Kreuz in der Kette zwischen den Litzenschäften und dem Rückenteil des Webstuhls.*

Einzug der Dauerkette durch die Litzen

Um die Kette auf einen Webstuhl mit vier Schäften für eine Leinenbindung aufzubringen, werden die Fäden von rechts nach links durch die Litzen gefädelt – ein Faden durch eine Litze am hinteren Schaft, der nächste durch eine Litze des vorletzten Schafts, der nächste durch eine des dritten Schafts, und der nächste durch eine Litze am vorderen Schaft. Diese Reihenfolge wird über die ganze Kettenbreite beibehalten. Läßt sich die Blattlade abmontieren, können Sie sie wegnehmen und so mehr Arbeitsraum für das Einfädeln durch die Litzen schaffen. Danach wird die Lade zurückgesetzt, damit die Kette durch das Webblatt gezogen werden kann.

Um die Kette einfacher durch die Litzen ziehen zu können, lassen Sie ganz rechts an jedem Litzenschaft oder an den Litzenstäben eine Litze frei, um den Schaft an seinem Platz zu halten. Schieben Sie die anderen nach links und ziehen Sie zum Einfädeln mit einem Kettfaden jeweils eine Litze nach rechts. So besteht kaum Gefahr einer Verwechselung.

Benutzen Sie eine Teppichhäkelnadel mit Holzgriff oder einen langen Einziehhaken, um die Fäden der Dauerkette durch die Litzen zu ziehen (Abbildung 89).

Dieser Einzugsplan ist zwar für eine Leinenbindung gedacht, aber durch Treten kann man damit eine Köper- oder gebrochene Köperbindung herstellen. Hat Ihr Webstuhl vier Schäfte, so können Sie die Kette für eine Vielfalt an Mustern einziehen, je nach Methode, mit der Sie die Kettfäden durch die Litzen der verschiedenen Schäfte ziehen. Bei einem Webstuhl mit zwei Schäften kann ein anderes Muster durch einen Wechsel an Farbe und Struktur der Kett- und Schußfäden erreicht werden.

Einzug der Dauerkette durch das Webblatt

Wenn alle Dauerkettfäden durch die Litzen eingezogen worden sind, können Sie sie nun durch das Webblatt einfädeln. Ein flacher Einziehhaken eignet sich gut dazu (Abbildung 89).

Ziehen Sie eine oben angebrachte Blattlade (wie beim Webstuhl in unseren Plänen) ganz nach vorn, um einen größeren Arbeitsbereich für das Einfädeln zu bekommen. Die Kette soll in der Mitte des Webblatts liegen, also müssen Sie den Mittelpunkt des Webblatts finden. Markieren Sie ihn mit einem bunten Faden. Sie werden diese Markierung immer wieder brauchen. Messen Sie die halbe Kettenbreite rechts von diesem Punkt ab, und beginnen Sie hier die Fäden durch das Webblatt einzuziehen.

Ziehen Sie die Kettfäden der Reihe nach von rechts durch je ein Riet im Webblatt, wenn sie durch die Litzen kommen. Vergessen Sie keinen Faden und lassen Sie kein Riet aus. Ein möglicher Fehler beim Einfädeln durch die Litzen oder durch das Webblatt muß korrigiert werden, da er sonst die ganze Länge der Kette hindurch gewebt wird. Wenn Sie die Dauerkette komplett durch Litzen und Webblatt gezogen haben, so ist die schwerste Arbeit des Webens getan. Nun können Sie die geleimte, handgesponnene Kette daran festbinden und auf den Webstuhl aufwickeln. Wickeln Sie die Dauerkette auf den Kettbaum soweit zurück, bis etwa 25 cm der Dauerkette auf der Vorderseite des Webblatts hervorschauen. Binden Sie die Dauerkettfäden gruppenweise zusammen, damit sie festgehalten werden, bis die handgesponnene Kette daran gebunden wird.

Schären der handgesponnenen Kette

Schären Sie das handgesponnene Garn zu einer Kette mit der gleichen Fadenzahl wie die Dauerkette. Machen Sie die Kette länger als für ihr Vorhaben nötig ist, da ein Längenschwund durch Elastizität, Einweben, Einlaufen bei der Wäsche, usw. erfolgt. Teilen Sie die Zahl der Kettfäden auf, um gleichgroße

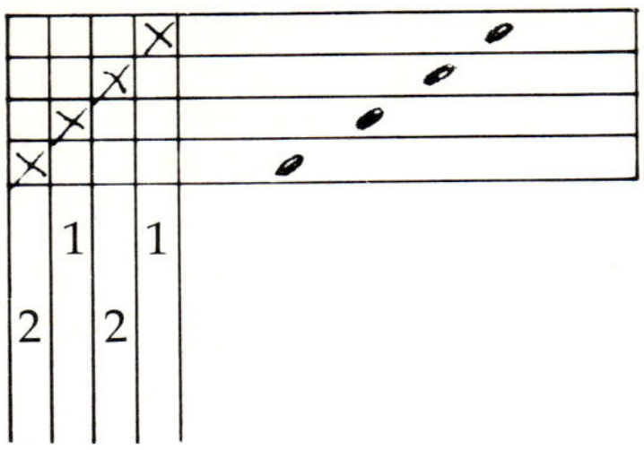

A *Patrone für vier Schäfte. Drücken Sie beide Tritte Nr. 1 für das erste Fach der Leinenbindung und die beiden Tritte Nr. 2 für das zweite Fach. Wiederholen Sie.*
(Das gilt für einen Rollenzugwebstuhl, bei dem beide Füße gleichzeitig benützt werden.)

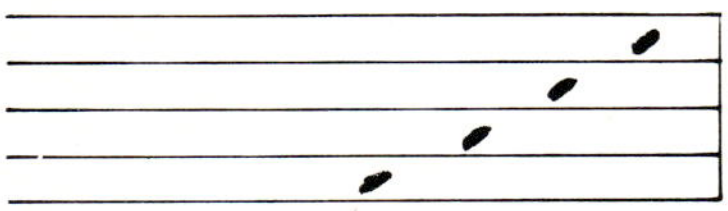

B *Die Punkte zwischen den Linien zeigen die Reihenfolge an, in der die Kettfäden durch die Litzen an den vier Schäften eingezogen werden.*

C *Die Punkte werden manchmal durch dunkle Quadrate ersetzt.*

D *Die Punkte, welche die Verschnürung zeigen, werden manchmal als Striche geschrieben.*

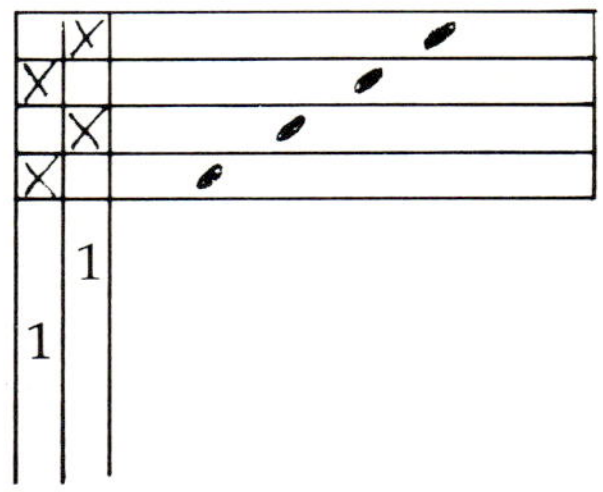

E *Diese Patrone ist für eine zweischäftige Leinenbindung, wobei die beiden Tritte abwechselnd gedrückt werden.*

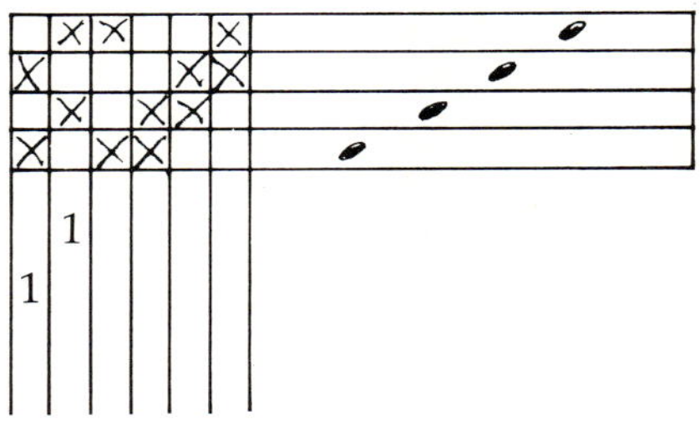

F *Patrone für sechs Tritte. Die beiden linken Tritte stellen eine Leinenbindung her (die anderen vier könnten für verschiedene Köperbindungen sein). Drücken Sie die beiden linken Tritte abwechselnd herunter (für die Leinenbindung).*

Abb. 98 *Patronen*

Zöpfe herzustellen. Wir schären jeweils 20 oder 24 Kettfäden, damit sie leicht zu handhaben und zu leimen sind. Das Garn sollte gewaschen und gestreckt sein, damit es schon eingelaufen ist und sich leichter verarbeiten läßt.
Messen Sie die Länge der Kette am Schärrahmen oder Schärbrett ab, und binden Sie eine Schnur auch um die Fäden am Pflock am entgegengesetzten Ende vom Kreuz. Binden Sie beide Kettenenden am Anfang

der Kette zusammen. Wenn Sie die Kette abziehen, schneiden Sie die Enden an der Stelle durch, wo sich der Pflock befand. Die Kettenenden sind hier zwar durchgeschnitten, aber noch zusammengebunden. Um einen Zopf herzustellen, machen Sie an diesem Ende eine lockere Schlinge, greifen hindurch und ziehen die Kette zu einer Schlinge durch. Bilden Sie auf diese Weise den Zopf, bis Sie zum Kreuz kommen. Ziehen Sie das Fadenkreuz nicht durch die Schlinge. Binden Sie nur die letzte Schlinge mit einem Faden locker an den Rest der Kette unter dem Kreuz. Der Faden wird abgerissen, wenn Sie den Zopf auf dem Webstuhl aufziehen wollen.

Flechten Sie jeden Kettenteil gleich nach dem Schären, bis Sie genug für die ganze Kette haben. Ich schlage vor, einige zusätzliche Fäden zu schären, um eventuell gerissene Fäden ersetzen zu können. Leimen Sie auch die zusätzlichen Fäden. Mit zunehmender Erfahrung beim Spinnen werden Sie weniger Probleme durch reißende Fäden haben.

Leimen der geschärten Kette

Die handgesponnenen Kettfäden sollten vor dem Aufbringen auf den Webstuhl geleimt werden. Dadurch können sie durch die Litzen und das Webblatt weniger strapaziert werden. Auch werden hierdurch schwache Stelle gestärkt. Wir benutzen seit vielen Jahren einen Klebstoff aus Tierknochen, den wir als Granulat beziehen. Das Aussehen verschiedener Granulatklebstoffe unterscheidet sich nur in der Feinheit der Körnchen. Das hat mit der Qualität nichts zu tun. Wenn Sie die Stärke eines Leims nicht kennen, prüfen Sie ihn, um die richtige Verdünnung herauszufinden. Weichen Sie die Körnchen zuerst in kaltem Wasser ein. Wir nehmen drei Eßlöffel Granulat auf einen viertel Liter kaltes Wasser. Sind die Körnchen gut durchweicht und das kalte Wasser aufgesaugt, wird noch ein viertel Liter kochendes Wasser dazugegeben. Ein Liter Flüssigkeit ist ausreichend für eine schmale Kette, aus der ein oder zwei Schals gewebt werden. Übriggebliebener Leim kann für die nächste Kette verwendet werden.

Tauchen Sie die Kettenzöpfe komplett in den heißen Leim (er wird besser aufgesaugt, wenn er heiß ist), und wringen Sie sie am besten mit einer alten Wäschemangel aus. Wenn Ihnen keine zur Verfügung steht, streichen Sie den Leim mit der Hand aus. Vergessen Sie nicht, die Mangel und alle anderen verwendeten Geräte mit sehr heißem Wasser danach abzuspülen. Hängen Sie die geleimten Zöpfe zum Trocknen auf. Entfernen Sie die Fäden, welche die letzte Schlinge am Zopf halten, und öffnen Sie die Zöpfe, damit sie leichter und gerade trocknen können. Die Kettfäden müssen vollkommen trocken sein, bevor sie an die Dauerkette gebunden werden. Das trockene Kettgarn ist durch den Leim ziemlich steif, aber der Leim läßt sich durch Waschen aus dem Gewebe leicht entfernen. Übriggebliebener Leim kann an einer kühlen Stelle mehrere Wochen lang aufbewahrt werden oder, zugedeckt im Kühlschrank, unbegrenzte Zeit. Erwärmen Sie ihn vor dem Gebrauch.

Verbinden der handgesponnenen Kette mit der Dauerkette

Jetzt wird das Fadenkreuz verwendet. Es hält die handgesponnenen Kettfäden in der richtigen Reihenfolge, während sie an der Dauerkette befestigt werden. Binden Sie jeweils einen handgesponnenen Faden an einen Faden der Dauerkette von rechts nach links. Für die Verwendung des Weberknotens (um die Kette anzubinden) gibt es gute Gründe: Der Knoten ist ziemlich flach, so daß er gut durch die Litzen und das Webblatt paßt. Er läßt sich schnell öffnen, indem an einem Ende fest gezogen wird (am besten am Baumwollfaden). Ist er richtig gebunden, rutscht er weder, noch löst er sich beim Gebrauch am Webstuhl.

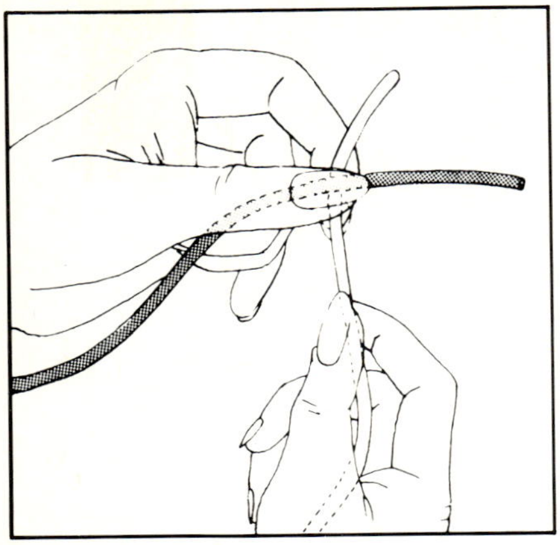

1. Schritt Links über rechts

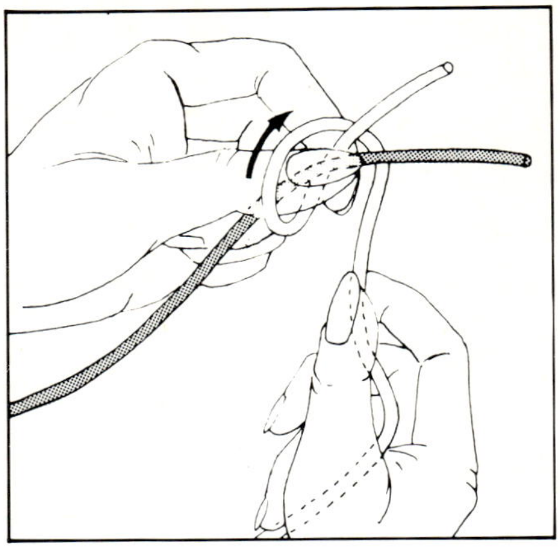

2. Schritt Mit beiden Enden wird ein Kreis gebildet.

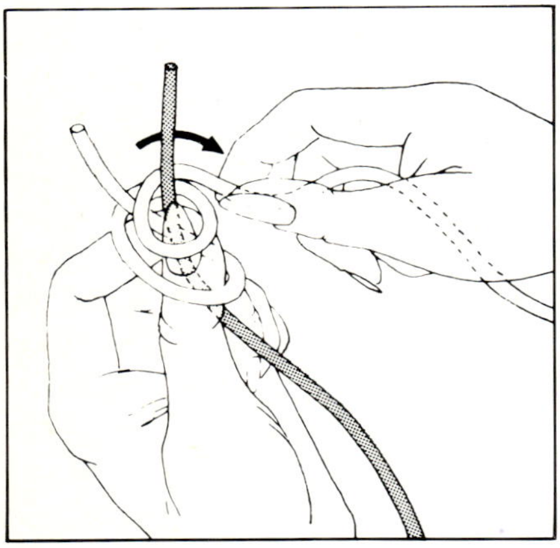

3. Schritt Ein Kreis wird mit dem linken Ende gemacht.

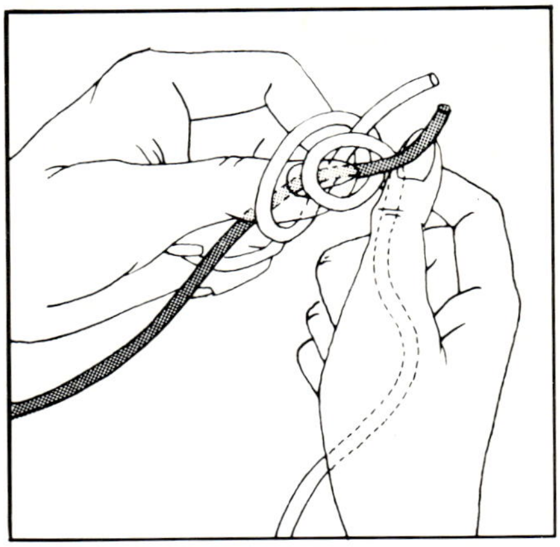

4. Schritt Der Daumen rutscht unter das linke Ende.

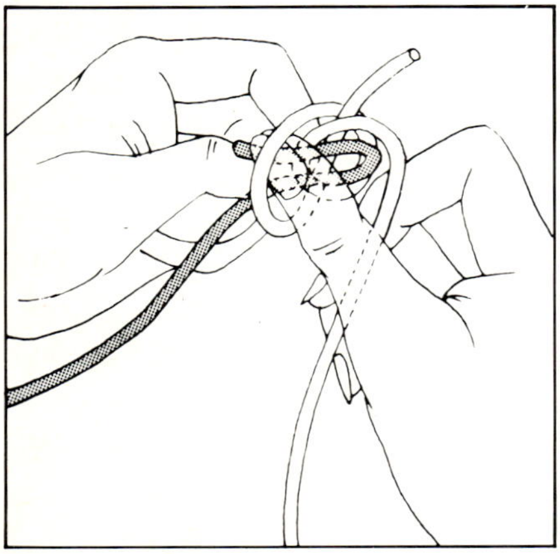

5. Schritt Linkes Ende hinein und durch die erste Schleife schieben.

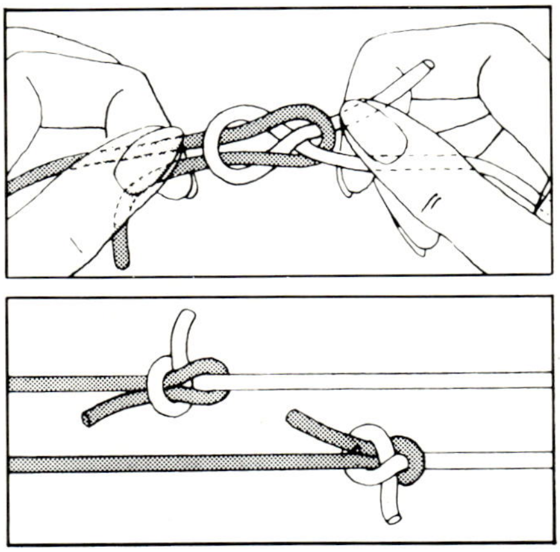

6. Schritt Linkes Ende (oder beide Enden) ergreifen und festziehen.

Abb. 100 *Rundhölzer halten das Fadenkreuz in der trockenen, geleimten Kette fest. Die obere Schlinge wird durchgeschnitten, und die dadurch entstandenen Enden der Reihenfolge nach an die Dauerkette gebunden.*

Sie können das Fadenkreuz in der Kette mit zwei kurzen Rundhölzern halten, während Sie die Kette anbinden. Die Hölzer sollten etwa 25 cm lang und völlig glatt geschliffen sein. Schieben Sie eins durch jede Seite des Kreuzes und halten Sie die Hölzer an jedem Ende mit einem starken, gekreuzten Gummiband zusammen. Damit werden sie gut fixiert und lassen sich leicht nachstellen. Nach dem Einsetzen der Holzstäbe ins Fadenkreuz schneiden Sie die Garnschlingen des Kreuzes durch, um Fadenenden zu bekommen, die Sie an der Dauerkette befestigen können. Entfernen Sie auch die Schnüre, die das Fadenkreuz zusammenhielten. Sie können leicht erkennen, welcher Faden zu nehmen ist, wenn Sie die Fäden einzeln aus dem von den Rundhölzern gehaltenen Fadenkreuz herausziehen und jeden Faden an einen Faden der Dauerkette befestigen.
Wenn Sie den Weberknoten beherrschen und sicher sind, daß Sie nicht gestört werden, können Sie auf die Rundhölzer verzichten und nur die Finger einer Hand ins Fadenkreuz legen, während Sie die einzelnen Fäden zum Anbinden herausholen. Wenn alle Kettfäden an der Dauerkette befestigt sind, können Sie die handgesponnene Kette auf den Webstuhl aufwickeln.

Aufbäumen der handgesponnenen Kette

Ziehen Sie jeden Knoten vorsichtig durch das Webblatt zurück und wickeln Sie etwas von der Dauerkette auf den Warenbaum, bis die Knoten sich hinter dem Webblatt an den Litzen befinden. Holen Sie die Geleseleisten jedesmal nach vorn, wenn Sie die Kette nach hinten wickeln, damit diese nicht über die Rückseite des Webstuhls hinunterrutschen.

◀ **Abb. 99** *Ein Weberknoten wird gebunden.*

Abb. 101 *Die fertig angebundene Kette vor dem Aufbäumen*

Abb. 102 *Aufbringen der Kette auf den Webstuhl*

Kämmen Sie die Kettfäden mit den Fingern, um sie parallel auszurichten, damit sie nicht vom Webblatt gerissen werden. Bringen Sie die Knoten an der ganzen Kettenbreite entlang durch die Litzen. Wenn alle Knoten durch die Litzen gezogen sind, wickeln Sie noch etwas Kette auf den Kettbaum. Bevor Sie weitermachen, prüfen Sie, ob sich ein Knoten aufgelöst hat und ob Fäden gerissen sind.
Um sicher zu sein, daß die Kette beim Aufwickeln auf den Kettbaum glatt liegt und daß eine Reihe Kettfäden nicht in die darunterliegende Reihe einschneidet, müssen Sie etwas zwischen die Schichten

schieben. Sie können glatte, flache Leisten dafür verwenden. Diese sollten zwar länger sein, als die Kette breit ist, aber nicht breiter als der Kettbaum und glatt geschliffen. Manche Weber benutzen gefaltete Zeitungen, aber das kann abfärben. Ich würde empfehlen, leichte Pappstücke oder sehr starkes Packpapier dafür zu verwenden, etwa 20 bis 30 cm breit. Das Angenehme an Pappe ist, daß sie allmählich die Form des Kettbaums annimmt und sich damit leichter einschieben läßt.

Der Rest des Aufbäumens sollte unter Spannung stattfinden. Das läßt sich am einfachsten zu zweit machen, wenn einer vor dem Webstuhl steht, um die geschorene Kette zurückzuhalten und wenn der andere am hinteren Teil des Webstuhls den Kettbaum dreht, um die Kette aufzuwickeln.

Derjenige, der die Kette hält, kämmt sie mit den Fingern aus und hält dann in jeder Hand jeweils die Hälfte der Kette (Abbildung 102) leicht angespannt, während der andere sie auf den Kettbaum dreht. Der Vorgang wird oft unterbrochen, da Sie immer wieder anhalten müssen, um die Fäden zu entwirren. Halten Sie alle Kettfäden gleichmäßig gespannt, denn lockere Fäden fallen im Gewebe auf. Wenn die Kette soweit aufgewickelt ist, daß die Enden etwa auf gleicher Höhe mit der vorderen Webstuhlkante sind, haben Sie die Kette aufgebracht.

Binden der Kettenenden auf die Schürze

Achten Sie darauf, daß die vorderen und hinteren Sperräder arretiert sind, bevor Sie anfangen, die Kette an die vordere Schürze zu binden. Anderenfalls wird das eine oder andere Rad rutschen, wenn Sie die Knoten festziehen. Ziehen Sie die Schürze über den Brustbaum herauf in eine Stellung, in der Sie die Kettenenden an die Stange der Schürze binden können. Verbinden Sie zunächst die beiden Enden und die Mitte der Kette mit der Schürze. Diese Knoten müssen später geändert werden, aber sie halten die Schürze an der richtigen Stelle, solange Sie damit arbeiten.

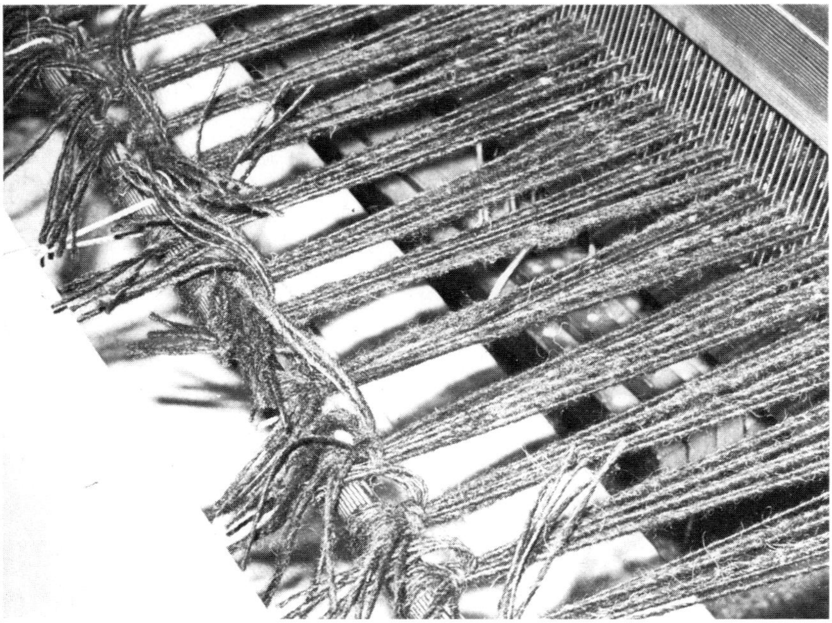

Abb. 103 *Kette auf dem Webstuhl. Die Enden werden an die Stange gebunden, die an der vorderen Schürze befestigt ist.*

Fangen Sie an der rechten Kettenseite an, und nehmen Sie in jede Hand vier benachbarte Kettfäden. (Hier ist es praktischer, wenn Sie eine zweite Stange haben, die mit der Schürzenstange verbunden ist, als eine einzelne Stange, die sich im eingekerbten Saum der Schürze befindet.) Die Fäden werden über, dann unter die Stange geführt und dann zu einem einfachen Knoten gebunden. Doppelknoten sind ungünstig, da die Knoten festgezogen werden müssen, wenn Sie die ganze Breite befestigt haben. Wenn alles fertig ist, ziehen Sie die Knoten noch einmal fest, damit alle Kettfäden gleichmäßig gespannt sind. Beachten Sie, daß vor allem die beiden Endknoten fest sitzen, denn diese Fäden bilden die Webkanten.
Jetzt können Sie mit dem Weben beginnen.

Weben mit handgesponnener Wolle: Der Schuß

Kopfstück

Bevor Sie mit dem handgesponnenen Schuß beginnen, brauchen Sie ein Kopfstück, um gleichmäßige Abstände zwischen den an der Schürze zusammengebundenen Kettfäden wieder herzustellen. Das Kopfstück kann aus zwei schweren Stoffstreifen bestehen, die etwa 2 cm breit und länger als die Kettenbreite sind. Schlagen Sie sie nah an die Knoten an. Wenn der Anfang der Kette nicht für Fransen benötigt wird, und wenn Sie so wenig Abfall wie möglich haben wollen, können Kopfstückstreifen aus Wolle sogar 0,5 cm breit sein, da das Garn an den Wollfasern haftet.

Spannung nachstellen

Drehen Sie das vordere Sperrad, um eine ziemlich hohe Spannung der Kette herzustellen. Eine feste Kettspannung gleicht teilweise ungleichmäßig gesponnene Kettfäden aus und ermöglicht auch, daß der Schuß nicht zu fest angeschlagen wird. Je lockerer die Spannung, desto fester läßt sich der Schuß anschlagen, auch wenn mit Absicht weich angeschlagen wird. Wenn sich Überdrehungen im Schuß befinden, fühlt sich zu fest angeschlagenes Gewebe rauher an. Ist Ihr erstes Projekt ein Schal, eine Stola oder ein Kissen, eignet sich ein weicherer Anschlag besser. Falls Sie einen kleinen Teppich weben, ist ein harter Schußanschlag vollkommen in Ordnung, und ein überdrehtes Garn wird gut verwertet.

Öffnen des Fachs: Vier Tritte

Wenn Sie den Rollenzugwebstuhl mit vier Tritten benutzen, drücken Sie die Tritte für die Fächer der Leinenbindung mit beiden Füßen gleichzeitig nieder. Wenn die Tritte von links nach rechts von 1 bis 4 numeriert sind, heißt das, daß Sie die Tritte 2 und 4 für das eine Fach niederdrücken, das Schiffchen mit dem Schußgarn hinüberführen und dann die Tritte 1 und 3 für das andere Fach niederdrücken. Diese zwei Bewegungen werden wiederholt, um eine Leinenbindung zu weben.
Mein erster Webstuhl war auf diese Weise verschnürt, mit einem Tritt pro Schaft, und mir ist dieser Typ immer lieber gewesen als einer mit sechs Tritten.

Öffnen des Fachs: Sechs Tritte

Eigentlich gibt es häufiger den Webstuhl mit sechs Tritten. Zwei Tritte werden für die Leinenbindung benutzt (zwei Schäfte werden mit jedem Tritt verbunden) und die restlichen vier für das Muster (in diesem Fall für eine Köper- oder gebrochene Köperbindung), indem jeder Tritt mit zwei Schäften verschnürt ist. Bei einem Webstuhl mit sechs Tritten werden die Füße nicht gleichzeitig benutzt. (Die Trittfolge wird im Kapitel »Webausdrücke« beschrieben.)

Abb. 104 *Die weißen Streifen des Kopfstücks halten die Kettfäden in gleichmäßigen Abständen. Beachten Sie den Bogen des noch nicht angeschlagenen Schußfadens.*

Schußfadenbogen

Eines der Probleme beim Weben mit handgesponnenem Garn besteht darin, daß die Webkanten nach innen gezogen werden, weil mit dem Schuß ein zu kleiner Bogen gemacht wird. Führen Sie das Schiffchen nicht in einer geraden Linie, sondern in einem Bogen durch das Fach, und schlagen Sie den Schuß dann an. Bilden Sie den Bogen erst, wenn Sie durch enges Anziehen des Schußfadens am Anfang eine feste Webkante gemacht haben. Der Bogen gleicht sowohl die Garnelastizität als auch das normale Einweben aus, während der Schuß über und unter die Kettfäden führt. Bei einem 90 cm breiten Gewebe z. B. sollte der Schuß einen Bogen von ca. 10 cm in der Mitte bilden, bevor er angeschlagen wird. Wenn das Gewebe etwa 110 cm breit ist, kann der Schuß einen Bogen von ca. 15 cm bilden. Für nicht handgesponnenes Garn genügt ein schwächerer Bogen. Am Anfang des Teils brauchen die ersten paar Reihen wenig oder gar keinen Bogen. Ungefähr nach den ersten 2 cm zieht das Gewebe normalerweise ein. Trotzdem darf der Anfangsteil nicht breiter sein als das restliche Gewebe.

Eine Webbreite von 90 cm sollte um nicht mehr als 4 cm schmaler werden. Kontrollieren Sie die Breite mit einem Maßband jedesmal, wenn Sie die Spannung lösen, um die Kette nach vorn zu drehen. Wenn das Gewebe stärker eingezogen wird, sollten Sie einen größeren Bogen im Schuß machen. Führen Sie notfalls mehrere kleine Bögen über die ganze Breite, um einen noch längeren Schußfaden herzustellen.

Breiteres Gewebe durch ungestreckten Schuß

Es ist viel einfacher, mit einem gewaschenen und gestreckten Schußfaden zu arbeiten. Wenn es Ihnen aber günstiger erscheint, einige zusätzliche Zentimeter in der Gewebebreite zu erhalten, können Sie einen ungestreckten Schuß anwenden. Der Bogen des ungestreckten Fadens liegt in einer unregelmäßigeren Linie, was jedesmal zu einigen zusätzlichen Zentimetern Schuß führt. Wird das fertige, gewaschene Gewebe zum Trocknen ausgelegt, können Sie es nun stärker strecken und dehnen. Ungestrecktes Garn kann auch einen weniger einheitlichen Struktureffekt ergeben. Diese Methode hat jedoch einen Nachteil. Wenn Sie zuviel zusätzliches Garn in den Bogen einbringen, oder wenn das Garn überdreht ist, kann eine Leinenbindung entstehen, in welcher Kett- und Schußfäden nicht immer im rechten Winkel zueinander liegen. Der krause Schußfaden schiebt die Kettfäden aus der Linie, was unschön wirkt und nach der Wäsche noch stärker auffällt.

Schiffchen

Das wirksamste Schiffchen für alle Breiten über 25 bis 30 cm trägt eine Garnspule über die ganze Kettenbreite. Ein gutes Schiffchen sollte rundherum sehr glatt sein und vor allem unten poliert, damit es nicht an der Kette hängenbleibt.
Beim üblichen Schiffchen sollte die dem Webblatt zugewandte Seite (die gegenüber der Öffnung) flacher als die Vorderseite sein, damit es beim Werfen durch das Fach nah am Webblatt bleibt. Die Öffnung befindet sich auf der anderen Seite; ein länglicher Schlitz ist praktischer als ein kleines, rundes Loch. Das Garn läßt sich nicht nur einfacher durch den Schlitz einfädeln, sondern auch gleichmäßiger von der verlängerten Spule abwickeln. (Es gibt auch ein Schiffchen, das den Faden vom Ende her ausführt, aber damit wird ein Anfänger kaum arbeiten.) Für grobes Garn ist ein Schiffchen nicht günstig, weil es nicht viel davon aufnehmen kann. Für sehr grobes Garn nehmen Sie am besten eine Webnadel; sie ist leicht herzustellen, reicht für schmales Gewebe aus und kann gröberes Garn tragen.

Laden des Schiffchens

Berücksichtigen Sie bei handgesponnenem Garn dessen Unregelmäßigkeit in Stärke, Struktur und Farbe. Um einen einheitlichen Effekt zu erhalten, spinnen Sie das ganze Schußgarn und spulen Sie es auf, bevor Sie zu weben beginnen. Mischen Sie die Garnspulen, um die Unebenheiten gleichmäßig zu verteilen. Ist dies nicht möglich, dann arbeiten Sie wenigstens mit zwei Garnsträngen gleichzeitig; spulen Sie beide auf Röllchen, die Sie abwechselnd verwenden.
Man kann Spulen aus Plastik oder Holz kaufen oder aus Packpapier selber herstellen. Schneiden Sie Papierquadrate von 10 bis 13 cm Länge (die genaue Größe hängt von der Größe des Schiffchens ab) und runden Sie die Ecken ab, damit das Garn nicht daran hängenbleibt. Spulen können mit einem Handspulrad oder an einem Spindelrad aufgefüllt werden (siehe Kapitel »Herstellung eines Spinnrads«). Eine Handbohrmaschine, ausgestattet mit einem spitzen Metallstab anstelle eines Spiralbohrers, kann an einem Tisch festgeklemmt und wie ein Handspulrad benutzt werden.
Wickeln Sie ein Ende des Papierröllchens fest um die Achse und klemmen Sie dabei das Anfangsstück des Schußgarns unter den Außenrand des Papiers. Halten Sie es hier fest, während Sie zu drehen beginnen. Bilden Sie eine Kegelform, indem Sie das Garn hin und her aufspulen. Eine gelegentliche Zickzackbewegung verhindert, daß das Garn an den Enden herunterfällt.
Der Garnstrang wird beim Aufspulen an einer Haspel gehalten. Man hat die Wahl zwischen mehreren Sorten. (Siehe Pläne zur Herstellung einer Haspel am Ende dieses Kapitels.) Haspeln, Handspulräder und elektrische Spulgeräte gibt es in Spinn- und Webläden oder beim Versand.

Abb. 105 *Das auf ein Papierröllchen aufgewickelte Garn wird in ein Schiffchen eingesetzt.*

Spulenwechsel

Wenn Sie das Garn einer Spule aufgebraucht haben, machen Sie mit der nächsten Spule weiter, indem Sie die beiden Garnenden übereinanderlegen. (Meistens reicht es, wenn die übereinandergelegten Enden nur ca. 25 cm lang sind.) Das sollte nicht an der Webkante erfolgen. Falls die Enden nicht abgeschnitten sind, wird die Verbindungsstelle nicht sichtbar sein. (Ein abgeschnittenes Ende ragt an einer Seite heraus.) Der Faden kann gerissen werden, wenn Sie ihn aufdrehen und auseinanderziehen, um so spitz zulaufende Enden zu bilden.

Bewegung der Litzenschäfte

Handgesponnenes Garn neigt dazu, die Litzenschäfte mit der Kette zu tragen, wenn diese nach vorn gedreht werden, um mehr Arbeitsraum zu erhalten. Bringen Sie die Litzenschäfte jedesmal an ihren ursprünglichen Platz zurück, bevor Sie die Kette ganz festziehen. Es fällt auf, wenn eine Verdickung in einem Litzenauge hängenbleibt. In diesem Fall kann sie einzeln hindurchgezogen werden, ohne daß der Kettfaden beschädigt wird. Wenn die Kette entspannt ist, kontrollieren Sie die Litzenaugen, um zu sehen, ob die Kette vom Vorderteil des Webstuhls bis nach hinten eine gerade Linie bildet. Das ist in jedem Fall nützlich, besonders bei handgesponnenem Garn. Wenn die Litzenaugen über oder unter dieser Linie liegen, sollte die Verschnürung der Schäfte nachgestellt werden.

Kettfäden ersetzen

Wenn ein Kettfaden während des Webens reißt, können Sie ihn durch einen Ihrer zusätzlich geschärten und geleimten Kettfäden ersetzen. Halten Sie ein Ende des neuen Fadens mit einer Nadel am Gewebe mehrere Zentimeter unterhalb des Randes fest, führen Sie ihn durch das Webblatt und die Litze, durch welche der gerissene Faden lief, und befestigen Sie ihn hinter dem rückwärtigen Teil des Webstuhls. Hängen Sie ein Gewicht daran, um eine Spannung herzustellen, die derjenigen der Kette möglichst entspricht. Weben Sie ein paar Zentimeter weiter. Entfernen Sie dann die Nadel. Reißen Sie genug Faden ab, um ein spitz zulaufendes Ende bilden zu können und arbeiten Sie dieses ins Gewebe neben dem zu ersetzenden Faden ein, so daß es nicht auffällt. Weben Sie so lange weiter, bis Sie das gerissene Ende des ursprünglichen Kettfadens nach vorn ziehen können. Reißen Sie den Ersatzfaden ab, befestigen Sie den gerissenen Kettfaden mit einer Nadel am Gewebe und weben Sie weiter. Später können Sie dieses Ende

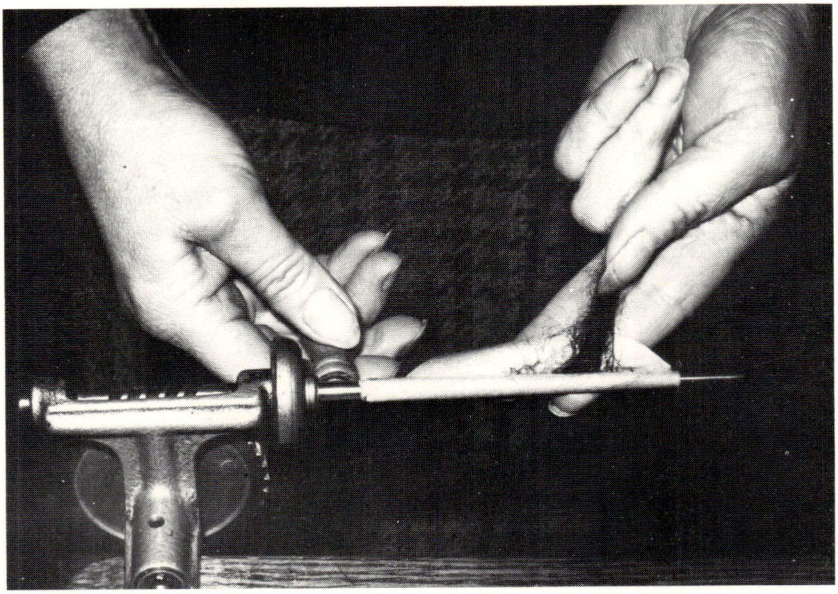

Abb. 106 *Aufspulen auf ein Papierröllchen. Ein Garnende wird vor dem Aufspulen unter dem Rand des Papiers festgeklemmt.*

Abb. 107 *Das Weben von drei Schals erfordert sechs ordentliche Webkanten.*

und das des Ersatzfadens ins Gewebe einarbeiten. Bei den natürlichen Ungleichmäßigkeiten handgesponnenen Garns sind diese geflickten Enden nicht sichtbar.
Vor allem sollten Sie nie ein Fadenende abschneiden. Reißen Sie es grundsätzlich ab, auch wenn Sie es vorher dafür aufdrehen und auseinanderziehen müssen. Ein abgeschnittenes Ende steht immer an einer Seite heraus, während ein ausgefasertes Ende so spitz zuläuft, daß es an der Stelle hängenbleibt, an der es eingewebt wurde. Wenn Sie einmal einen Knoten in der Kette machen müssen, dann vergessen Sie nicht, ihn wieder aufzumachen und die beiden Enden mehrere Zentimeter danach ins Gewebe einzuarbeiten.

Webkanten

Bei einer schmalen Kette aus geleimtem Garn dürften Probleme mit Webkanten minimal sein, wenn Sie daran denken, einen guten Bogen mit dem Schußfaden zu führen. Bei einer breiteren Kette, vor allem, wenn der Schuß etwas überdreht ist, könnten Sie trotz des Bogens dazu neigen, nach innen zu ziehen. Wenn Sie ein Einziehen nicht verhindern können, stellen Sie sich eine Schablone her. Damit halten Sie das Gewebe in der gewebten Breite. Wenn Sie die Schablone ca. 3 cm hinter dem Webrand an der Webkante befestigen, wird das Gewebe in dieser Breite gehalten. Die Schablone sollte nachgestellt werden, wenn Sie etwa 8 cm gewebt haben. (Siehe Schablonenpläne am Ende dieses Kapitels.)

Schützen der Webkanten

Es gibt eine weitere gute Methode, die problematischen Webkanten einer breiteren Kette zu verstärken und zu schützen. Sie ist angebracht, wenn Schwierigkeiten während des Webens auftreten. Befestigen Sie zwei zusätzliche Kantenfäden von Teppichgarn aus Baumwolle an jede Seite der Kette. Binden Sie diese an die vordere Schürze, führen Sie die Zusatzfäden durch Webblatt und Litzen nach hinten. Hängen Sie schwere Gewichte über den hinteren Teil des Webstuhls daran. (Diese zusätzlichen Webkantenfäden sollten, dem Muster ihrer Leinenbindung entsprechend, durch abwechselnde Litzenschäfte geführt werden.) Bringen Sie die Gewichte während des Webens nach hinten, so daß sie kurz über dem Boden hängen. Sorgen Sie dafür, daß diese Fäden etwas fester gespannt sind als die Kette. Da die Zusatzfäden glatt sind, kann die Spannung der fertigen Webkante perfekt nachgestellt werden, wenn das Gewebe vom Webstuhl abgenommen wird und notfalls noch einmal nach der Wäsche. Die zusätzlichen Webkantenfäden gleiten von jedem Ende und lassen sich zu der Spannung ziehen, die sich für Ihren Stoff am besten eignet. Ich mußte das bei meiner ersten langen handgesponnenen Kette machen, weil ich noch nicht entdeckt hatte, daß die Kette durch Leimen geschützt werden kann.

Weben gegen Ende der Kette

Sie können an der Kette, die an eine Dauerkette gebunden ist, ruhig weben, bis sich die Verbindungsknoten gerade hinter den Litzen befinden. Wenn Sie für Decken oder Schals lange Fransen mit drei Knoten machen wollen, werden die dafür notwendigen 25 cm übrig sein. Für Tuch, Ponchos oder Artikel mit kurzen Fransen können Sie die Kette noch einmal nach vorn rollen und die Knoten dabei sehr vorsichtig durch die Litzen bis kurz hinter das Webblatt ziehen, um noch einige Zentimeter weiter zu weben. Wenn Sie sehr vorsichtig sind, können Sie die Knoten durch das Webblatt bringen und bis dorthin weben (das erfordert natürlich noch mehr Geduld).

Abschneiden

Bevor Sie das Tuch vom Webstuhl abnehmen, müssen Sie geeignete Maßnahmen ergreifen, um zu verhindern, daß sich das Schußgarn entlang des geschnittenen Randes lockert. Bleibt der Rand ohne Fransen oder soll er Teil eines Saumes werden, so muß man ihn mit feinem Garn befestigen und nach dem Schneiden mit der Maschine nähen. Wenn der Rand geknotete Fransen bekommen soll, nähen Sie ihn nicht fest, sondern weben Sie ein Kopfstück, am besten aus zwei oder drei Reihen Wolle, um den Rand festzuhalten.

Rollen Sie die Kette nach vorn, bis sich die Knoten 25 bis 30 cm vor dem Webblatt befinden, ehe Sie den Schnitt vornehmen. Schneiden Sie genau hinter den Knoten, damit diese nicht an der Dauerkette bleiben, an der Sie ja die nächste Kette befestigen wollen. Die Knoten lassen sich einfacher von den Fransen als von der Kette abschneiden. Die Enden der Dauerkette können nach dem Schneiden gebündelt und vor dem Webblatt locker geknotet werden, damit sie gut verwahrt bleiben, bis die Kette wieder gebraucht wird.

Verwendung vom Klammern

Wenn Sie das fertige Stück abschneiden wollen, ist es sehr günstig, mit zwei kleinen Klammern zwei flache Leisten über der Dauerkette vor dem Webblatt anzubringen. Die Leisten bleiben befestigt, bis Sie die nächste Kette daran binden wollen. Die Enden brauchen nicht geknotet zu werden. Um die neue Kette anzubringen, werden die Enden der Dauerkette einzeln, der Reihenfolge nach, herausgezogen. Wenn Sie das einige Male getan haben, werden Sie sich wahrscheinlich ein Gerät dafür herstellen wollen. Bohren Sie einfach vier Löcher in jede Leiste und halten Sie diese durch Riegel und Flügelmuttern zusammen. Wenn Sie einen Artikel von einer langen Kette abschneiden wollen und genug Kette übrig haben, um einen weiteren Artikel zu weben, so ist dieses Gerät ebenfalls geeignet. Befestigen Sie es, damit Sie die ungewebten Kettfäden am Platz halten und schneiden Sie diese so knapp am gewebten Teil ab wie erwünscht. Dann können Sie den Rest der Kette an die vordere Schürze binden, um wieder weiterzuweben.

Fertigmachen des gewebten Teils

Handgesponnenes Tuch, das gerade vom Webstuhl kommt, sieht oft nicht gerade schön aus, bis es gewaschen wird. Die Wäsche ist nötig, nicht nur um das Aussehen zu verbessern, sondern auch um den Leim von der Kette zu entfernen und um das Garn flauschig zu machen. Wärme und Feuchtigkeit sind notwendig, um Kett- und Schußfäden zu entspannen und um sie in völlige Übereinstimmung miteinander zu bringen. Wird das Tuch weiter verarbeitet, so können geschnittene Ränder (die für Säume vorgesehen sind) nahe am zuvor genähten Rand mit der Maschine genäht werden. Hierdurch verhindert man ein Auflösen. Dies muß aber vor der Wäsche geschehen. Die Fransen sollten auch gleich nach Abnahme vom Webstuhl geknotet werden.

Wie bei der Wäsche von Vliesen, sind auch hier die üblichen Dinge zu vermeiden: Extreme Änderungen der Wassertemperatur, ungelöste Seife oder Waschmittel im Wasser und direkt auf das Tuch fließendes Wasch- oder Spülwasser. Wenn Sie angefangen haben, sollten Sie das Verfahren durchziehen – vom Einweichen über das Spülen bis zum Trocknen. Vermeiden Sie, daß das nasse Tuch zwischen diesen Arbeitsgängen Falten bildet.

Wir weichen unser Tuch in einer heißen Seifenlauge ein. Danach schwenken wir es vorsichtig hin und her und schleudern das Wasser aus. Spülen Sie das Tuch gleich aus, entfernen Sie das Spülwasser mit der Schleuder oder Waschmaschine, und legen Sie das Tuch auf eine flache Ablage zum Trocknen.

Man erhält die besten Ergebnisse, wenn das Stück oder das Tuch auf eine, mit einer Wolldecke bezogene Hartfaser- oder Sperrholzplatte ausgelegt wird. Wenn Sie beim Auslegen das Tuch mit den Händen vorsichtig glätten, brauchen Sie es hinterher meist gar nicht zu bügeln. Sie können das Tuch auch in große Matratzenpolster einrollen, um die überflüssige Feuchtigkeit aufzusaugen und das Tuch dann auf Leintücher oder Wolldecken zum Trocknen auszubreiten. Manche Weber entscheiden sich für das

Trocknen an der Wäscheleine. Entweder stecken Sie viele Wäscheklammern eng zusammen, um wellige Webkanten zu vermeiden, oder Sie hängen das Gewebe zwischen zwei Wäscheleinen auf. Bei dieser Art des Trocknens ist es nicht möglich, das feuchte Gewebe zu glätten, und so ist es erforderlich, das trockene Tuch ausführlich zu dämpfen.

Manche Stoffe sind fast »bügelfrei«, andere dagegen muß man fest bügeln, um ein mustergültiges Aussehen zu erreichen. Je geringer die Erfahrung beim Spinnen, desto größere Wirkung wird durch kräftiges Bügeln erzielt. Wenn erwünscht, kann das Tuch nachher durch Bürsten aufgerauht werden.

Pläne zur Herstellung einer Schirmhaspel

Die Maße von dieser Schirmhaspel entsprechen einem Strang von 140 cm Länge, den sie mit dem 140 cm-Haspelstock (Abbildung 92) herstellen. Die Haspel reicht für einen Strang von 106 bis 150 cm. Um einen Strang von 90 cm darauf wickeln zu können, sollten die oberen Querhölzer etwa 2,5 cm kürzer, und alle senkrechten Teile ca. 5 cm länger sein, damit die Haspel nicht so spitz zuläuft. Weitere Anleitungen sind nicht nötig, da diese Haspel so einfach herzustellen ist.

Material

2 Holzstücke – jeweils 2,5 x 7,5 x 50 cm (Fuß)
1 Rundholz – 2,5 cm ∅, 23 cm lang
1 Rundholz – 2,5 cm ∅, 2,5 cm lang (Oberteil des Stiels)
2 Leisten – 2,5 x 1 cm, 63,5 cm lang (Unterteil des Schirms); 1 Bohrung jeweils 2,5 cm vom Leistenende entfernt. Diese Leisten stehen gegenüber den schrägen Leisten heraus.
2 Leisten - 2,5 x 1 cm, 25,5 cm lang. Bohrungen jeweils 1,8 cm vom Leistenende entfernt (Oberteil des Schirms).
8 Leisten – 2 cm breit, zwischen 0,5 und 0,6 cm stark, 46 cm lang; Bohrungen 1,8 cm von beiden Enden entfernt.
1 Stahlrohr – 1 cm stark, 76 cm lang (nur wenige Zentimeter im Stiel eingelassen)

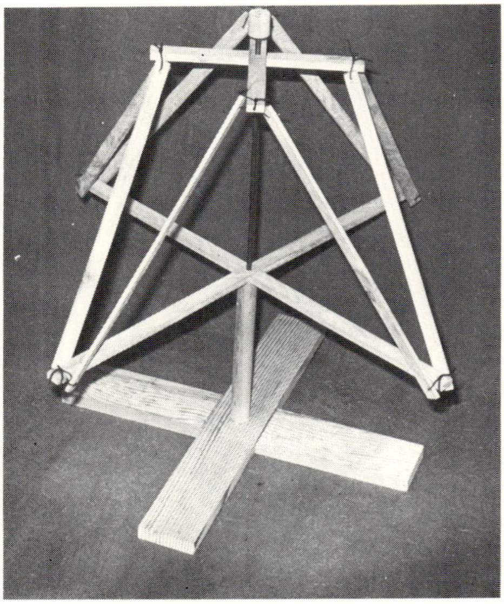

Abb. 108 *Diese »Christbaum-Haspel« ist eine einfache Schirmhaspel, die mit Handwerkszeug leicht herzustellen ist.*

Pläne für eine Schablone

Die Länge der Schablone wird auf die richtige Tuchbreite eingestellt. Dann werden die scharfen Nägel der Schablonenenden bei offener Schablone in die Ränder der Webkanten eingehakt. Anschließend wird die Schablone »geschlossen« und flachgestellt, um das Tuch in der richtigen Breite zu halten. Bringen Sie die Schablone jedesmal nach vorn, nachdem Sie ca. 8 cm gewebt haben.

A *Plan für die Schablone*

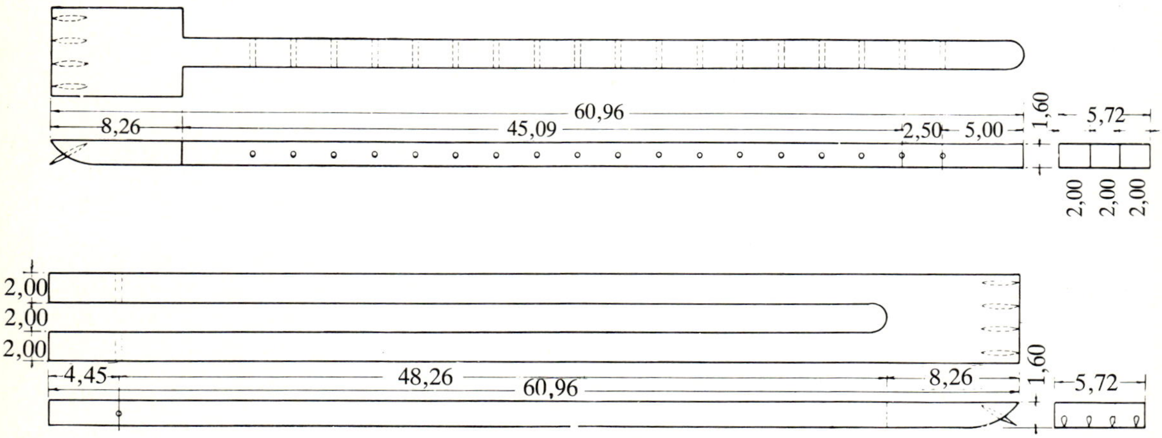

B *Geschlossene Schablone*

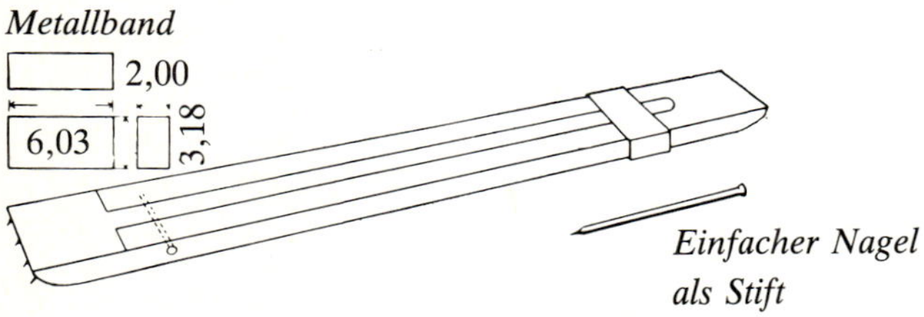

C *Geöffnete Schablone*

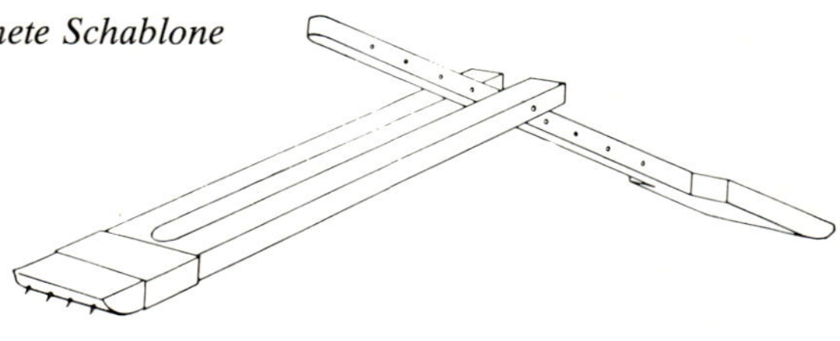

Abb. 109 *Schablone*

Maße sind in cm angegeben, sofern nicht anders vermerkt, und können auf- bzw. abgerundet werden.

Webobjekte mit handgesponnener Wolle

Beim Weben mit selbstgesponnenem Garn werden Ihnen durch dieses Material Grenzen gesetzt, so daß sich Ihr Objekt nach dem Garn richten sollte. Eine variierte Kette, obwohl halb versteckt, ergibt einen recht interessanten Effekt.

Farbe in der Kette: Streifen
Wenn Sie eine Kette mit Streifen von unterschiedlicher Breite aufbäumen, können Sie mit einem einfarbigen Schuß senkrechte Streifen oder mit einem entsprechend gestreiften Schuß ein Plaid-Muster weben. Die Reihenfolge und die Breite der Streifen werden meist festgelegt, während Sie die Kette schären. Ein Nachteil hierbei ist, daß die Pläne zu den Objekten viel Zeit erfordern. Wenn die gestreiften Kettfäden geleimt und getrocknet sind, müssen Sie sie zusätzlich noch einordnen und an die Dauerkette binden. Dabei müssen Sie versuchen, die Streifen in der gewünschten Reihenfolge beizubehalten.

Farbe in der Kette: Zufällige Farbe

Bei einer weniger systematischen Methode, die Kette aufzubringen, wird das Muster der Kette am Webstuhl entworfen. Das macht natürlich mehr Spaß. Schären Sie eine Auswahl von jeweils einfarbigen Kettfäden, aber bringen Sie sie nicht als einfarbige Flächen auf den Webstuhl auf. Halten Sie die Fäden mit dem Fadenkreuz in der richtigen Reihenfolge, und bringen Sie jeden Kettenteil auf den Webstuhl auf. Verteilen Sie die verschiedenen Farben dabei über die ganze Kettenbreite, und lassen Sie die Stellen aus, wo ein bestimmter Farbton nicht gewünscht wird. Bringen Sie einen andersfarbigen Kettenteil in gleicher Weise auf den Webstuhl auf.
Damit Sie die Farbtöne ganz nach Wunsch benützen können, ohne daß eine Farbe ausgeht, ist es sinnvoll, wenn Sie mehr Kettenteile als nötig schären. Auf der anderen Seite ergibt sich eine gewisse Herausforderung, wenn Sie genau mit den vorhandenen Garnmengen auskommen müssen. In jedem Fall wird der Effekt durch das zur Verfügung stehende Garn bestimmt: »Nimm, was du hast, und mach damit, was du kannst.«

Zwei Webobjekte

Die beiden nachfolgenden Objekte sind jeweils für zwei Webbreiten gedacht. Alle lassen sich auf dem Webstuhl herstellen, der nach den Plänen in diesem Buch gebaut wird, aber das erste Objekt (Damenweste für Größe 38 bis 40 und Baby-Decke) kann auch auf einem Webstuhl von nur 95 cm Breite gewebt werden. Die Größe des Teils wird durch die Kettenbreite bestimmt. Beim zweiten Objekt wird ein

Quadrat hergestellt, das sich bei einer Breite von 110 cm nicht nur als Baby-Decke eignet, sondern auch als Poncho.

Folgen Sie den Anleitungen und weben Sie zuerst die Weste, dann die Decke oder den Poncho. Das bedeutet, daß die letzten (schwierigen) 25 cm der Kette nicht gewebt werden müssen, da sie beim nächsten Teil als Fransen benutzt werden. Die Decke oder der Poncho erhalten auch seitliche Fransen, die an den Webkanten geknüpft werden. Etwas von diesem Garn wird die unbenutzte Wolle von den Achselstellen der Weste sein, die etwa die richtige Länge für die Fransen haben müßte.

Garnstärke Es ist schwierig, die Stärke des Garns nach Gewicht oder durch den Drall zu beschreiben, da es zu viele Varianten gibt. Das hierfür notwendige Kettgarn sollte so stark sein, daß Sie etwa 20 Kettfäden auf 10 cm nehmen können. Der Schuß sollte gröber sein und mindestens so stark wie ein Streichholz. Für eine festere, interessantere Struktur kann er noch gröber sein.

Kleine Weste und Baby-Decke

Dauerkette Fertigen Sie eine Dauerkette von 140 bis 180 cm Länge aus Teppich-Kettgarn (es werden etwa 2,5 cm davon aufgebraucht, jedesmal wenn Sie eine Kette abschneiden). Auf 10 cm benötigen sie 20 Fäden, 190 Fäden insgesamt (95 cm Breite). Damit die Kette sich leicht handhaben läßt, trennen Sie sie in 7 Teile à 24 und 1 Teil à 22 Fäden auf. Bringen Sie die Dauerkette auf den Webstuhl wie für eine Leinenbindung (siehe Kapitel »Weben mit handgesponnener Wolle: Die Kette«) und verwenden sie ein Webblatt von 20/10.

Handgesponnene Kette Sie brauchen insgesamt ungefähr 275 cm handgesponnenes Kettgarn, um beide Teile zu weben. Wenn Sie auf Ihren Schärrahmen oder Ihr Schärbrett diese Länge nicht wickeln können, schären Sie eher etwas mehr als etwas weniger. Sie können die Baby-Decke etwas länger machen, wenn Sie Kette übrig haben. Wenn Sie die Kette geschärt und geflochten haben, vergessen Sie nicht, sie zu leimen (wie im Kapitel über die Kette beschrieben). Die Kette muß vollkommen trocken sein, bevor Sie

Abb. 110 *Zufällige Farbe und Struktur in handgesponnenem Tuch*

sie an die Dauerkette anbinden. Da die äußeren 18 cm der Kette (an den Webkanten) die Vorderteile der Weste bilden, sollten Sie diese ähnlich herstellen, damit sie zueinander passen. Das Kettgarn kann einfarbig, tweedartig, in regelmäßigen oder zufälligen Streifen angelegt sein.

Kleine Weste

Der Schuß Weben Sie ein Kopfstück von 2 bis 3 schmalen Wollstreifen, wenn die handgesponnene Kette auf dem Webstuhl aufgebracht und an der vorderen Schürze angebunden ist. Etwa 25 cm der Kette werden für das Binden an der Schürze und für das Weben des Kopfstücks benötigt. Mit dieser Länge können Sie dreifach verknotete Fransen herstellen, wenn die Weste vom Webstuhl abgenommen und das Kopfstück entfernt wird.

Hinter dem Kopfstück weben Sie eine Leinenbindung zwischen 35 und 38 cm. Nachdem Sie die ersten 2,5 cm der Weste (die sehr wenig Bogen benötigen) gewebt haben, weben Sie den Schuß mit einem guten Bogen. Wenn die Weste für eine große Person etwas länger sein sollte, weben Sie sie 40 oder sogar 43 cm lang. Ist diese Länge von 35,5 bis 43 cm erreicht, sind Sie am Armloch. Halten Sie mit dem Schiffchen an der rechten Webkante. Beginnen Sie nun, das Kleidungsstück am Webstuhl zu formen. Dadurch läßt sich die Weste viel leichter fertigstellen, als wenn Sie quadratische Teile zusammennähen müßten.

Geteilte Breite für Paßform Zu diesem Teil der Weste brauchen Sie 3 Garnspulen für das Gewebe und 2 zusätzliche für die Streifen. Eine Spule kann im Schiffchen sein (für den mittleren Teil), aber für die Seitenstreifen (die Vorderteile) ist es meist einfacher, Spulen oder Papierröllchen zu verwenden und sich nicht durch Schiffchen behindern zu lassen.

Öffnen Sie das Fach, zählen Sie 18 Fäden vom Hochfach (also insgesamt 36 Fäden), und führen Sie das Schiffchen nur so weit entlang, dann nach oben hinaus. Lassen Sie es auf dem Gewebe liegen, und zählen Sie im gleichen Fach die Fäden des anderen Schulterteils ab, indem Sie 18 Fäden im Hochfach von der linken Webkante her zählen (insgesamt 35 oder 36 Fäden). Setzen Sie dort die Spule ein, mit der Sie die linke Schulter weben wollen und führen Sie sie durch das Fach entlang bis zur linken Webkante. (Lassen Sie einige Zentimeter Garn an der Stelle heraushängen, an der die Spule eingesetzt wurde.) Die Vorderteile der Weste werden mit den beiden Spulen an den abgezählten Fäden gewebt.

Beim gleichen Fach zählen Sie die Fäden für das Mittelstück ab, das den Rückenteil der Weste bildet. Zählen Sie 6 Fäden im Hochfach vom rechten Schulterteil ab (das läßt insgesamt 13 Fäden für den Unterarm übrig). Setzen Sie die dritte Spule hier ein und lassen Sie noch ca. 5 cm Garn herausschauen. Geben Sie die Spule durch das Fach bis zu der Stelle im Hochfach, 6 Fäden von dem linken Schulterteil entfernt. Führen Sie sie durch das Fach noch oben heraus.

Schlagen Sie diese 3 Teile an und wechseln Sie das Fach. Führen Sie jede der 3 Spulen oder Papierröllchen über den entsprechenden Kettenteil zurück. Am mittleren Teil und am linken Schulterteil sind noch einige Zentimeter Garn übrig, die durch dieses Fach zurückgeführt werden müssen.

Weben Sie diese 3 einzelnen Teile (mit den ungewebten Unterarmteilen dazwischen) mehrere Zentimeter weiter. Hier finden Sie ein Beispiel von absichtlich festgezogenen Webkanten. Am Armlochrand sollten Sie eine sehr feste Kante fertigen, die Sie sogar enger ziehen können, um eine bessere Paßform zu erhalten. Dadurch wird die Kette zusätzlich strapaziert, aber es dürften keine Probleme entstehen, wenn die Kettfäden geleimt sind.

Wenn Sie einige Zentimeter weit gewebt haben, wird das Stück wie in Abbildung 111 aussehen. Nun müssen sie einen kleinen Streifen, jeweils am Unterarm, weben. Dadurch erhalten sie einen festen Saum am Unterarm, wenn die Weste zusammengenäht wird. Dafür benötigen Sie 2 kleine Spulen mit Garn von

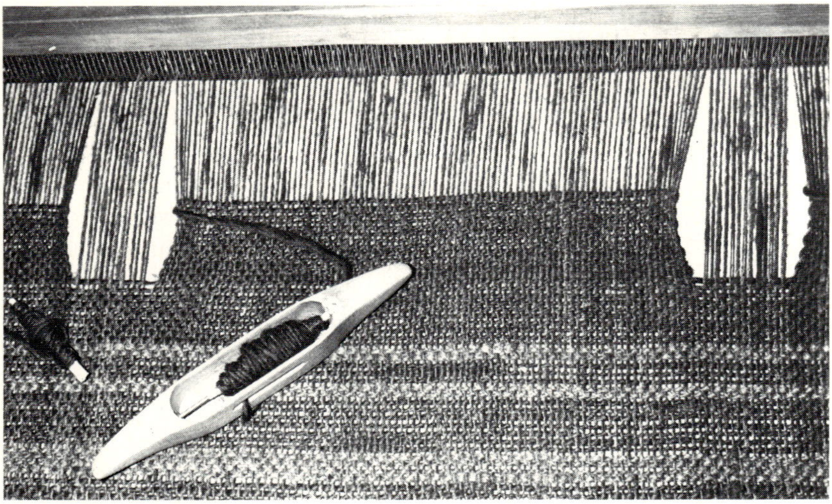

Abb. 111 *Die Weste, bis hinter die Armlöcher gewebt*

etwa gleicher Stärke wie die Kette (es soll in jedem Fall feiner als das Schußgarn sein). Eine kleine Gobelingabel oder ein schmaler Hundekamm mit breiten Zähnen wird außerdem benötigt, um die Fäden anzuschlagen, weil Sie bei diesen Streifen das Webblatt nicht verwenden können.

Streifen Öffnen Sie ein Fach der Leinenbindung für die von rechts kommenden Spulen und führen Sie jede der Spulen mit feinerem Garn durch einen der noch ungewebten Fachteile. Wechseln Sie das Fach und weben Sie durch diese Teile zurück. Weben Sie auch das Anfangstück des Fadens dabei ein. Wechseln Sie das Fach und schieben Sie die beiden Schußfäden mit der kleinen Gobelingabel oder mit dem Kamm fest ans Gewebe. Weben Sie diese schmalen Streifen und schlagen Sie das Garn nach jedem zweiten Einschuß fest an. Wenn die Streifen 7,5 cm lang sind, hören Sie auf zu weben; die Spulen sind rechts. Reißen Sie das Garn so ab, daß etwa 15 cm übrig sind, um den Rand festzunähen. Fädeln Sie das Garn durch eine große Garnnadel und nähen Sie das Ende von jedem Streifen mit dem 15 cm langen Garnende fest.

Weben bis zum Schulterteil Wenn die Streifen fertig sind, weben Sie die 3 Teile der Weste weiter. Weben Sie insgesamt ca. 36 cm vom Anfang des Armlochs bis hierher. Hier entsteht der Schultersaum. Führen Sie die 3 Spulen zur jeweiligen linken Kante und reißen Sie das Garn ab. Lassen Sie dabei einen Rest von 3 cm, der durch das nächste Fach geführt wird.

Umnähen der Schulterteile Setzen Sie 3 Spulen mit feinerem Garn an die linken Kanten an, so daß sie sich mit den eben abgerissenen Enden überschneiden. Weben Sie über jede Breite. Wechseln Sie das Fach und schlagen Sie die Fäden fest an.

Reißen Sie die Fäden ab; lassen Sie dabei jedoch zwischen 60 und 70 cm übrig, um das mittlere Stück zu nähen und ca. 25 cm für die beiden Seitenteile.

Fädeln Sie das Garn von der rechten Spule durch eine große Nadel und umsäumen Sie den rechten Schulterrand. Nähen Sie den linken Schulterrand und das mittlere Stück auf gleiche Weise.

Abschneiden Rollen Sie die Kette nach vorn, bis sich die umsäumten Ränder der Weste am Vorderteil des Webstuhls befinden, damit Sie den Brustbaum beim Abschneiden als Führung verwenden können. Wenn Sie Klammern haben (wie im vorigen Kapitel beschrieben), können Sie diese nun wieder verwenden. Befestigen Sie die beiden flachen Leisten auf den Kettfäden auf halbem Weg zwischen dem Webblatt und den umsäumten Rändern. Schneiden Sie etwa 1 cm vom Saum entfernt ab, und schneiden Sie auch den ungewebten Teil der Kette am Unterarm ab.

Abnahme der Weste vom Webstuhl Lösen Sie das vordere Sperrad und rollen Sie die Weste vom Warenbaum ab. Knüpfen Sie die Knoten auf, die das Stück an der Schürze halten. Wir meinen, daß die umsäumten Ränder die Wäsche besser überstehen, wenn man jetzt mit der Maschine, nah am Rand, darübernäht. Nähen Sie die 3 Ränder, die beiden Schulterteile und den Rückenteil sowie die Enden der Streifen. Schneiden Sie das ungewebte Garn von den Streifen ab und bewahren Sie es auf, um daraus die Fransen an den Kanten der Decke zu knüpfen.

Fransen knüpfen Entfernen Sie das Kopfstück bis auf einen Streifen. Von diesem Streifen nehmen Sie ca. 15 cm weg und zählen 4 Fäden von der Kante ab. Machen Sie daraus einen einzelnen Knoten eng am Webrand. Knüpfen Sie solche Knoten aus jeweils 4 Fäden über die ganze Breite des Gewebes. Entfernen Sie den Streifen vom Kopfstück immer erst kurz davor.

Sind alle Knoten entlang der ganzen Kettenbreite geknüpft, können Sie nun das Gewebe nach Fehlern absuchen. Ungewebte Fäden müssen repariert werden, bevor Sie die restlichen Knoten knüpfen. Weben Sie ungewebte Fäden mit einer großen Nadel richtig ein.

Beginnen Sie die zweite Knotenreihe. Beginnen Sie mit 2 Fäden für den ersten Knoten. Für den zweiten Knoten nehmen Sie 4 Fäden, jeweils 2 von den beiden Knoten der ersten Reihe. Knüpfen Sie so weiter, und machen Sie den letzten Knoten aus 2 Fäden. Knüpfen Sie die letzte Reihe wie die erste. Mit der dritten Reihe sind die Fransen fertig.

Waschen der Weste Bereiten Sie einen Platz vor, auf dem Sie die Weste vor und nach der Wäsche ausbreiten können (z. B. ein mit einer Wolldecke überzogener Tisch oder ein sauberer Teppich, wo sie auch liegen bleiben kann, bis sie vollkommen trocken ist).

Füllen Sie eine Schüssel mit heißem Wasser und lösen Sie eine Waschlauge darin auf. Weichen Sie die Weste 10 bis 15 Minuten lang darin ein. Schwenken Sie sie einige Male im Waschwasser hin und her und entfernen Sie das Wasser mit der Wäscheschleuder. Füllen Sie die Schüssel mit Spülwasser von etwa der gleichen Temperatur wie das Waschwasser auf. Spülen Sie die Weste aus und entfernen Sie das Spülwasser durch Schleudern.

Abb. 112 *Gewebte Weste, die gewaschen und zum Trocknen ausgelegt worden ist. Die Fransen wurden vor der Wäsche gebunden.*

Glätten mit der Hand Die Weste muß wenig oder gar nicht gebügelt werden, wenn Sie sie in noch feuchtem Zustand gleich nach der Wäsche mit den Händen glätten. Achten Sie darauf, daß Sie nicht ungleichmäßig ziehen. Glätten Sie auch die Fransen. Lassen Sie die Weste flach liegen, bis sie vollkommen trocken ist.

Ausarbeiten Das Nähen besteht lediglich aus dem Umsäumen der Streifen und dem Zusammennähen der Schulterteile. Schneiden Sie zunächst alle überstehenden Fäden ab. Falten Sie die Streifen nach unten, und nähen Sie sie mit zwei etwa 0,3 cm auseinanderliegenden Nähten fest.

Befestigen Sie die vorderen Schulterteile am oberen Rand des Rückenteils. Die ersten Nähte entsprechen den Linien A-B und C-D (wie in Abbildung 113 B als punktierte Linie gezeigt).

Wenden Sie die Weste, so daß die rechte Seite außen ist. Am Nacken ist ein kräftiger Rand, der nach unten gefaltet und entlang der Linie B-C am Rückenteil festgenäht werden kann. Dieser Rand ist sehr nützlich, wenn Sie um den ganzen Vorderteil der Weste häkeln wollen.

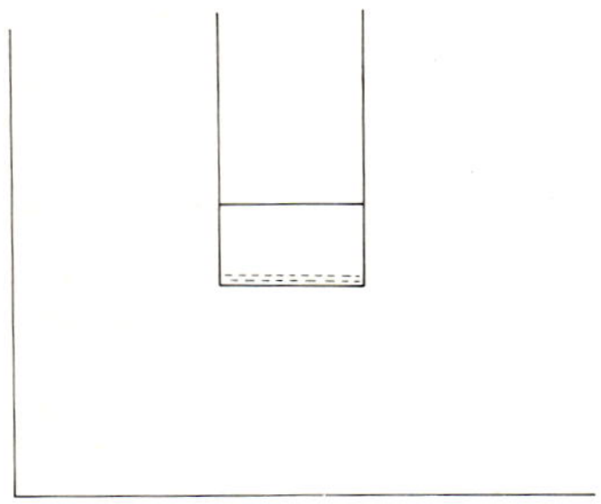

A *Falte. Nähen Sie den Streifen unten um.*

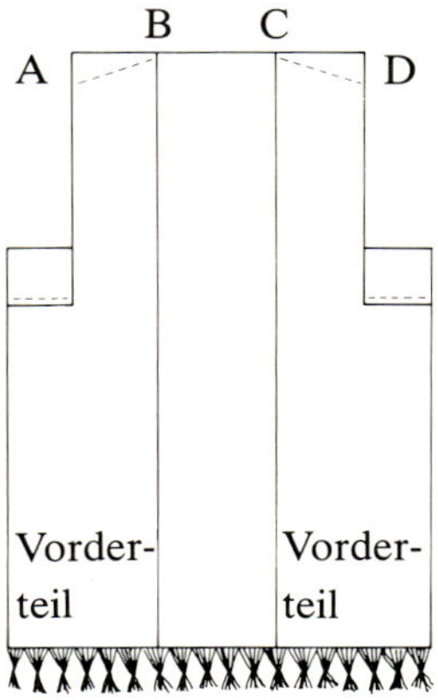

B *Nähen des Schultersaums*

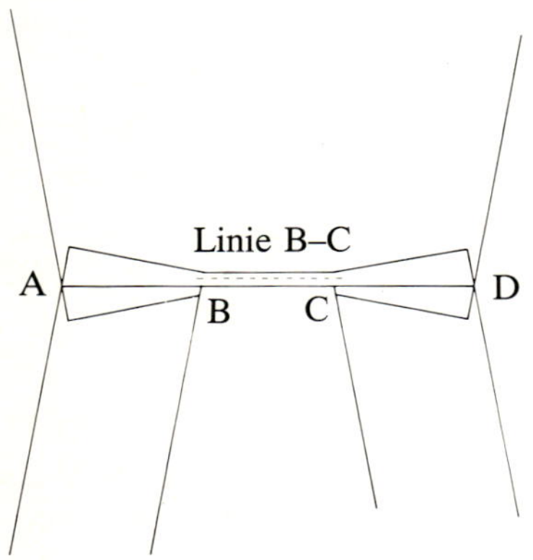

C *Nähen des Nackensaums*

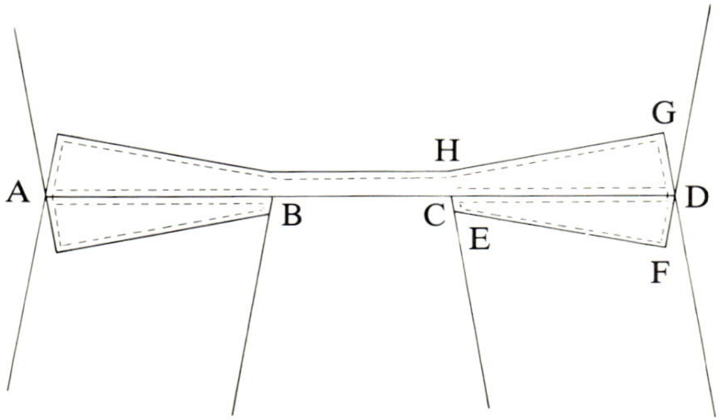

D *Nähen der Schulterteile von links. Nähen Sie von C bis D (an der einen Seite des Saums) und dann an der anderen Seite des Schultersaums bis C zurück. Nähen Sie C–E, dann E–F, F–D, D–G und G–H. Wiederholen Sie am anderen Schulterteil.*

Abb. 113 *Das Nähen der Weste*

Um jegliches Auftrennen zu verhindern und um der Schulternaht den letzten Schliff zu geben, nähen Sie die Dreiecke fest, die durch die schräge Schulternaht entstehen. Nähen Sie von links nach der Zeichnung in Abbildung 113 D. Fangen Sie bei C an, nähen Sie nach rechts an der geöffneten Schulternaht entlang bis D, dann an der anderen Seite der geöffneten Naht bis C zurück. Nähen Sie von C bis E und dann entlang der schrägen Vorderkante bis F. Von hier aus nähen Sie D-G und dann bis H zurück. Schließen Sie an der Stelle ab, an der Sie den hinteren Nackenrand festgenäht haben. Der andere Schulterteil wird in gleicher Weise ausgearbeitet.

Häkeln der Ränder Häkeln Sie von unten an einem Vorderteil hinauf, um den Nackenteil herum und am anderen Vorderrand bis ganz unten herunter. Wir schließen alle Westen mit 6 oder 7 einfach gehäkelten Reihen ab und verwenden dabei ein Garn von etwa der gleichen Stärke wie das Kettgarn. Bei hellen Westen nehmen wir meist einen ähnlichen Farbton, bei dunklen eine Kontrastfarbe.

Häkeln Sie die erste Reihe sehr sorgfältig und vermeiden Sie, daß der Vorderrand der Weste durch zu enges Häkeln verzogen wird. Meistens kann man an der Webkante eine Masche an jeder Schlinge aufnehmen. Die Schlingen entstehen an den Stellen, wo sich der Schuß ins Fach zurückdreht.

Halten Sie den Anfang und den Schluß jeder Reihe in einer geraden Linie zu den Knoten von der ersten Fransen-Reihe am unteren Rand der Weste. Wenn Sie fertig sind, wird die Bordüre wie eine Erweiterung des gewebten Teils aussehen. Nun können Sie 50 cm-Längen des Häkelgarns schneiden, um die Fransen an den unteren Enden der Bordüre zu knüpfen. Knüpfen Sie die Knoten am Rand der Weste auf, damit die Fransen des gehäkelten Teils zu den Knoten der restlichen Fransen passen.

Dämpfen Sie diese neuen Fransen über heißem Wasser, um sie flaumig zu machen. Häkeln Sie 2 Reihen um jedes Armloch herum.

Bügeln Wenn Sie das zum Trocknen ausgelegte Westenstück mit den Händen geglättet haben, ist Bügeln nur noch an den gehäkelten Bordüren nötig. Lassen Sie die Weste flach liegen, bis die Ränder vollkommen trocken sind.

Alternative: Lange Jacke

Diese Weste kann als lange, ärmellose Jacke für Frühjahr und Sommer hergestellt werden. Notieren Sie sorgfältig, wieviel Kette Sie für die kurze Weste benötigten. Sie können dann die Menge der zusätzlichen Kette berechnen, die Sie für das Weben des zusätzlichen Stücks zwischen Saum und Unterarm brauchen (alle anderen Maße sind gleich). Die lange Jacke, vor allem in Weiß oder in einer hellen, einheitlichen Farbe, muß meist noch gebügelt werden.

Baby-Decke, 95 cm breit

Um die restliche Kette zu einer Baby-Decke zu verweben, binden Sie die abgeschnittenen Kettenenden an die vordere Schürze. Weben Sie ein Kopfstück aus einigen schmalen Wollstreifen, damit die Kettfäden gleichmäßig verteilt sind. Sie benötigen eine Kettfadenlänge zwischen 20 und 25 cm, aus der die Fransen geknüpft werden. Wenn Sie eine Baby-Decke weben wollen, die länger ist als breit, sparen Sie etwas bei den Fransen am Anfang und am Schluß ein. Für einfach geknotete Fransen reichen 15 cm-Garnlängen. Bei einer Kettenlänge von 95 cm erhalten Sie wahrscheinlich eine Gewebebreite von nicht mehr als 93 cm, selbst bei Verwendung einer Schablone. Eine Gewebelänge von 100 cm, bei entspanntem Sperrad gemessen, ergibt wahrscheinlich eine ziemlich quadratische Decke. Wenn Sie soviel gewebt haben, messen Sie, wieviel Kette noch übrig ist. Nehmen sie zwischen 20 und 25 cm für die Fransen. Wenn Kette übrig ist, könnten Sie ein längeres Viereck für die Decke weben.

Abb. 114 *Schäferjacke. Ärmellose Jacke und Weste (im Text beschrieben).*

Abnahme der Decke vom Webstuhl Wenn Sie die erwünschte Länge gewebt haben, und genug Kette für die Fransen übrig ist, weben Sie noch 2 oder mehr schmale Wollstreifen zu einem Kopfstück, damit sich der Rand nicht löst, bevor die Fransen geknüpft sind.

Rollen Sie die Kette nach vorn, bis Sie die Knoten vorsichtig durch die Litzen und das Webblatt gezogen haben. Drehen Sie die Kette weiter, bis sich die Knoten (welche die Dauerkette und die handgesponnene Kette verbinden) am Vorderteil des Brustbaums befinden. Befestigen Sie die Klammern und Leisten etwa auf halbem Weg zwischen Knoten und Webblatt.

Schneiden Sie die Decke neben den Knoten ab, damit diese an den handgesponnenen Fäden bleiben, statt an der Dauerkette. Auf diese Weise ist die Dauerkette schon für die nächste Kette vorbereitet.

Fransen an den Enden der Decke Entspannen Sie das vordere Sperrad, rollen Sie die Decke vom Warenbaum ab, und knüpfen Sie die Knoten an der Schürze auf. Entfernen Sie das Kopfstück bis auf den

Streifen direkt am Webrand, den Sie erst allmählich entfernen, damit Sie jeweils 4 Fäden zu einer Franse knüpfen können. Wenn Sie eine Reihe am Anfang der Decke geknüpft haben, wiederholen Sie den Vorgang am anderen Ende. Durchsuchen Sie ihre Arbeit nach Fehlern, solange Sie nur eine Knotenreihe geknüpft haben. Wenn Sie einen ungewebten Faden finden, ziehen Sie ihn vom nächsten Ende heraus und weben ihn mit einer großen, stumpfen Nadel richtig in das Gewebe ein. Wenn Sie nur 20 cm Garn für die Fransen übrig gelassen haben, reicht ihnen vielleicht eine Reihe Knoten.
Falsche Fransen an Deckenkanten Hierfür können Sie übriggebliebenes Kettgarn von den Armlöchern der Weste aufbrauchen. Die Garnlänge muß doppelt so lang sein wie die fertigen Fransen. Nehmen Sie jeweils zwei dieser Fäden, falten Sie sie in der Mitte, und ziehen diese Falte mit einer Häkelnadel durch die Webkante hindurch. Bringen Sie die losen Enden durch die Schlinge und ziehen Sie sie an der Webkante fest.
Waschen der Decke Lösen Sie Waschmittel in ziemlich warmem Wasser auf. Weichen Sie die Decke 10 bis 15 Minuten ein und schwenken Sie sie dabei öfter hin und her. Entfernen Sie das Waschwasser im Schleudergang der Waschmaschine, spülen Sie die Decke aus, und entfernen Sie das Spülwasser auch durch Schleudern. Legen Sie die Decke auf einen mit einer Wolldecke überzogenen Tisch. Bringen Sie sie mit den Händen in Form, und glätten Sie alle Falten. Lassen Sie sie hier liegen, bis sie vollkommen trocken ist.

Große Weste, 113 cm breit

Die große Weste wird genauso wie die kleine hergestellt, außer daß ein breiterer Webstuhl benötigt wird, um eine Weste von etwa Herrengröße 50 herzustellen. Sie brauchen eine Dauerkette mit 20 Fäden auf 10 cm und ein Webblatt von 20/10 (insgesamt 223 Fäden).
Handgesponnene Kette Sie benötigen 223 Fäden handgesponnener Wolle von mindestens 320 cm Länge. Sie könnten 8 mal 22 Fäden und 2 mal 24 Fäden schären, was einen zusätzlichen Kettfaden ergeben würde, den Sie auch leimen müßten, um einen gerissenen Faden gleich ersetzen zu können.
Weben der Weste Die große Weste wird wie die kleine gewebt, außer daß Sie bis zum Armloch 46 bis 51 cm weben. Die Kette wird auch für die Rücken- und Schulterteile etwas anders geteilt.
Halten Sie das Schiffchen rechts, um die Armlöcher zu fertigen. Öffnen Sie das Fach, zählen Sie 20 Fäden im Hochfach ab, werfen Sie das Schiffchen so weit, bringen Sie es durch die Kette heraus und legen Sie es auf dem Gewebe ab. Zählen Sie im gleichen Fach 20 Fäden von der linken Seite ab, und fangen Sie hier eine neue Spule an, die an der linken Seite herauskommt. Von der Stelle, an der das Schiffchen vom rechten Schulterteil herauskommt, zählen Sie 10 Fäden im Hochfach ab. Bringen Sie die dritte Spule hier an, um den Rückenteil zu weben. Nehmen Sie die Spule an der Stelle, 10 Hochfach-Fäden vom linken Schulterteil entfernt, heraus.
Weben Sie diese 3 getrennten Westenteile (mit den ungewebten Unterarmteilen dazwischen) etwa 10 bis 13 cm. Unterbrechen Sie hier und weben Sie die Streifen des Unterarms, wie in den Anleitungen für die kleine Weste beschrieben. Diese Streifen sollten etwas größer sein. Nähen Sie die Enden der Streifen um, und weben Sie die anderen Teile bis zu den Schulterteilen weiter. Das ergibt eine Länge von ca. 36 cm, vom Armloch aus gemessen. Lesen Sie bei den Anleitungen für die kleine Weste nach, wie eine gute Paßform durch eingezogene Webkanten erreicht wird.
Umnähen der Ränder Nähen Sie die Ränder um wie bei der kleinen Weste. Drehen Sie die Kette nach vorn, bis sich die umnähten Ränder am Brustbaum befinden. Befestigen Sie die Klammern auf der Kette auf halbem Weg zwischen Webblatt und umnähtem Rand. Schneiden Sie die Weste 1 cm von diesem Rand entfernt ab.

Entspannen Sie das vordere Sperrad, und nehmen Sie die Weste vom Webstuhl ab. Nähen Sie die umnähten Ränder nah am Rand mit der Maschine fest. Das Knüpfen der Fransen, die Wäsche, das Zusammennähen und das Umhäkeln erfolgen bei der großen Weste wie bei der kleinen.

Poncho oder große Baby-Decke

Binden Sie die übrige Kette an die vordere Schürze, weben sie ein Kopfstück von 2 bis 3 schmalen Streifen und dann ein Quadrat für einen Poncho oder eine Baby-Decke nach den Ableitungen für die Baby-Decke am schmalen Webstuhl. Weben Sie, bis die Decke (bei gelöstem Sperrad) knapp 120 cm lang ist, damit sie nach der Wäsche quadratisch ist. Vor der Wäsche knüpfen Sie die Fransen an die Webkanten wie bei der kleinen Decke.

Legen Sie die Decke nach der Wäsche auf einen mit einer Wolldecke bezogenen Tisch zum Trocknen aus, glätten Sie sie mit den Händen und, wenn nötig, ziehen Sie sie, um ein perfektes Quadrat zu formen. Lassen Sie sie liegen, bis sie vollkommen trocken ist.

Herstellung eines Standwebstuhls und eines Schärrahmens

Webstuhlpläne

Mit Ausnahme des Sperrads am Warenbaum kann dieser 122 cm breite Rollenzugwebstuhl mit 4 Tritten unter Verwendung von Kreissäge, Bohrmaschine mit Ständer und üblichem Handwerkszeug hergestellt werden.

Der Spannungsmechanismus, der für das Einstellen des Warenbaums gezeigt wird, bewegt den Baum stufenweise zwischen 10 und 13 mm, d. h. $1/36$ von dessen Umfang. Dem Weber, der feiner einstellen möchte, könnte das Sperrad mit 2 Sperrhaken lieber sein. Deswegen wird es als Alternative vorgestellt. Obwohl der Webstuhl mit 4 Tritten gezeigt wird, kann man ihn genauso einfach mit 6 Tritten herstellen.

Zerlegbarer Baum Der Kettbaum kann als zerlegbarer Baum hergestellt werden: 4 einzelne Holzteile von 3,2 x 7,6 x 116,8 cm mit Zapfen (5 cm lang, aus Schweißelektrode geschnitten), alle 2,5 oder 5 cm an der schmalen Seite von jedem Streifen. Diese befestigt man am hinteren Teil des Kettbaums, wenn eine geteilte Kette gebraucht wird.

Schürze Die vordere Schürze kann aus einem 122 cm breiten Segeltuch-Quadrat hergestellt werden. Ein Rand wird an der Längsseite des Warenbaums befestigt. Der entgegengesetzte Rand wird um eine 122 cm lange Metallstange genäht. Diese Seite kann alle 2,5 cm eingeschnitten werden, um die Kette hier an die Schürze zu binden, aber es ist besser, dafür eine zweite Stange zu verwenden. Diese wird alle 15 cm mit einer Kordel an die Stange in der Schürze gebunden, und die Kette wird an diese zweite Stange gebunden.

Beim Kettbaum ist uns eine durch mehrere kräftige Bänder befestigte Stange lieber als eine Schürze. Eine so befestigte Stange kann auch noch verwendet werden, wenn der Kettbaum für eine geteilte Kette geändert wird. Die am Kettbaum festgenagelten Bänder sollten so lang sein, daß sie einmal um den Baum gedreht werden und über den hinteren Teil des Webstuhls bis fast zu den Litzen hinaufführen. An diesem Ende wird an jedem Band eine Schlinge gebildet, durch welche die Stange geführt wird. Die Stange sollte bis zu 1 cm an den Baum heranreichen, wenn die Bänder darum gewickelt sind. Dadurch ist genügend Platz, die Kettfäden anzubringen.

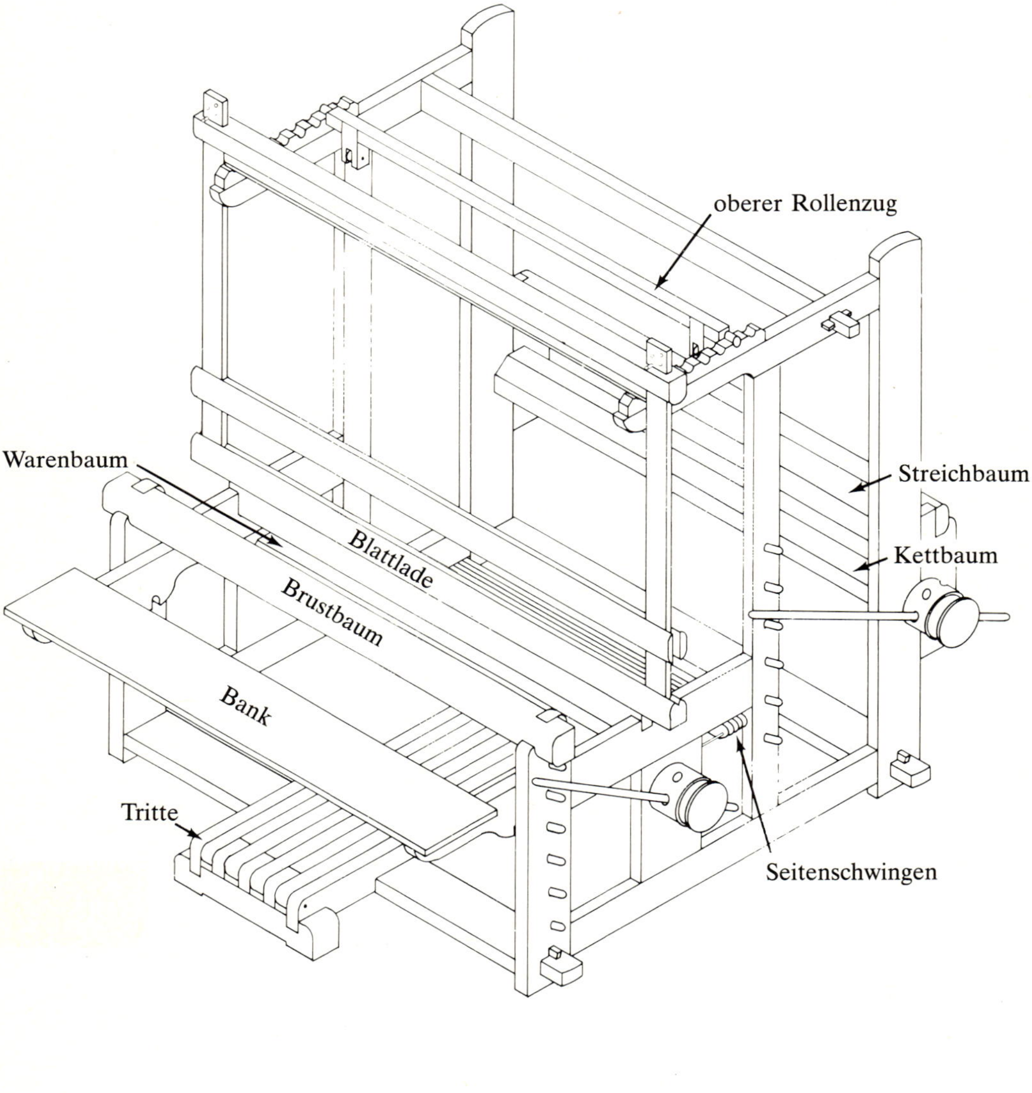

Abb. 115 *Standwebstuhl – isometrische Zeichnung*

Material für den Standwebstuhl

Handelsübliche Maße	Umgerechnete Maße	Länge
2 x 4 cm	1,91 x 3,81 cm	434,34 cm
2 x 7 cm	1,91 x 6,99 cm	139,70 cm
2 x 14 cm	1,91 x 13,97 cm	106,68 cm
2 x 25 cm	1,91 x 24,13 cm	137,16 cm
4 x 4 cm	3,81 x 3,81 cm	561,34 cm
4 x 5 cm	3,81 x 5,08 cm	26,67 cm
4 x 9 cm	3,81 x 8,89 cm	1137,92 cm
4 x 14 cm	3,81 x 13,97 cm	1219,20 cm
4 x 19 cm	3,81 x 19,05 cm	76,20 cm
9 x 9 cm	8,89 x 8,89 cm	330,20 cm
14 x 14 cm	13,97 x 13,97 cm	302,26 cm
	1,27 x 3,81 cm	1016,00 cm
9 x 19 cm	8,90 x 19,00 cm	157,48 cm
Rundholz	3,51 cm ∅	5,08 cm
	2,54 cm ∅	342,90 cm
	1,27 cm ∅	184,15 cm
	0,95 cm ∅	10,16 cm
	0,64 cm ∅	218,44 cm
Hartholzstange (z. B. von Gartenwerkzeug)	2,54 bis 3,18 cm ∅	162,56 cm
Eisenwaren	0,32 cm x 3,81 cm Stahl	81,01 cm
	0,64 cm starke, kräftige Kordel	609,60 cm
	0,48 cm starke, überzogene Wäscheleine	609,60 cm
	Geschirrleder 0,6–0,79 cm stark	16 cm^2
	Schraubenhaken, 1,27 cm	64 Stück
	Schraubenbolzen, 6 mm stark, 50 mm lang jeweils mit Mutter und Unterlegscheibe	6 Stück
	Holzschrauben, 12 mm stark, 38 mm lang jeweils mit 2 Unterlegscheiben	4 Stück

Die Maßangaben wurden von Zoll in Zentimeter umgerechnet und können ggf. auf- bzw. abgerundet werden. Verlust durch Sägen oder Abfall wird in den obigen Maßen nicht berücksichtigt. Rechnen Sie 5–10% dazu.

Sägen der Webstuhlteile

Teil	Handelsübliche Maße	Länge	Anzahl	Anmerkungen
Gestell	4 x 9	152,40 cm	1	Die Holzteile müssen
		137,16 cm	1	zu den genannten
		134,62 cm	2	Größen geschnitten
		106,68 cm	2	werden und erfordern
		78,74 cm	2	genaue Schreinerarbeit,
		38,10 cm	2	damit sie gut zusam-
	4 x 14	158,75 cm	2	menpassen.
		152,40 cm	2	Aus diesem Grunde
		83,82 cm	2	wurden die Maße von
		64,77 cm	2	Zoll in Zentimeter
		63,50 cm	2	bis auf zwei Stellen
		44,45 cm	1	hinter dem Komma aus-
		41,91 cm	2	gerechnet. Ggf. sind
	4 x 19	38,10 cm	2	die Maßangaben auf-
	9 x 9	147,32 cm	1	bzw. abzurunden.
		137,16 cm	1	
	2 x 4	11,43 cm	6	
	Rundholz 2,5 ∅	6,35 cm	12	
	Rundholz oder Stahlrohr 13 mm ∅	27,94 cm	1	
	Rundholz 6 mm ∅	3,81 cm	48	Als Dübel
Kettbaum/ Warenbaum	14 x 14	149,86 cm	2	
Spannungshebel	2,5 bis 3,2 cm ∅ (Werkzeuggriffe)	71,12 cm	1	
		60,96 cm	1	
		30,48 cm	1	
Webbank mit Stützen	2,5 x 25	137,16 cm	1	
	4 x 9	125,73 cm	1	
	4 x 14	87,63 cm	2	
	Rundholz 2,5 ∅	6,35 cm	4	
	Rundholz 13 mm ∅	5,08 cm	10	
Trittstützen	4 x 9	38,10 cm	2	
	9 x 9	44,45 cm	1	
	4 x 5	8,89 cm	3	
	Rundholz 13 mm ∅	8,89 cm	8	
	Rundholz oder Stahlrohr 13 mm ∅	34,29 cm	1	

Teil	Handelsübliche Maße	Länge	Anzahl	Anmerkungen
Tritte	4 x 4	101,60 cm	4	
Seitenschwingen	2 x 4	91,44 cm	4	
Litzenstäbe	1,3 x 3,8	127,00 cm	8	
Rollenzüge	Rundholz 3,3 ∅	2,54 cm	2	Bohrung von 6 mm genau in der Mitte
	Rundholz 2,5 ∅	113,03 cm	2	
	Rundholz 6 mm ∅	3,81 cm	2	
	Stahlrohr 6 mm ∅	5,08 cm	2	obere Achse
	Geschirrleder 5–6 mm stark	15–20 cm^2	1	Halterung am unteren Rollenzug (siehe D)
Eisenwaren	6 mm starke Kordel	609,60 cm		
	5 mm starke Wäscheleine	609,60 cm		
	13 mm Schraubenhaken		64	
	Stahl 3 x 38 mm	40,64 cm	2	An einem Ende erhitzt, um 90° gebogen und durchbohrt, so daß die Schraubenbolzen hindurchpassen (siehe I).
	Schraubenbolzen 6 x 50 mm jeweils mit Mutter und Unterlagsscheibe		4	
	Holzschrauben 12 x 38 mm mit jeweils 2 Unterlegscheiben		4	
Blattlade	2 x 4	106,68 cm	1	Halbieren der Länge nach für 2 Stück von 1,9 x 7 x 107
	9 x 19	157,48	1	Zu 3 Teilen von 6 x 8,9 x 158 sägen
	2 x 7	137,79 cm	1	
	Rundholz 1 cm ∅	5,08 cm	2	
	Rundholz 6 mm ∅	6,03 cm	4	

A *Webstuhlgestell (von vorn) mit eingesetztem Warenbaum*
Alle Maße sind in cm angegeben, wenn nicht anders vermerkt.

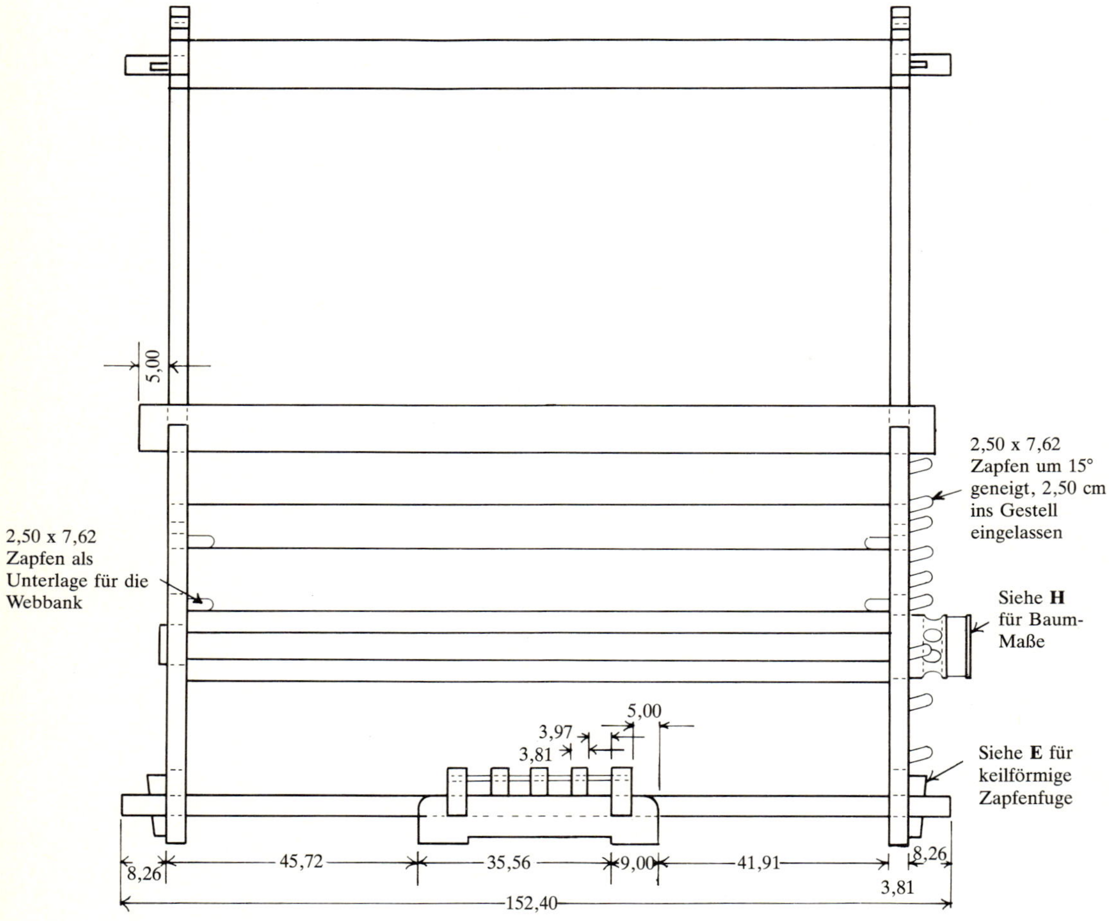

B *Webstuhlgestell (von der rechten Seite)*

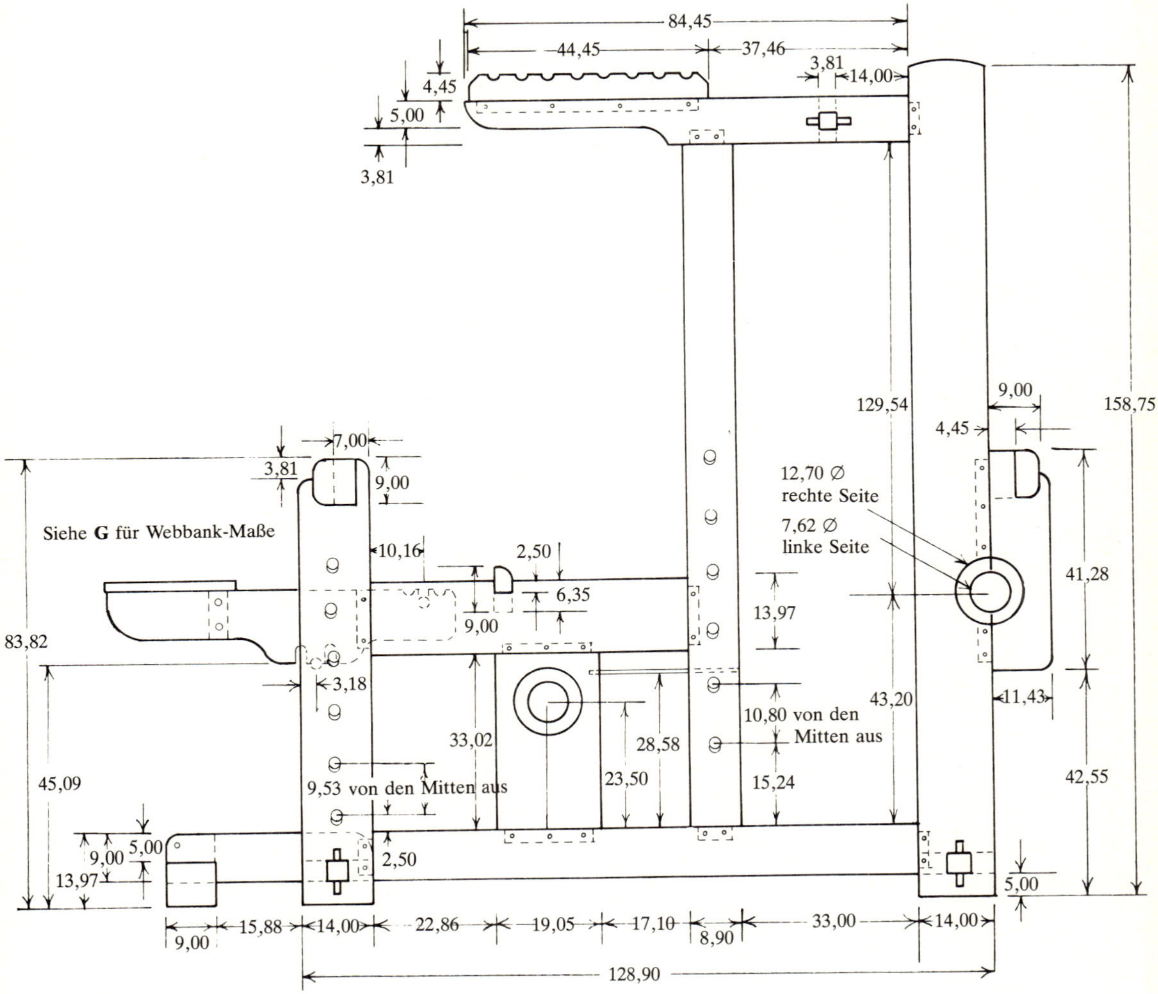

C *Oberer Rollenzug*

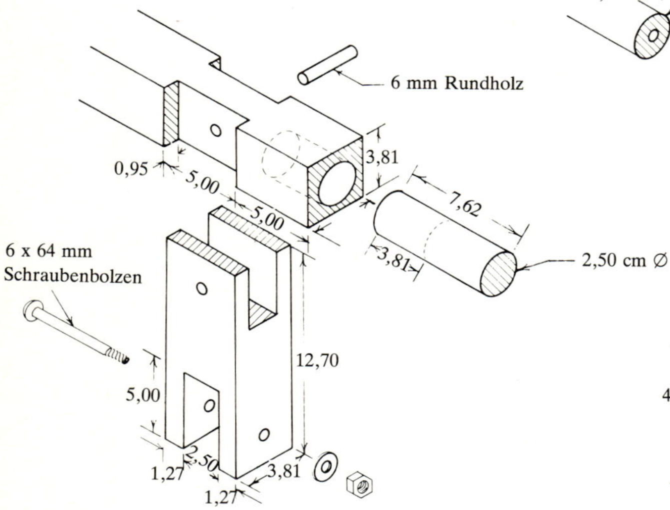

Rundholz oder entsprechende Scheibe,
3,00 cm Ø

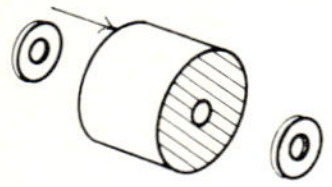

D *Unterer Rollenzug*
Lagerhalterung

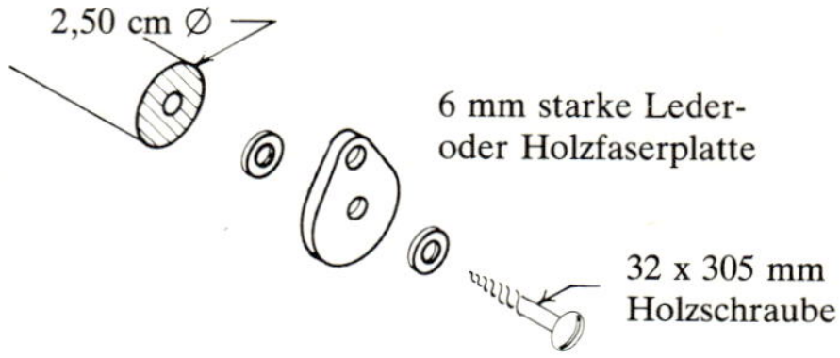

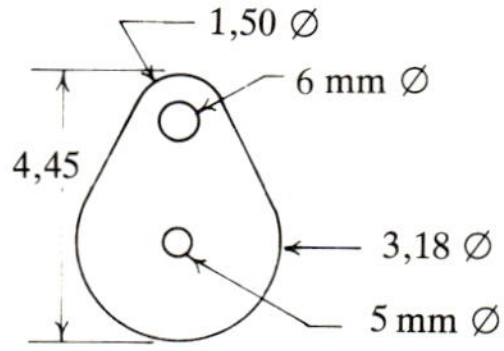

E *Typische Holzverbindungen*

Alle Verbindungen können Sie einfach markieren;
sägen oder bohren Sie das Holz grob aus, dann ausarbeiten.

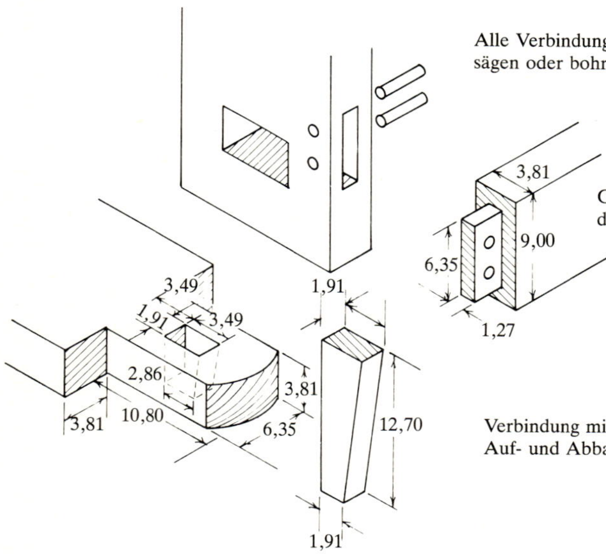

Gedübelte Zapfenverbindung für Dauermontage der Gestellteile. Wird verleimt.

Verbindung mit keilförmigem Zapfen für wiederholten Auf- und Abbau des Gestells. Wird nicht verleimt.

F *Blattlade*

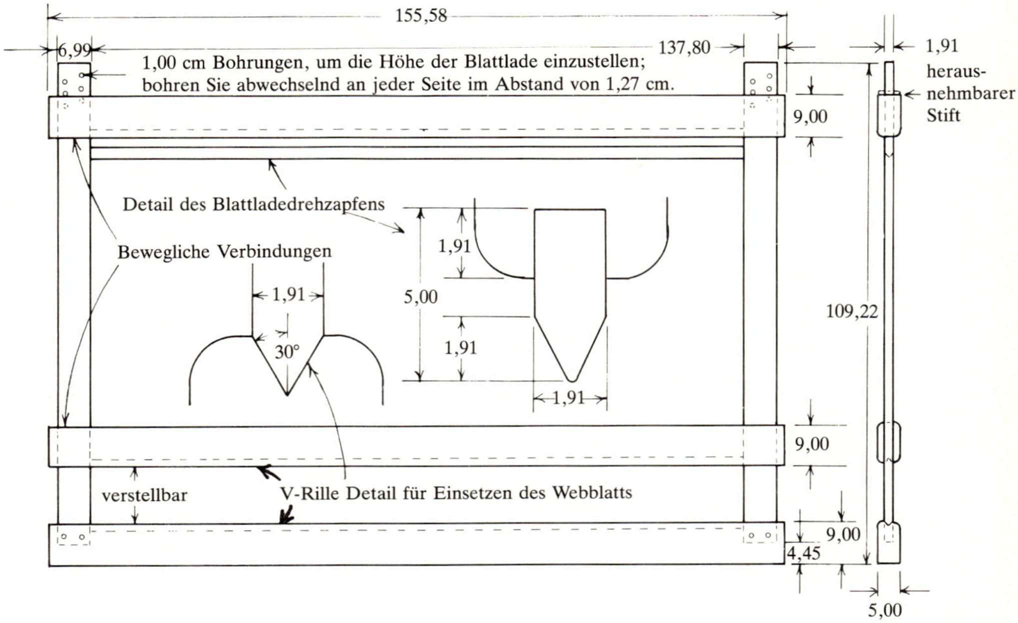

G *Einstellbare Webbank*

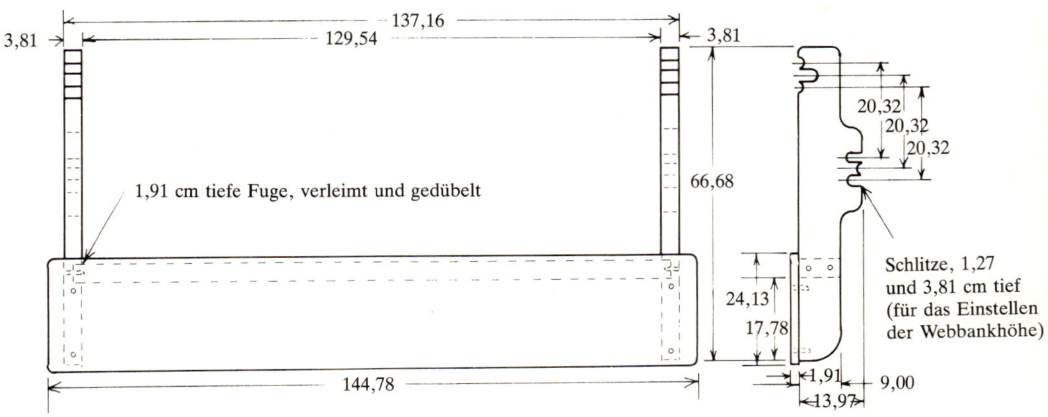

H *Detail des Kett- und des Warenbaums*

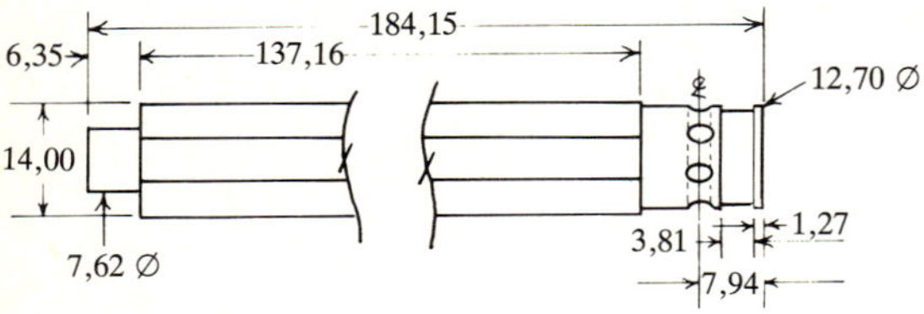

Die Bäume werden aus Holzstücken 15,24 x 15,24 cm gesägt. Die Kanten werden gehobelt, um einen achteckigen Baum herzustellen. Die Enden werden sorgfältig geschnitten und mit Löchern versehen, die um 6 mm größer sind als der Hebeldurchmesser. Mit dieser Konstruktion sind sehr feine Einstellungen möglich. Damit werden das traditionelle Sperrad und die Sperrhaken ersetzt.

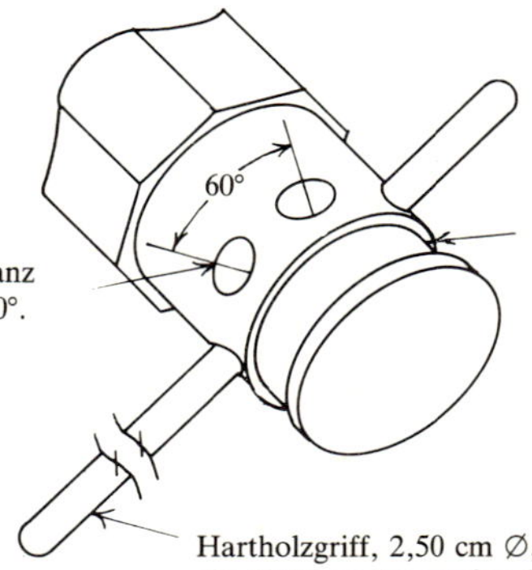

1,27 tiefe Einkerbungen möglich, um eine Schelle anzubringen, damit sich das Holz unter starker Spannung nicht spaltet.

Drei 3,18 cm starke Löcher ganz durchbohrt im Abstand von 60°.

Hartholzgriff, 2,50 cm Ø, 3 sind nötig: Ein 76,20 cm langer Hebel für den Kettbaum, ein 60,96 cm langer für den Warenbaum und ein 30,48 cm langer, um die Spannung einzustellen.

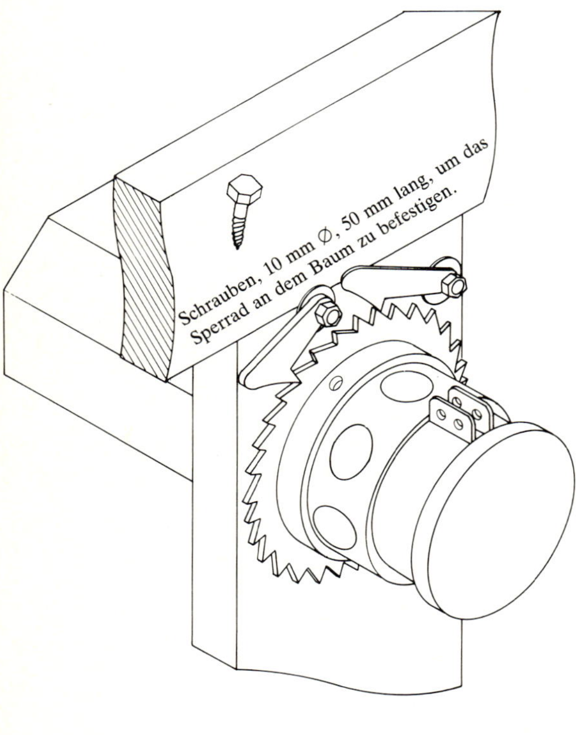

I *Sperrad und Sperrhaken für Warenbaum und Schelle für die Enden der Bäume*

Ziehen Sie die Muttern am Webstuhlrahmen fest an, versetzen Sie den zweiten Sperrhaken um einen halben Zahn (für feinere Einstellungen).

2 Schraubenbolzen, 6 mm Ø, 38 mm lang, um die Schelle festzuziehen.

J *Schelle*

Die Größe muß so bemessen sein, daß festeres Anziehen um das Baumende möglich ist (damit sich das Holz unter starker Spannung nicht spaltet).

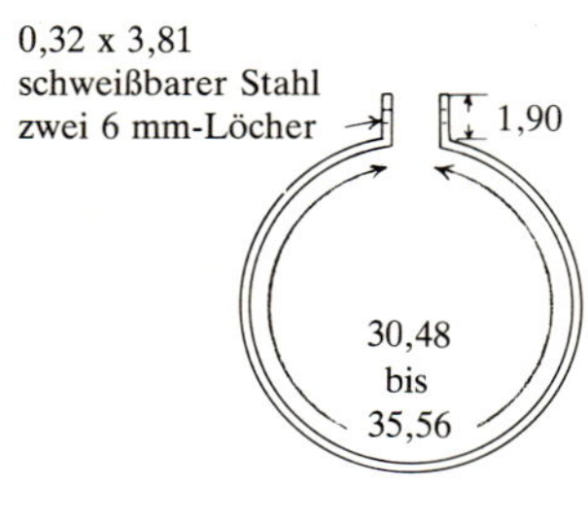

K *Sperrad*

aus 6 mm starkem Stahl geschnitten. Darauf wird ein 2,50 cm breiter Ring mit einem Durchmesser von 12,70 cm geschweißt. Sperrad mit 32 Zähnen und 2 Sperrhaken ermöglicht Änderungen in 0,61 cm Abständen.

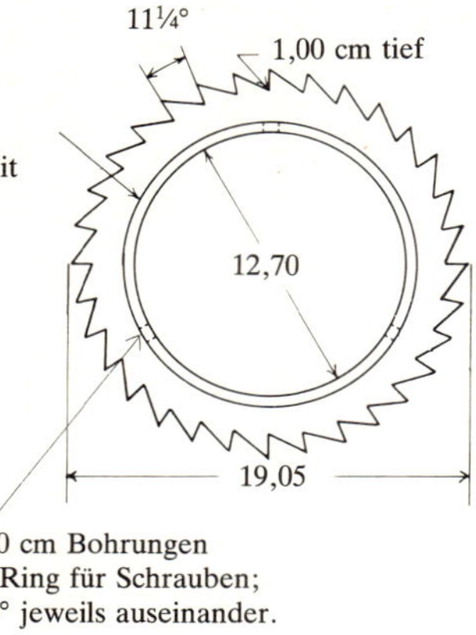

L *Sperrhaken mit Schraube (2 x anzufertigen)*

Aus einer 1,30 cm starken Stahlstange hergestellt.

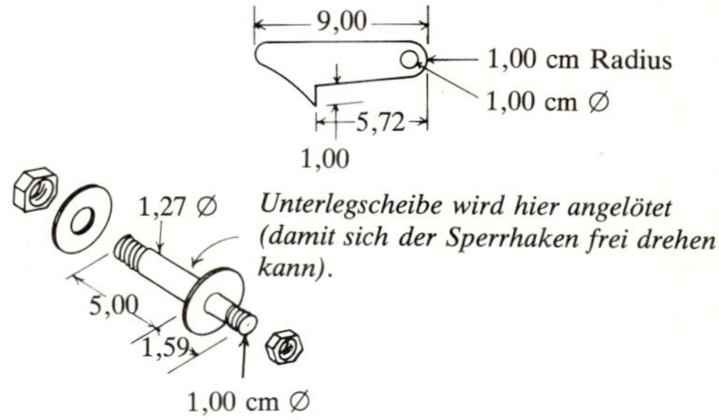

M *Verschnürung*

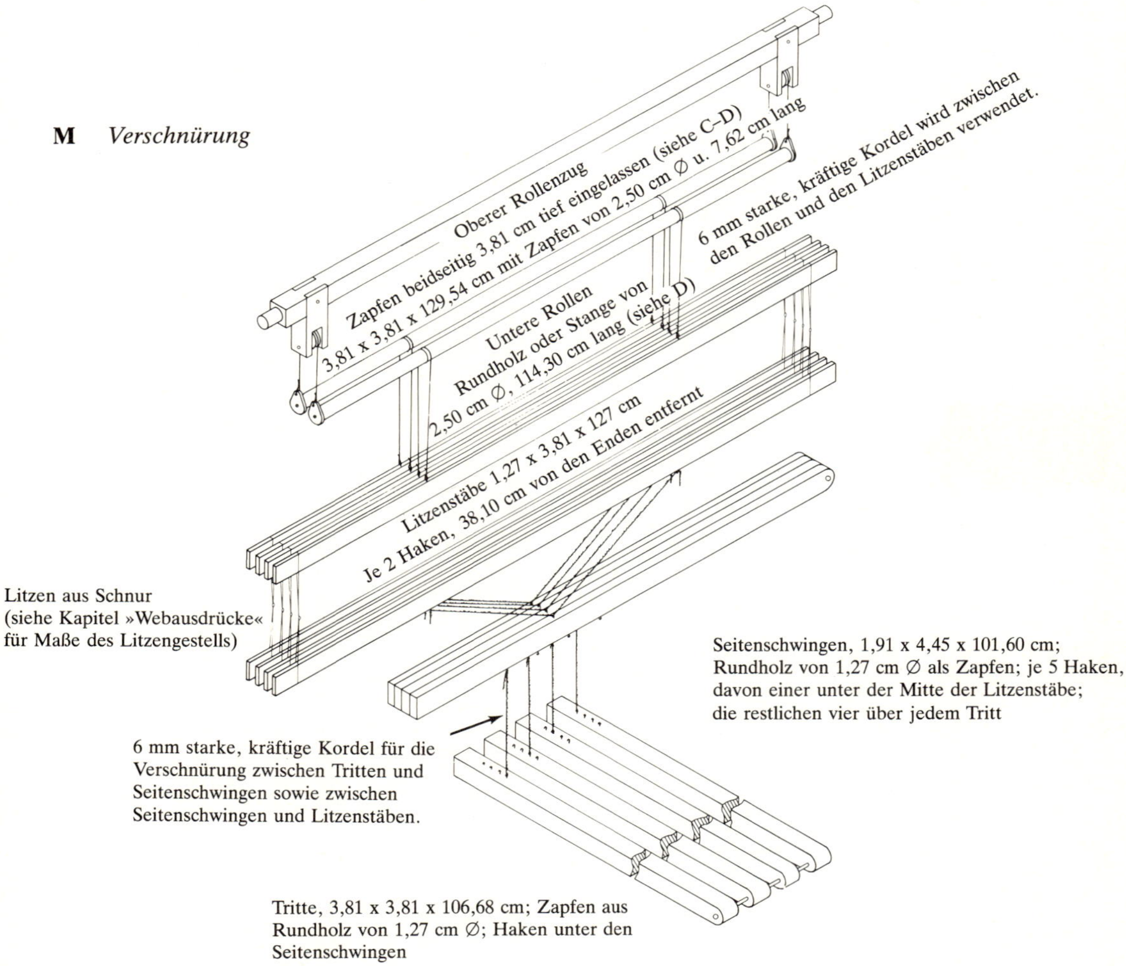

Pläne zu Herstellung eines Schärrahmens

Ein Schärrahmen ist schneller und leistungsfähiger als ein Schärbrett. Verglichen mit einem aufrechten Schärrahmen müssen Sie sich beim Drehen dieses waagerechten Rahmens weniger anstrengen, da er an beiden Enden gelagert ist. Außerdem kann die Kette nicht nach unten rutschen, wenn die Spannung gelöst wird.

Die Arme lassen sich am Gestell zusammenklappen, so daß man das Gerät platzsparend aufbewahren kann. Zusätzlich läßt sich auch das Gestell auseinandernehmen.

Wenn Sie beim Schären ein Fadenkreuz an beiden Enden der Kette benötigen, stellen Sie zwei der Fadenkreuzteile her. Setzen Sie diese an die beiden Enden des Rahmens, entsprechend der gewünschten Kettenlänge. Wenn die Kette nur ein Fadenkreuz haben soll, genügt ein Zapfen am anderen Ende. Alle Arme sind für kurze Ketten mit Löchern zu diesen Zapfen versehen.

Abb. 116 *Schärrahmen*

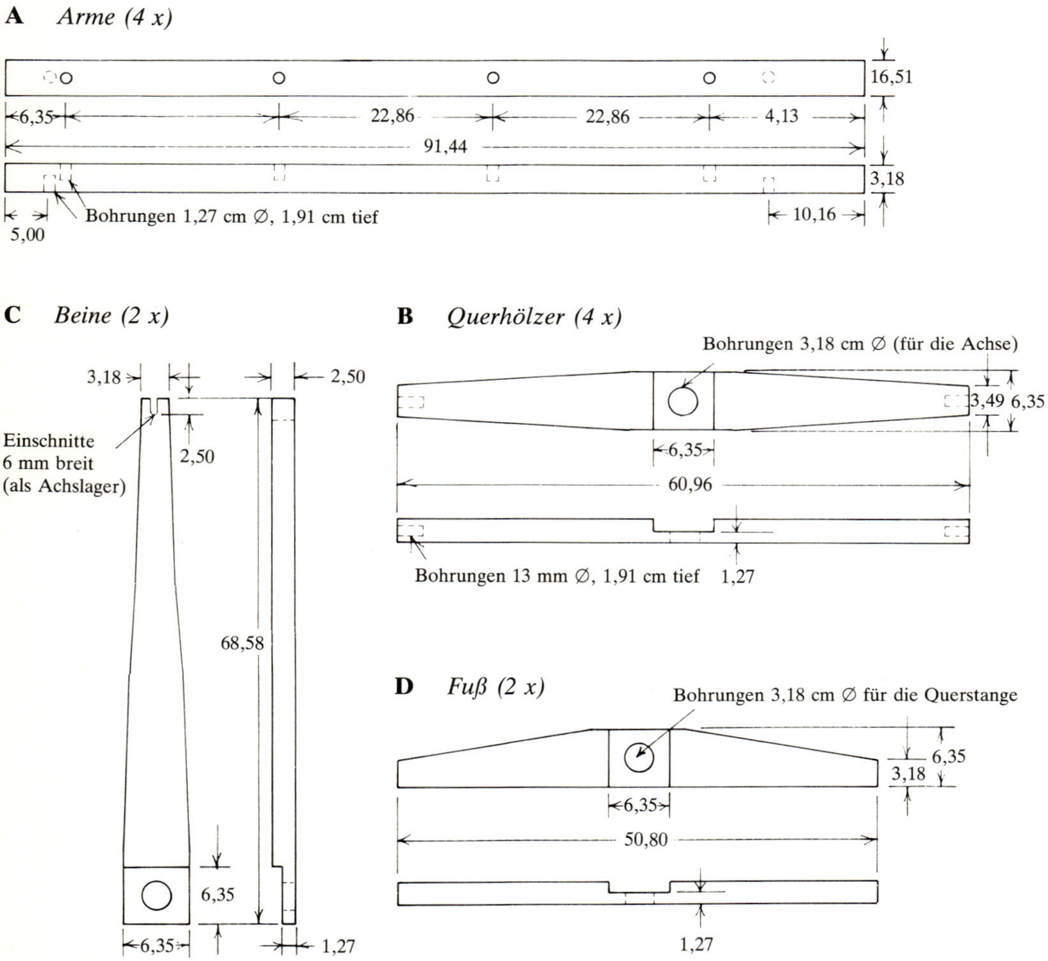

Maße sind in cm angegeben, wenn nicht anders vermerkt.

E *Achse (1 x)*

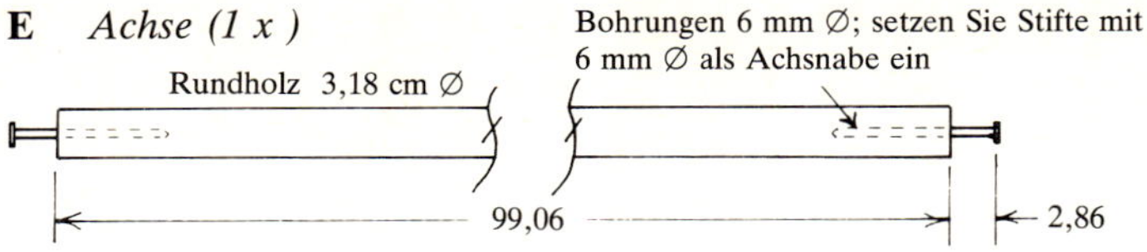

F *Querstange (1 x)*

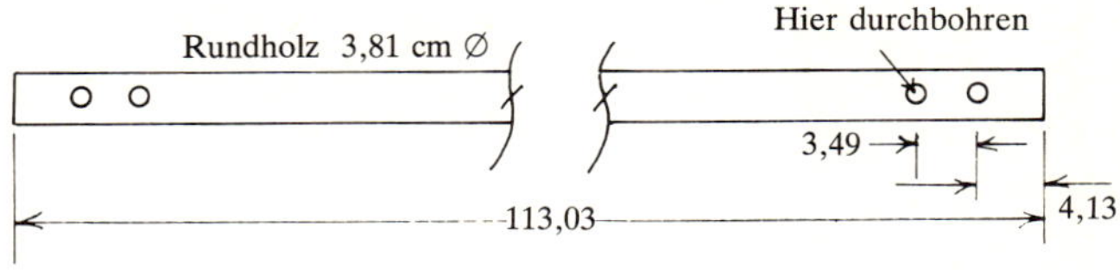

G *Fadenkreuzteil (1 x)*

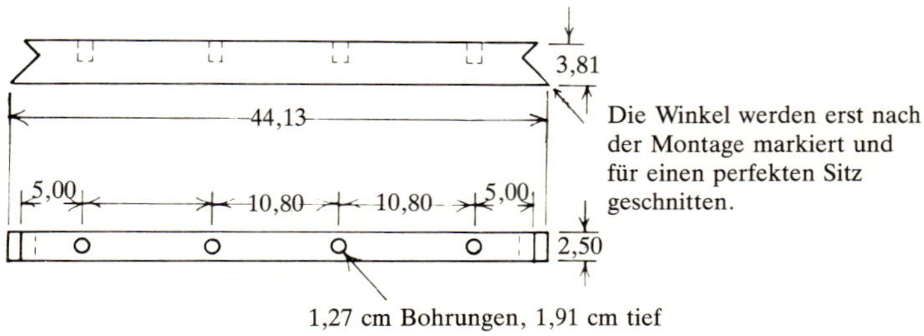

H *Zapfen*

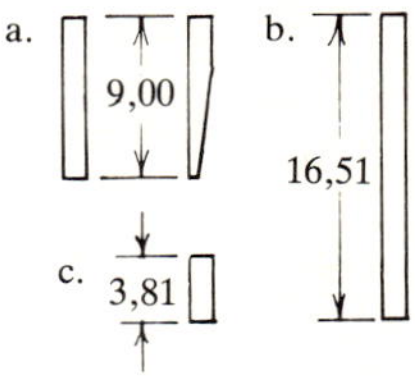

a. 4 Stück: 2 davon gerade und 2 mit Sandpapier abgeschrägt
b. 5 Stück: 4 werden im Fadenkreuzteil festgeleimt; 1 wird in die Arme eingesetzt (je nach Kettenlänge)
c. 8 Stück: Als Dübel zwischen Armen und Querhölzern festleimen.

I *Montage des Schärrahmens*

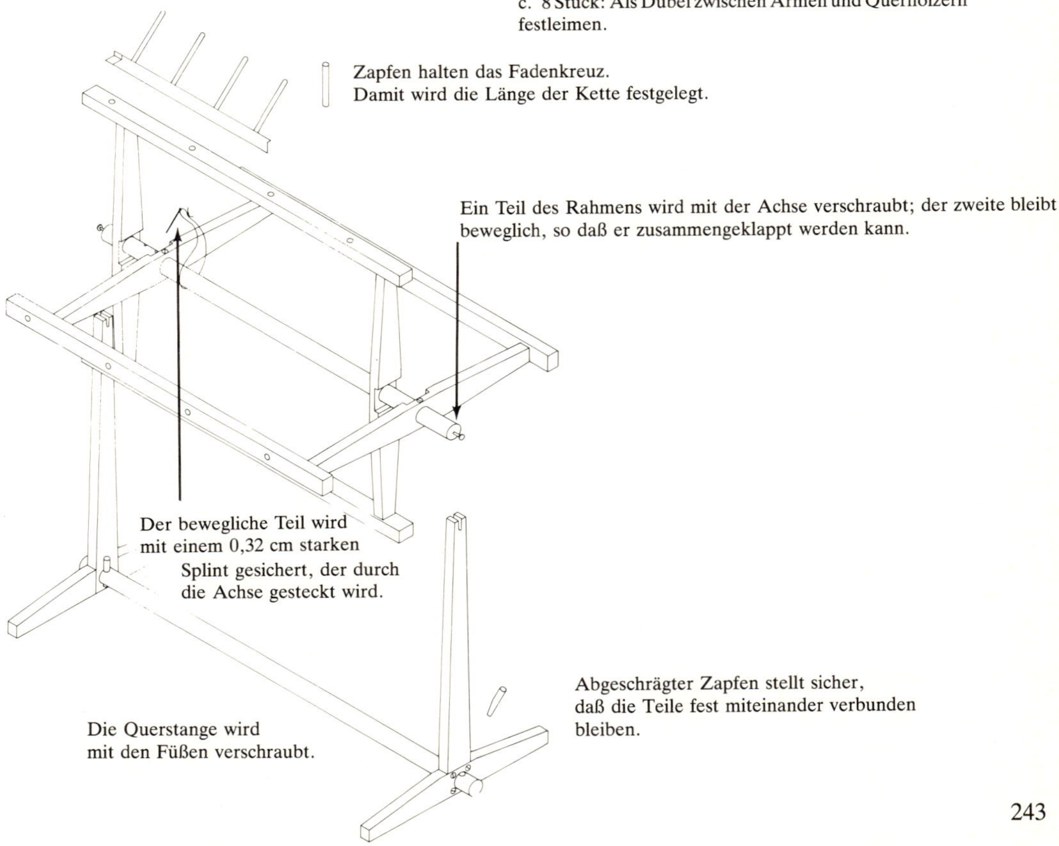

Stricken mit handgesponnener Wolle

Einfach- oder Mehrfachgarn

Ob Sie ihr Einfachgarn verstricken oder zu Mehrfachgarn zwirnen, ist unter anderem abhängig davon, ob sich das Einfachgarn für das Strickteil eignet. Ein feines Einfachgarn mit zuviel Überdrehung neigt dazu, nach dem Stricken schräg zu liegen. Ein Zwirnen des Garns hebt die Überdrehung auf. Ein Einfachgarn mit zu vielen dicken und dünnen Stellen für ihr Strickteil kann gezwirnt werden, um manche der Ungleichmäßigkeiten auszugleichen und um das Garn brauchbarer zu machen. Es genügt, eine einzige Garnstärke zu spinnen und dann durch Zwirnen alle anderen gewünschten Stärken herzustellen. Andererseits besteht der deutliche Vorteil des Einfachgarns darin, daß zusätzliches Spinnen entfällt. Beim Zwirnen nämlich müssen Sie sowohl die doppelte Garnmenge spinnen, als auch in einem dritten Spinngang das Garn zusammenzwirnen.

Dehnbarkeit und Nadelgröße

Um die ungewöhnliche Dehnbarkeit der handgesponnenen Wolle zu berücksichtigen, müssen Sie Stricknadeln benutzen, die ein wenig größer sind, als die für gekauftes Garn von entsprechender Stärke. Wenn handgesponnene Wolle mit zu kleinen Nadeln gestrickt wird, ist das Ergebnis ein hartes, steifes Teil, das nicht angenehm zu tragen ist. Eine kleine Maschenprobe mit der Nadelgröße gestrickt, die Sie für geeignet halten, kann manchmal täuschen. Statt dessen sollten Sie mehrere Proben machen, immer mit der nächsten Nadelgröße, um festzustellen, wie stark die Nadeln sein dürfen, ohne daß die Maschen zu locker werden.

Maschenprobe

Die meisten Strickanleitungen basieren auf einer Maschenprobe, die ihnen sagt, wieviele Maschen Sie für eine bestimmte Größe brauchen. Wegen der Ungleichmäßigkeiten unterscheidet sich handgesponnene Wolle von der gekauften Wolle, für welche die Anleitungen gedacht sind. Es ist schwierig, bei einer kleinen Strickprobe die genaue Maschenzahl auf 5 cm zu zählen. Oft bewirkt eine Viertelmasche mehr oder weniger auf 5 cm, daß dann der ganze Pullover einen Unterschied von mehreren Zentimetern aufweist.

Um genauer festzustellen, wieviele Maschen Sie aufnehmen müssen, sollten Sie eine mindestens 20 cm breite Maschenprobe stricken. Zählen Sie die Maschen von den mittleren 15 cm der Probe und teilen Sie diese durch drei, um die ungefähre Anzahl pro 5 cm zu errechnen. Obwohl diese Art des Zählens genauere Ergebnisse liefert, sollte sie doch nur als Richtlinie benutzt werden. Es gilt herauszufinden, ob

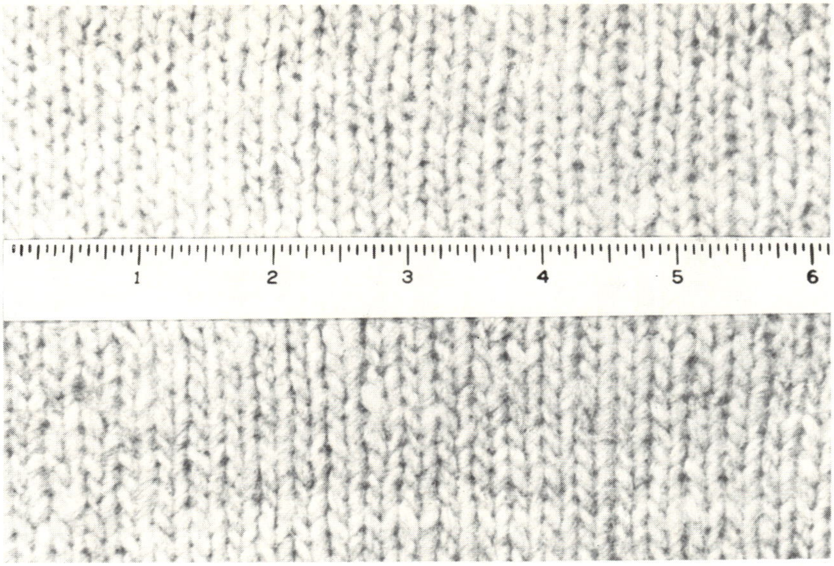

Abb. 117 *Stellen Sie eine große Maschenprobe her, um das ungefähre Maschenmaß zu finden.*

Sie die angegebene Maschenzahl einer Strickanleitung übernehmen oder ändern können, um die benötigte Größe zu erhalten. Verlassen Sie sich während des Strickens von handgesponnener Wolle lieber auf wiederholte Kontrolle mit einem Maßband als auf eine Maschenprobe.

Stricken Sie nicht »blind«, indem Sie sich vollkommen auf die Strickanleitung verlassen. Vergleichen Sie die Maße ihrer Arbeit immer wieder mit den erwünschten Endmaßen. Die Verwendung eines Maßbandes garantiert eine gute Paßform, denn Sie können das Gestrickte gleich auftrennen, wenn Sie sehen, daß es zu klein oder zu groß wird. Dann beginnen Sie mit mehr oder weniger Maschen für die richtige Größe nochmals neu. Wechseln Sie nicht auf kleinere Nadeln, wenn das Stück zu groß ist. Vermindern Sie nur die Maschenzahl. Die kleineren Nadeln könnten die handgesponnene Wolle zu fest verstricken. Das Ziel besteht darin, die beste Nadelgröße zu finden, um ein weiches, tragbares Kleidungsstück herzustellen. Meist bedeutet dies die größtmögliche Nadelstärke für das betreffende Garn.

Paßform

Kontrollieren Sie mit einem Maßband, ob das Kleidungsstück in der gewünschten Größe entsteht. Das kann vereinfacht werden, wenn Sie die Person messen, für die das Teil gestrickt wird, oder wenn Sie ein gut sitzendes Kleidungsstück ausmessen. Stellen Sie sich ein Papiermuster mit diesen Maßen her, das Sie ständig mit den Strickteilen vergleichen können.

Nadelspiel

Wenn Sie mit einem Nadelspiel in Runden stricken, gibt es Lücken. Sie wechseln ja von einer Nadel zur nächsten, und das fällt manchmal im Strickteil als eine senkrechte Linie von losen Maschen auf. Man kann dies vermeiden, wenn man die besondere Dehnbarkeit der handgesponnenen Wolle ausnutzt. Ziehen Sie das Garn nicht gleich enger, wenn sie beim Nadelwechsel die erste Masche auf die neue Nadel stricken. Statt dessen ziehen Sie die Wolle nach der ersten Masche fest, wenn Sie die Nadel in die Schlinge einsetzen, um die nächste Masche zu nehmen. Dadurch wird eine Lücke zwischen den Nadeln verhindert, und eine ordentliche, gleichmäßige Spannung entsteht bei Mützen, Socken oder anderen Teilen.

Dünne Stellen

Normalerweise lassen sich die dickeren und dünneren Stellen in der handgesponnenen Wolle zu einer attraktiven, gleichmäßigen Struktur verstricken. Wenn aber eine ungewöhnlich dünne Stelle im Garn direkt über einer dünnen Stelle der vorigen Reihe erscheint, kann die daraus entstehende schwache Stelle doch noch gerettet werden. Reißen Sie einen kurzen Faden vom anderen Ende des Knäuels ab, und stricken Sie ihn gleichzeitig mit der dünnen Garnstelle. Der abgerissene Faden wird dann nicht zu sehen sein, wenn Sie in der nächsten Reihe daran vorbeigestrickt haben, solange er kein abgeschnittenes Ende hat. Sie können zu dicke Garnstellen auf die gewünschte Stärke bringen, indem Sie das Garn etwas aufdrehen und durch Ausziehen verdünnen. Stützen Sie die Hände dabei ab. Dadurch haben Sie mehr Kontrolle, und das Garn wird Ihnen nicht reißen.

Anstricken

Machen Sie keinen Knoten, wenn Sie ein neues Garnknäuel anfangen. Stricken Sie die ersten paar Zentimeter des neuen Knäuels mit den letzten Zentimetern des letzten zusammen, so daß einige Maschen mit doppeltem Garn gestrickt werden. Wenn Sie das Garn reißen anstatt es zu schneiden, sieht man die Verbindungsstelle später nicht.

Die erste Masche abheben

Wenn das Muster oder die Form des Stücks nicht dabei gestört wird, heben Sie die erste Masche von jeder Reihe ab. Dadurch bekommt ihre Arbeit einen glatteren, festen Rand, und jede Neigung zu einem ungleichmäßigen Rand wird vermieden. Das ist besonders wichtig, wenn Sie einen Schal oder eine Stola oder etwas Ähnliches stricken, wo die Ränder sichtbar bleiben, statt zu einem Saum genäht oder mit einem angenähten Rand abgeschlossen zu werden.

Mengen errechnen

Es ist immer problematisch, die benötigte Garnmenge für ein Strickobjekt zu berechnen. Sind aber alle Stränge gleich lang gesponnen, so können Sie viel einfacher berechnen, wieviele nötig sind. Wenn Sie gleich lange Stränge haben und einen oder zwei davon schon verstrickt haben, müßten Sie grob überschlagen können, wieviele Stränge für das ganze Stück noch benötigt werden. Es gibt noch einen weiteren Vorteil, wenn Sie alle Stränge gleich lang machen – Sie können die Stränge wiegen, um schnell festzustellen, ob alle etwa die gleiche Stärke haben.

Das Gewicht der Wolle, die Sie für ein bestimmtes Vorhaben benötigen, kann je nach Anzahl der Drehungen unterschiedlich sein und ist vom Wolltyp abhängig. Feinere Wolle läßt sich auch bei gleicher Garnstärke zu einem anderen Gewicht verspinnen als grobe Wolle. Wenn Sie einmal einen Pullover gestrickt haben, benötigen Sie etwa die gleiche Garnlänge, um den gleichen Pullover noch einmal zu stricken, aber diese Garnlänge von einem anderen Wolltyp ist nicht unbedingt gleich schwer.

Knäuel aufwickeln

Wollwickler können gekauft werden. Wir verwenden einen für unser ganzes Strickgarn. Viele Jahre lang benutzten wir aber ein wesentlich billigeres Gerät – das Papprohr von einer Toilettenrolle. Sie können darauf ein Knäuel wickeln, das von der Mitte aus gestrickt wird, und es sieht aus, als wäre es an einem richtigen Knäuelgerät aufgewickelt worden. Wenn das Garn von dem an der Haspel liegenden Strang kommt (Abbildung 108), ziehen Sie das Ende durch das Papprohr. Befestigen Sie es mit einer Büroklammer oder einer Haarnadel am Ende des Rohres, oder klemmen Sie es in einen kurzen Schlitz am Ende des Rohres ein. Wickeln Sie das Garn einige Male um die Mitte des Rohres und dann diagonal auf. Drehen Sie das Rohr dabei langsam, und wickeln Sie immer in die gleiche Richtung. Am Ende des Strangs klemmen Sie das letzte Garnstück unter die Außenseite des Knäuels. Entfernen Sie die Klammer, und nehmen Sie das Knäuel ab.

Das Wollende, das nun von der Mitte des Knäuels heraushängt, wird zum Stricken genommen. Da das Knäuel auf ein Rohr aufgewickelt wurde, ist es nicht mehr gespannt, wenn das Rohr entfernt wird. Das ist besser für die Wolle, die sich dann leichter verstricken läßt als von der Außenseite eines fest gewickelten Knäuels.

Beseitigung von Überdrehungen

Am Anfang hat jeder Probleme mit überdrehtem Garn. Viel Übung und Geduld sind erforderlich. Es ist schwierig, mit überdrehtem Garn zu stricken, es sei denn, Sie können den zusätzlichen Drall ausgleichen. Eine einfache Methode besteht darin, daß Sie eine Stricknadel in die Mitte des Knäuels so einsetzen, daß Sie das Garn mit einem einfachen Knoten über ein Ende der Nadel führen, wenn es vom Knäuel kommt. Dann können Sie hin und wieder das Garnknäuel herunterhängen lassen, damit sich ein Teil der Überdrehung löst, wenn das Knäuel sich dreht. Haben Sie genügend Drall ausgeglichen, dann brauchen Sie nur die Nadel herauszunehmen um weiterstricken zu können.

Seitenränder

Es ist besser, Seitenränder von Pullovern und anderen Stricksachen, wenn möglich, mit dem Hauptteil des Stückes zusammen zu stricken, als sie separat stricken und annähen zu müssen. Beim Annähen entsteht immer ein Saum, der etwas steifer ist als das restliche Stück, während mitgestrickte Ränder die gleiche Dehnbarkeit haben. Dabei wird lästiges Zusammennähen und die Gefahr von einem unansehnlichen Saum vermieden.

Raglanärmel

Der Erfolg eines Pullovers hängt ebenso vom Zusammennähen wie vom Stricken ab. Ein Raglanärmel paßt bei handgesponnener Wolle am besten und hat eine Saumlinie, die viel leichter zu nähen ist. Ein mitgestrickter Raglanärmel ist noch besser, weil dabei kein Saum entsteht, so daß der Träger sich auch freier bewegen kann. Sie können die Raglanärmel mitstricken, wenn Sie am Halsrand anfangen und nach unten stricken. In diesem Fall müssen Sie entlang jeder Saumlinie Maschen zunehmen.

Wenn Sie am unteren Rand eines Pullovers anfangen und nach oben stricken, können die Ärmel, das Rückenteil und die Vorderteile bis zum Armloch extra gestrickt und von dort an mit einer Rundstricknadel zusammengestrickt werden. Stricken Sie mit allen Teilen gleichzeitig bis zum Schulterteil, und nehmen Sie dabei Maschen entlang der Ärmelsaumlinie ab. Wenn der Pullover besonders schwer ist (wenn das Garn z. B. mit Nadeln von 9 oder 10 mm Stärke gestrickt wird), müssen die Teile einzeln gestrickt und später zusammengenäht werden. Sie sind sonst zu schwer für die Nadeln. Um die Säume zu nähen, verspinnen Sie passende Wolle zu einem feineren Garn.

Reißverschlüsse für Pullover

Der Reißverschluß sollte unsichtbar oder wenigstens möglichst unauffällig sein. Um dies bei einem Pullover mit vorderem Reißverschluß zu erreichen, müssen die vorderen Pulloverteile vollständig zusammenkommen und Stoff und Zähne des Reißverschlusses überdecken. Nähen Sie von links, wenn Sie den Reißverschluß entweder mit Nadeln befestigt oder lose angenäht haben. Wenn der Pullover schwer ist, verwenden Sie Steppstiche mit schwerem Teppichgarn. Bei manchen Strickarten können Sie den Reißverschluß mit der Maschine einnähen, vor allem, wenn Strick- und Nähgarn genau den gleichen Farbton haben. Die äußere Kante des Reißverschlußbandes sollte in jedem Fall von Hand an die Innenseite des Pullovers genäht werden.
Ebenso wichtig ist das Verhältnis von der Reißverschlußlänge zum vorderen Pulloverrand. Der Reißverschluß sollte etwas kürzer sein als der Pulloverrand. Ist er gleich lang oder etwas länger, wird der Rand wellenförmig. Und ist Ihr Garn noch nicht gewaschen worden, so ist es besser, den Pullover zu waschen, bevor Sie den Reißverschluß einsetzen. Wenn der Pullover bei der ersten Wäsche einläuft bilden sich ebenfalls Wellen. Sollten sich doch Wellen am Vorderrand bilden, sei es, weil der Reißverschluß zu lang ist, oder weil der Pullover nach der Wäsche einläuft, muß der Reißverschluß abgenommen und verkürzt werden.

Strecken

Das fertige Stück sollte so nah wie möglich an die erwünschte Größe herankommen. Sie können es aber durch Dämpfen etwas strecken. Legen Sie in jedem Fall ein sehr nasses Tuch darauf. Sie müssen mit dem Bügeleisen nur dann kräftig pressen, wenn die zu korrigierende Struktur sehr ungleichmäßig ist. Drücken Sie gerade so fest auf das Tuch, daß der Dampf in die Maschen eindringt. Die Pulloverteile können auf einer Wolldecke oder auf einem Tuch in dieser Form festgehalten werden, bis sie trocken sind. Eine gestrickte Baby-Decke kann auch zur maximalen Größe gedämpft und dann in Form gehalten werden, bis sie vollkommen trocken ist.

Waschen von handgesponnenen Strickteilen

Wenn Sie mit einem schon vorgewaschenen Garn stricken, brauchen Sie sich über das Einlaufen bei einer normalen Wollwäsche keine Sorgen zu machen. In der Tat dehnt sich das Garn eher nach einer falschen Behandlung. Ein nasser Pullover ist schwer und kann sich ausdehnen, wenn er an den Schultern aufgenommen wird. Auch Bündchen können sich verziehen, wenn sie nicht sorgfältig behandelt werden. Wenn Sie das Wasser ausschleudern, lassen Sie den Pullover nicht lange liegen, da dann Falten entstehen. Legen Sie ihn gleich flach aus, um ihn auf Handtüchern oder auf einer Wolldecke trocknen zu lassen. Bringen Sie ihn vorsichtig in die richtige Form und drücken Sie dabei die Bündchen etwas zusammen. Manche Pullover dehnen sich, nachdem sie eine Zeit lang getragen worden sind. Das geschieht nicht so leicht, wenn Sie die nassen Pullover nach der Wäsche etwas in die Länge ziehen und so trocknen lassen.

Bezugsquellen

Carl Abben Nachfolger
Großhandel
Bekanissenau 129
2000 Hamburg 73

Wollkarderei Bunch
Dorfstraße 107
4805 Brittnau

Peter Bursian
Auf dem Meere 40
2120 Lüneburg

Deutsche Wollverwertung GmbH
Llama-Alpaka-Kardenband
Finningerstraße 60
7910 Neu-Ulm
und:
Wollmarktstraße 115
4790 Paderborn

Eifeler Webstube
Thiel-Hauer & Thome
5541 Schönecken

Garnhaus
Helena Gleitsmann
Kirchentwiete 3
2000 Hamburg 50

Gestaltung & Werkstatt
Thomas Sickinger
Aichelbergstr. 2
7325 Eckwälden

Giesela's Kreativ-Werkstatt
G. Lochbühler
Moritzstraße 12
6200 Wiesbaden

Walter Kircher
Alte Kasseler Str. 24
3550 Marburg/L.

Kunsthandwerkliche
Werkstätte Wald
Kurze Gasse 10–12
7032 Sindelfingen

Helmut Müller
Holzverarbeitung
8952 Marktoberdorf

Klaus Nachtigall
Gilgenhöfe 3
8172 Lenggries

Nordborn – Skandinavische
Handarbeiten
Vertriebs GmbH
Wackenroderweg 7
3167 Burgdorf

Dr. Pabst & Reuschel GmbH
Hauptstraße 31
5250 Engelskirchen 2

Erwin Palme, Drechslermeister
Ensisheimer Straße 26
7800 Freiburg

Wolfgang Rayher
Fockestraße 15
7958 Laupheim

Rens & Smits OHG
Postfach 1129
4240 Emmerich
(Lieferung nur über den
Fachhandel)

Saco Sa Lainerie
Chemin des Valangines 3
2006 Neuchatel
Schweiz

W. Schafmeister GmbH
Hornsche Straße 250
4930 Detmold-Remmighausen

Axel Seehawer, Großhandel
Sonnhalde 9
7400 Tübingen 1

Urs J. Strübin
Textilrohstoffe
Dornacherstraße 93
4008 Basel 8
Schweiz

Textilkunst- & Webbedarf
Wehmer & Filiatre
Granatgasse 7b
7800 Freiburg

Textilwerkstatt Beatrijs Sterk
Friedenstraße 5
3000 Hannover 1

Adolf Thiemann GmbH & Co. KG
Postfach 1046
4440 Rheine

Friedrich Traub KG
Schorndorfer Straße 18
7065 Winterbach

Traumhaus-Werkstatt
Hauptstraße 8
6301 Allendorf

Twenty Fingers
Ursula Mordeck
Lehmweg 49
2000 Hamburg 20

Webladen Kiel
Brigitte Schirren
Holtenauerstr. 254
2300 Kiel

Webstudio
Karin Brasse
Kahle Hege 4
4600 Dortmund 13

Hans Weiß
Drechslerei
Hauptstraße 15
7927 Sontheim (Brenz)

Werkgalerie Hochwart
Gisela Fröhlich
Hochwarth 3
7752 Insel Reichenau

Werkhof Seitzenhahn
Eltvillerstr. 42
6204 Taunusstein

Werkladen Textil
Sabine Jeromin-Gerdts
A3; 5
6800 Mannheim

Werkstatt 10
Marlies Büttner
Koppel 66
2000 Hamburg 1

Wollscheune GmbH
Inh. Kiki Grimm &
Gerdi den Boesterd
Balkumer Grenzweg 29
4550 Bramsche 4

Zürcher & Co.
Handwebgarne
3349 Zauggenried
Schweiz

Vereinigung Deutscher
Landesschafzuchtverbände e. V.
Godesberger Allee 142
5300 Bonn 2

Die Spinntechnik:
Rayher
Hobby
Spinnräder und ein komplettes Zubehörprogramm
erhalten Sie bei Ihrem Bastel-Fachhändler.